国家社科基金项目"山西全真道研究"（16BZJ042）阶段性成果

信仰与教化：

刘一明的信仰之道与教化之论

Belief and Education：

Liu Yiming's Daoism of Belief and the Theory of Education

白娴棠 著

中国社会科学出版社

图书在版编目（CIP）数据

信仰与教化：刘一明的信仰之道与教化之论 / 白娴棠著 . — 北京：中国社
会科学出版社，2018.12

ISBN 978 - 7 - 5203 - 2010 - 8

Ⅰ.①信⋯　Ⅱ.①白⋯　Ⅲ.①道教—思想史—研究—中国—清代
Ⅳ.① B959.2

中国版本图书馆 CIP 数据核字（2018）第 015498 号

出 版 人	赵剑英
责任编辑	侯苗苗
特约编辑	蔡　莹
责任校对	周晓东
责任印制	王　超

出　　版	中国社会科学出版社
社　　址	北京鼓楼西大街甲 158 号
邮　　编	100720
网　　址	http:// www.csspw.cn
发 行 部	010 - 84083685
门 市 部	010 - 84029450
经　　销	新华书店及其他书店

印　　刷	北京明恒达印务有限公司
装　　订	廊坊市广阳区广增装订厂
版　　次	2018 年 12 月第 1 版
印　　次	2018 年 12 月第 1 次印刷

开　　本	710 × 1000　1/16
印　　张	12.5
字　　数	212 千字
定　　价	55.00 元

目　录

绪　　论

一　问题的提出

面对早已拟定，且已成为定式的"问题的提出"，笔者又一次思考何以选择"信仰与教化"，且以"乾嘉时期的刘一明为例"作为自己的论题，难道仅仅是意识表层"我与刘一明是老乡"的缘故吗？或者单纯"出于尊敬的情感，而为了续写一个课题"吗？笔者不断地在自己意识深处找寻。在学习中国道教史这一课程的过程中，笔者不止一次地注意到了一种说法——道教的发展与否取决于官方的重视程度，意即官方重视了，道教便发展了；官方压制了，道教便沉寂，甚或消亡了。按照事物发展内外因关系的理论，笔者认为，道教的变化与发展不只是官方重视与否那么简单，当然，官方的支持是其获得发展极为重要的因素之一。同样，官方的压制也是其变化发展不可不考虑的显著因素之一，但"支持"或"压制"仅是"之一"，不是全部；是"重要"而不是"主要"。这里有一个如何界定道教"发展"的问题，由"道教得到官方的支持了"的原因，得出"道教发展了"的结论，笔者仍然以为，问题远不是这样单纯。

习惯上，学术界普遍存在一种说法，认为元代道教（确切说是全真教）因得到官方的支持而发展了；清代，因道教在元代得到官方的支持而被贬了，或沉寂，或消亡。事实果真如此简单吗？笔者一再固执地思考。如果仅仅将道教看成是一种组织，它的沉寂或消亡，也许是眨眼间的，其存在的可能性会在瞬间化为零，然而，道教不仅仅是一种组织，更表现为一种思想、一种思维、一种秩序、一种结构，不是瞬间可以消亡的。

那么，清代道教的状况究竟如何呢？是在官方的压制中沉寂了，甚或消亡了吗？是在官方的压制下，与官方没有任何的交流了吗？对于诸如此类的问题，笔者始终不能释怀，且一再追问，并试图以教化为突破口去寻找可以得出何种结论的证据。为此，笔者选择"清代"道教作为"大"的研究范围，可以说，这是首要原因。进而，缩小范围，选择"刘一明"，多半因为笔者与其是"半个老乡"（刘一明出生在山西，在山西生活了二十多年，大部分时间在甘肃度过），相对较亲切、较熟悉、较容易，也较有兴趣。笔者想要明白刘一明为何远离父母、远离家乡而入道；想要明白其信仰与实践是否真的远离了父母、远离了家乡、远离了国家；想要明白其思想是否能代表当时道教界的一种声音。想要明白，所以选择。

然已有对于"刘一明"的专门研究，让笔者稍有怯畏。但是导师的诘问与鼓励又让我无所畏惧做了坚定的选择。这一选择，也便意味着内容与方法上竭力地对已有成果的超越，而不是"填补空白"。笔者努力着，走一步，便会回头，看自己是否仍停留在原处。

二 学术史综述

本项研究主要以刘一明为考察对象，相关学术研究成果大致涉及如下几个方面。

（一）关于刘一明生平的介绍

由于记述刘一明生平活动的《素朴师云游记》①没有公开出版，卿希泰先生主编的《中国道教史》（第四卷）②、刘宁的《刘一明修道思想研究》③以及王永平的《清代刘一明的道学思想》④皆没能对刘一明生平作详细的介绍。实际上，张文玲的《道学家刘一明》⑤就对刘一明的生平作了比较详细的介绍；刘仲宇的《刘一明学案》⑥也把其生平作为重要的内容加以介绍，概是看到了《素朴师云游记》。

关于刘一明生平的介绍，有一点值得注意：刘一明是否为全真教的宗师。刘仲宇先生称其为"宗师"，其他专门研究大多称其为"全真龙门十一

---

① 《素朴师云游记》，也称《悟元老师刘先生本末》，刘一明的弟子张阳全撰述，记述了刘一明真履实践事迹。后甘肃孙永乐校注，榆中县道协道书研究中心编辑发行了《〈素朴师云游记〉校注》。

② 卿希泰主编：《中国道教史》（第四卷），四川人民出版社1996年版。

③ 刘宁：《刘一明修道思想研究》，巴蜀书社2001年版。

④ 王永平：《清代刘一明的道学思想》，博士论文，中国社会科学院研究生院2002年版。

⑤ 张文玲：《道学家刘一明》，甘肃人民出版社1997年版。

⑥ 刘仲宇：《刘一明学案》，齐鲁书社2010年版。

代传人"。道教中，"宗师"称谓有多种意蕴，刘一明的"宗师"称谓究竟是何种意蕴？

（二）关于刘一明内丹论的探讨

张文玲的《道学家刘一明》介绍了刘一明的生平事略、道门生涯、著作梗概、道学思想及重要贡献。可以说，这还只是刘一明研究的一个概况，虽然生平事迹介绍得比较详细，但是未能与他的道学思想联系起来。刘宁的《刘一明修道思想研究》介绍了刘一明的宇宙观、生命观、修道价值与修道原则、金丹修炼论、天人合一论以及三教合一论。王永平的《清代刘一明的道学思想》介绍了刘一明虚空阴阳丹法、人元大丹论、本体论与宇宙论、性命学、三教融合、修道论以及刘一明对全真道思想的继承与发展。可以说，这两项研究对刘一明内丹思想进行了比较深入的分析，尤其是后一项研究结合了胡孚琛先生最新的丹法研究成果，将刘一明的丹法界定为"虚空阴阳丹法"，并对其丹法进行了较为深入的研究。但因两位作者没有参考到《道学家刘一明》一书，也没有收集到记载刘一明生平事迹的《素朴师云游记》，因而对于刘一明生平事迹的介绍甚显单薄。这极大地影响了对刘一明信仰论的生成原因、内容及其实践的理解；而且，文中也很少与刘一明同时期的道教信仰进行比较，未能深入、全面地理解乾嘉时期的道教信仰及其价值观，由此，也不能深入地理解文化冲突背后的价值诉求。赵相彬的《刘一明内丹思想研究》[①]着重分析了"先天真一之气"，进而，从宇宙论出发分析了刘一明的金丹性命之道，并由此探讨了其性命之道的纲领、原则和理论特点。本书认为，在某种程度上，刘一明偏离了道教以道为宇宙本体的思想，而是以真一之气为宇宙生成本体。该文章虽以"内丹思想"为论题，但实际上只是刘一明"内丹论"极小的一部分。

此外，卿希泰先生主编的《中国道教史》（第四卷）也对"刘一明的道教思想"进行了四个方面的研究：①以先天真一之气为道生万物之中介的宇宙观；②以道心制人心、五德代五贼的人性论；③先命后性、循序渐进的内丹说；④三教融合的修道论。刘仲宇先生的《刘一明学案》所做的研究包括：①刘一明的生平综述。②论著略论。③思想评析，包括对全真派内丹思想的传承和发展；内丹论的基础——先天真一之气；"顺则成人，逆则成仙"

---

① 赵相彬：《刘一明内丹思想研究》，硕士论文，华东师范大学，2008 年。

的生命观与金丹大道；性命双修、先命后性的生命与成丹理论。

（三）关于刘一明教化论的研究

从本质上来说，宗教包含着一种教化意蕴，只不过这种教化采用的是一种神教的方式。从教化、教育的角度进行的研究，有宋守鹏、孙石月的《刘一明道教教育思想初探》，对刘一明教育内容的进取性、教育方法的通俗性与教育理论的辩证性三方面进行了初探，但未能全面而深入地分析教育的内容、方法及其背后的深层原因，也未能与刘一明的信仰论很好地结合起来。此外，刘仲宇的《攻克人生的关卡——刘一明〈通关文〉的现代价值》[①]，谢清果的《〈神室八法〉与自我修养》[②]《〈神室八法〉与青年自我培养》[③]，杨光文的《刘一明的修心养性思想及其现代思考——以〈神室八法〉为例》[④]，从人的品格上，对《通关文》与《神室八法》的现代价值作了阐述。

三　概念的界定

（一）信仰

《说文解字》中对"信"的解释是："诚也。从人从言。"对"仰"的解释是："举也。从人从卬。"《汉语大词典》中对于"信仰"的解释是：对某种主张、主义、宗教或某人极度相信和尊敬，拿来作为自己行动的指南或榜样。

习惯上，人们常常把"信仰"与"宗教"自然地联系在一起，在中国的语境中，人们又常常把"宗教"与"迷信"等同起来。因此，谈到信仰，便自然地想到了迷信；想到了迷信，便想到了封建的残余；想到了封建的残余，便想到了落后；想到了落后，便想到了抵制。以此类推，谈论"信仰"，在中国，多少有些遭遇不嗤的感觉。

事实上，"信仰"不等同于"宗教"，"宗教"不等同于"迷信"。迷信，并没有囊括宗教的所有，这已是人们的共识。常常谓之的"封建"，既不意味着远去，也不意味着能够抵制。也就是说，宗教之外，还有信仰，比如，

---

① 刘仲宇：《攻克人生的关卡——刘一明〈通关文〉的现代价值》，《中国宗教》2004 年第 9 期。

② 谢清果：《〈神室八法〉与自我修养》，《中国道教》2006 年第 6 期。

③ 谢清果：《〈神室八法〉与青年自我培养》，《中国青年研究》2005 年第 12 期。

④ 杨光文：《刘一明的修心养性思想及其现代思考——以〈神室八法〉为例》，《宗教学研究》2004 年第 4 期。

对共产主义的信仰表示对共产主义必定能够实现的坚定信念。信仰本身就包含着对于难以实现，却又相信能够实现理想的追求。真正的信仰，是对个体自我人格的一种考验；是对坚信实现的思想的一种验证，换言之，真正的信仰常常是理性的，不是一种盲目的。也就是说，那些谓之远古的、"封建"的宗教信仰，并没有完全逝去，而是一种从始至终纠缠于人心的困惑，是一种对摆脱苦难的渴望，这种渴望，不一定要抵制，也未必能够抵制。

对于"信仰"的研究与理解，20 世纪 90 年代以前，多用"信仰"来泛论所谓的"民间宗教"，也即非政府承认的宗教。可见，意识上，人们把所谓的民间宗教作为一种"信仰"，且"信仰"一词的归属范畴，夹杂于宗教学与民俗学之间。此外，关于"信仰"的主题便集中在对于"宗教信仰自由政策"与"宗教与封建、迷信的区别"问题的阐述与讨论上。这样的论题是与当时国家对于"宗教"政策的制定相关的。将 90 年代前后五年，关于"信仰"的研究进行比较后可以发现，后五年比前五年增长了一倍，且所讨论"信仰"的范畴渐次扩大，诸如讨论"信仰与法律""信仰与教育"，以及"马克思主义是否是一种信仰"的问题。也就是说，"信仰"的概念突破了宗教学与民俗学的范畴，频频出现于法律、教育与政治学范畴。更为主要的还是把"信仰"与"宗教"联系在一起，当然，包括民间宗教信仰。由此可见，信仰不是一个静态的概念，而是一个动态的、历史的概念。

目前，对于"信仰"的研究，还没有形成理论体系。尽管"信仰"范畴的扩大一再被人们置疑，但据其表现形式，还是可以概括出政治信仰、道德信仰、法律信仰、宗教信仰、马克思主义信仰、民间信仰等。对于"信仰"进行专门研究的学者，国内主要以荆学民先生与黄慧珍女士为代表。荆学民先生把"信仰"提高到了学科的高度，提出并初步创建了"信仰学"体系，其代表性专著有：《社会转型与信仰重建》[1] 和《当代中国社会信仰论》[2]。在《当代中国社会信仰论》中，荆学民先生对"信仰"的诠释是：信仰作为一种掌握世界的方式，它所掌握的是人类认识能力在一定的历史条件下所不能及的已知世界与未知世界，已控力量和未控力量的交接处或连接面。

---

[1]　荆学民：《社会转型与信仰重建》，山西教育出版社 1999 年版。

[2]　荆学民：《当代中国社会信仰论》，人民出版社 2008 年版。

黄慧珍女士从哲学的视角讨论了"信仰"，并归纳了我国理论界对于信仰本质的几种观点：①信仰是一种价值观念，是人们关于最高（或极高）价值的信念，是全部人生的指向机制、定向机制，比如对共产主义的信仰。②信仰是主体对于某种思想或某种现象的极度或真诚信服的态度，比如对某种宗教的信仰。③信仰是和怀疑相对应的人类完整的精神意识状态的一个侧面，是一种思维机制。④把信仰作为和理论方式、实践方式、精神方式、艺术方式不同的人类掌握世界的单独而永恒的方式，强调把信仰提到活动论的高度做系统的动态的考察，将信仰与真善美看作是人类与世界关系的第四领域。[①]黄女士对上述种种观点既作了肯定的分析，又对其不足之处进行了深刻的剖析。进而，她认为，信仰是一种自我意识和自我感觉，具有时间的向度，是指向未来的；同时，信仰作为一种价值追求，同现实的关系是一种否定的关系，一种以否定性为媒介的关系。

此外，关于"信仰教育"的研究多见于北京师范大学的檀传宝先生，谈到"信仰教育"与"道德教育"的关系，他提出借鉴宗教的信仰力量来进行教育的观点，并将世界观、人生观等概念与对"信仰"的理解作了比较。在他看来，从心理结构上看，世界观、人生观、理想等虽然可被理解为知情意的统一，但它们是以"观"为特色的，认知成分是第一位的，而"信仰"则以"信""仰"为特色，前者表示了知情意的整合，后者则表明了更多的情、意成分，具备更多的人格动力色彩；从内容特质上看，世界观、人生观等是对世界和人生的根本看法，但概念的分析色彩决定其内容有维度上的阈限，而"信仰"则往往具有更为终极也更为整合的内容。因此，檀传宝先生认为，在理论上，用"信仰教育"去统整世界观、人生观、理想教育是完全有必要的。[②]这里，他将"信仰"作为一种教育的方法，或说教育的途径。然而，如何"统整"，实际实施起来又存在诸多困难。

对于"信仰"，笔者以为，它是伴随人类的一种精神现象，首先是对于某种思想或某种现象的信服。本书中所谈的"信仰"，是指刘一明对"道"的信仰，既具有价值意义，又具有审美意义，也即其"道"所强调的人的"生命"存在的意义，并将这种意义赋予真善美的意蕴。

---

① 黄慧珍：《信仰与觉醒》，人民出版社 2007 年版。

② 檀传宝：《信仰教育与道德教育》，教育科学出版社 1999 年版。

（二）教化

"教"为会意字，从攴，像以手持杖或执鞭。《说文解字》中对"教"的解释是："上所施下所效也。"化，古字为"匕"，像二人相倒背之形，一正一反，以示变化。《说文解字》中对"化"的解释是"化，教行也。教行于上，则化成于下。"

对于"教化"概念的理解，江净帆在《"教化"之概念辨析与界定》中对"教化"的概念进行了总结、辨析与界定："教化也称风化、社会教化，是指在'上'者经过一定的价值施予与导向，使在'下'者精神世界发生变化。它既是我国古代一项重要的治国之策，也是化育民众的一种手段。我国古代教化在内容上以儒家伦理道德教育为主，糅杂了佛、道等多元思想，在方式上，既包括系统、正规的学校教育，也包括渗入社会生活中，各种非系统、非正规的教育感化活动，两者共同在社会整体层面构成了一种整合性的教育影响力。"[①]

对于作者关于"教化"概念的辨析与界定，笔者基本同意作者的观点。此外，"教育"与"教化"的区别在于，"教育"多指向人的全面发展，而"教化"则多指向伦理道德。"教"显示的是一种过程，而"化"显示的是一种结果，内化到个体的思想意识与行为中。在本项研究中，"教化"是指刘一明对信仰之"道"的实践作用，教化论也即探讨刘一明的信仰论之价值。

需要说明，书中多次提及的"刘一明信仰"或"刘一明道教信仰"，均指刘一明的信仰或道教信仰，而非民众对刘一明的信仰，也即其被称为刘师爷。

---

① 江净帆：《"教化"之概念辨析与界定》，《社科纵横》2009 年第 1 期。

第一章　信仰之道与经历

任何人的任何信仰都不是一蹴而就的，都经过了一段心路历程。对于清代乾嘉时期龙门派第十一代传人刘一明（1734—1821年）而言，其关于道教信仰的心理也是伴随其自身经历而逐渐发展成熟的。

关于刘一明的生平活动，《素朴师云游记》与《栖云笔记》是我们了解刘一明生平的主要参考资料，虽然由刘一明弟子记载的《素朴师云游记》可能会出现与刘一明亲自记载有所不同的地方，也可能因为弟子对老师的崇敬而出现某些夸词与失真之处，但据此还是可以深刻地了解刘一明的道教信仰心路历程。当然，从《藏外道书》中收录的刘一明的著作中也可窥一斑。为了深刻了解刘一明的道教信仰及其教化思想的形成与发展，有必要对其生平及对其思想有重大影响的因素进行分析。下面，笔者主要凭借以上文献，对刘一明的生平作一分析，看其是如何自儒入道，且完成其听道与慕道、学道与明道以及成道与化道的道教信仰的心路历程的。

第一节　刘一明道教信仰产生与发展的心路历程

据《悟元老师刘先生本末》（又称《素朴师云游记》）记载，刘一明，原名万周，字一之，号秀峰，此当是俗名、俗字与俗号，道名一明，道号悟元子，别号素朴散人，素朴子、被褐散人。刘一明之"一"又当是全真龙门派十一代之字谱。

一　听道与慕道

据光绪年间《重修皋兰县志》记载，刘一明出身巨富，"家累万金，弃之，隶道士籍"①。据《悟元老师刘先生本末》记载，雍正十二年（1734年）九月十九日寅时，刘一明诞生于山西平阳府（今山西临汾市）曲沃县的一户人家，由于家资深厚，其从小已被定向为朝科举取官之路发展，故其自幼习儒，志图功名。概因家中藏书甚丰之故，在习儒之余，他浏览百家之书，尤好技艺，医卜星象，地理字画，凡此种种，俱能留心。到其十三、十四岁时，便知世间有此一段大事因缘，且"乱学乱问"。此"大事"，当是指"出家修行，修养身心"之事。究问其如何获知此事，可能一是因为浏览百家书而知，二是受当时社会中有关"大事"的实际情况的影响，比如，道观、道士及其活动以及当时社会政治、经济、风俗与文化的影响等。

十七岁时，刘一明一日闲看《吕祖传》②，其中黄粱故事③深深触动了他，于是感叹人生在世，富贵荣华，百年岁月，恍如瞬间。此时，他便产生了超脱物外的想法。当然，其"超脱物外"的想法，可能不单单是因为受《吕祖传》的影响而产生的，更有可能是受当时社会现实的影响而产生的。又因平时为应科举而苦读致伤痨症，久治不愈，便思索着去甘肃巩昌投靠开药店且数年未归的父亲，一则赴西省亲，二则寻觅良医，调治沉疴。于是，十九岁时辞别父母与妻子赴西养病，④路过陕西泾阳县，闲游关帝庙，见廊下坐着一道者，蓬头垢面，目如朗星，声如洪钟，问他是否有病、是否是伤痨之症，还说，有灵应膏一方，能治其病，但不能治命，又告其世有金丹大道，聚气凝神，延年益寿，望其急访。刘一明叩拜，并接受灵应膏药方，随饮食随意服用。到巩昌省亲后，他服灵应膏月余，旧病顿去，精神如故。三月后，刘一明又传染瘟疫，卧床不起。一日昏迷不醒，只有微息，神已离室，恍惚间梦见神仙，浑身汗珠滚滚，疾病全消，四肢爽快。此梦使刘一明意识到生命的可贵，宁愿为此脱离尘世感情的牵绊。从此，他一心慕道，访求高明。其间，所遇缁黄，皆是依教乞食之辈，并没有一人稍知正理。此时，他已看《悟真篇》，知大道幽深，有夺天地造化之秘，非等闲寻常之

---

① （清）张国常纂修：《重修皋兰县志》卷二七，清光绪十八年（1892年）甘肃政报局石印本。

② 《藏外道书》第7册收入《吕祖全书》，其中载有《吕祖本传》。

③ 黄粱故事，原出唐代沈既济《枕中记》：庐生在邯郸客店中昼寝入梦，历尽富贵荣华。梦醒店主煮黄粱饭未熟。后以此事比喻虚幻的事或欲望的破灭。后有元杂剧《邯郸道省悟黄粱梦》（又名《开坛阐教黄粱梦》），情节脱胎于《枕中记》，改为钟离权毒化吕岩（吕洞宾）成仙故事。

④ 《会心内集》记载，刘一明18岁赴甘肃南安养病。

人可知。于是他又有远遁之心，暗置道服，昏夜出城，单身只影，数日到会宁铁木山，风雪交加，回顾无人，脱去俗衣，改换道服，隐姓埋名，寻访师友，当时年仅二十岁。这可说是刘一明听道与慕道阶段。

可以说，"泾阳遇道得佳方"与"梦遇神仙浑身爽"，是刘一明向道的契机，几年沉疴尽除的欣慰心理足以让刘一明入道学道，这也是众多向道之人的共同心理。从中还可以得知，当时隐于社会学道之人众多，但多是依教乞食之辈。"隐"，一方面，暗示了不被当时主流社会接纳；另一方面，从侧面也反映了当时道教界管理的混乱局面。而"依教乞食"则也暗示了当时社会政治、经济状况所带给底层民众生活的艰辛。这里的"乞食"不是王重阳所创全真教中作为修炼方法的"乞食"，而是底层民众为了保全生命而不得不出的下策。

二 学道与明道

在坚定学道之心后，刘一明开始四处寻访高师。由会宁经过靖远，至黄家凹大山之峡，遇到群狼截路，正在危机之时，一牧童奔来，并力驱逐，方得脱难。过大山至开龙山潮音寺寄宿，住持僧细述平日感应事甚异，刘一明心想，他可能是遇开龙山神灵显灵才得以获救的。信仰的最初心理大多存在一种心理转移倾向，把一些艰难成就或幸免于难之事归因于神灵的信仰。从宗教现象学来说，在信仰者心里，这些神灵是必然存在的。在此，刘一明从三月待到六月，才速往西方寻师。离开开龙，经过靖远，到金城（今兰州），数月，后闻榆中小龛谷峡，有龛谷老人，原籍广东，姓樊，云游至此，时而儒服，时而道冠，行迹异常，人莫能测。即往叩谒，皈依门下，听其教训。龛谷老人称赞薛道光所注《参同契》，三子[①]所注《悟真篇》，丘祖所注《西游记》[②]为修真指南。又指出，其余书籍，真假相混，邪正相杂。若不分真假，乱看乱读，不但枉费工夫，而且反蔽识见。老人又为刘一明讲解首言先天次推坎离，开释三教一家之理，分析四象五行之因，劈破旁门外道之弊，

---

① 三子：指翁葆光、陆墅与陈致虚。
② 关于《西游记》的作者，现在仍是学术界讨论的一个问题。一说其著者是明代吴承恩，一说是丘处机。清代人多误认为是丘处机所著。因丘处机的弟子李志常曾随其师应元太祖成吉思汗之诏，远游西域，回京后编写了《长春真人西游记》，刘一明曾注《西游原旨》。

拨开千枝百叶之妄，使其必先穷理，扩其识见。龛谷老人所指奠定了刘一明道学思想的根，此后几度访师只是开其悟而识其见。刘一明奉龛谷老人之命前往新营镇寻访疯子田道人，此人饥寒不顾，生死不惧，询问再三，仍一无所获。后刘一明叩辞龛谷老人，云游在外。行至搭那池（今塔拉池，属靖远县）龙凤山歇脚，此时在山挂单道人有十多人，聚集在一起讲道，或言服食，或言采战，或言打坐，或言搬运，各拈门户，争论是非。经过龛谷老人的指导，刘一明以此种种为旁门左道。于是又至开龙山，叩谢神恩，住居数月，又游至海城（今宁夏回族自治区海原县）米粮川，适逢其父寻觅相见，回至巩郡，月余，又造访龛谷老人，老人对刘一明说："孝道不可亏！"刘一明担心自己性命难保，面有难色，老人沉吟良久，嘱咐刘一明说："我传给你保身之术，放心回去，先尽人事，再办己事。"于是，老人将毒蛇引路之诀授予刘一明，又告诫他说："你知道了即可，切勿外泄！"刘一明得诀后，从前疑惑尽释，畅然回到故乡，暂慰父母二亲，时年二十二岁。

刘一明在奉亲之暇，对证丹经，才知龛谷老人所授的是全形之道，非延命之术。第二年，刘一明再次造访龛谷老人，想问明原因，老人说："药自外来，丹向内结。"又说："先天之气从虚无中来，你当深究，细心穷理，仍须先尽人事。"于是，刘一明叩拜老人，快快而归，疑终不释，时年二十三岁。此可说是刘一明拜师入道阶段。

回晋以后，刘一明父亲恐其外游，遂捐国学，使务举业，刘一明假托求功名之事，游京都（京城，今北京），潜访明人。如此五年有余，未遇明人，因其母有病，以书信召回，当时二十八岁。医治母病，愈后，刘一明即游河南（今黄河以南地区），明行医道，暗访高明。三年有余，未遇高人，返晋省亲，当时三十二岁。居家数月，复游平阳（今平阳县）、汾州（今临汾市）、太原，凡所过州邑乡镇，名山胜境，无不寻访。二年有余，枉劳跋涉，慨叹归故里。适逢其父病故巩昌，急赴西奔丧。居巩昌数月，欲往榆中谒师，老人已东游秦川。又闻汉上徐公高明，遂往谒之。徐公与龛谷老人同受道于白石镇梁仙人。在汉南（今汉水以南，陕西省汉阴县）数月，未得遇面，快快西回。[1]路遇仙留镇，闻有齐丈人，其亦与龛谷老人同学道于梁仙人。

---

[1] 《会心内集》卷下《穷理说》载，从刘一明回晋以后到遇齐丈人这段时间，在京都住居四年，河南二年，尧都一年，西秦三年，来往不定者四年，经十三年之久，三教经书无不细玩。

丈人少读诗书，秉性鲁钝，未得梁仙人实惠，因其老实志诚，梁仙人曾将丈人托于樊、徐二翁，令其指点。其后樊老人西游，丈人听徐公指教，同住汉南十余年，磨炼百般，受尽无数苦楚，终无所得，知其法缘未至，遂离汉南，赴甘肃访人。苦尽甘来，兰州阿干镇，得遇喇嘛余丈人。余丈人是西宁沙唐川人，曾为喇嘛僧。转生七世，未迷本来，得遇异人，授以性命大道，遂了其事。齐丈人亦更换俗衣俗冠跟随余丈人游西宁、凉州、甘州、肃州，二年而得事。此后，余丈人深隐，不知所终。齐丈人自明大事后，仍旧俗扮，游宁夏、定边、庆阳、平凉、西安等处，未遇有缘之地，遂入栈道，行至襄城仙留镇隐居。仙留镇，即所称黄沙镇。丈人在黄沙送河打柴，佣工受苦，没有人能认识他。二十余年，大事完成，山中采药，救人疾病，出言吐语，事后皆验，渐渐人皆知是异人。因其行藏虚实，人不能测，都以"蓑褽衣"呼之，丈人亦应之。刘一明访问谒见，叩求道要，并将龛谷老人所授禀告丈人，丈人指点说："只向自己作功夫，到不了佳境，若礼下于人，必有所得，其它真实，不难为我所有。"刘一明不解其意，又叩问之，丈人说："真人之息以踵，凡人之息以喉。"刘一明再求问，丈人说："我已指示，你自不明，何必再问！"此时，刘一明亦知是盘中之谜，但不能解悟，于是三返昼夜，废寝忘食，忧疑交加，到第四天正在烹茶之际，丈人取《论语》给刘一明看，刘一明拿着书，前后细阅，凡合乎道理之处，皆向丈人一一陈禀。刘一明思索着，虽然所陈禀者皆合理，但并不是迷中奥意，翻来覆去，自清晨至午，忽有所悟，舍书出室。丈人问："你到哪里？"刘一明回答："到江边。"丈人再问："到江边作何事？"刘一明回答："到江边打鱼。"丈人再问："鱼潜入深渊，怎么办？"刘一明回答："以食引之，以钩钓之，何患不得？"丈人知有所悟，是夜即以丹法火候细微，一一分别始终全授之，并勉励其说："此事要二十年死功夫，方得见效，你须努力无怠，我将隐了。"刘一明奉诗道："一十三年未解愁，仙留镇上问根由。而今悟得生身处，非色非空养白牛。"对于此诗，刘仲宇教授进行了很好的解释，他认为，"生身处"是指"先天虚无之气"，"非色非空养白牛"是佛家典故，"非色非空"是指修丹道既不要执着于色身，专门通过服食、采战、搬运等方法来修道，也不要偏向离色身以求空的"顽空"。"白牛"，出于佛典《妙法莲花经》，白牛所驾之牛车为大乘，是指佛法中度化众生脱离三界的最大力量。此外，还包括羊车声闻乘，鹿乘辟支佛乘。羊车、鹿车、牛车即《法华经》所说的"三车搬运"之说之"三车"。[①]此时，刘一明三十五岁。这可说是刘一明投师悟道阶段。

这里，需要注意的是，科举功名与学道之间的矛盾使得刘一明的信仰始终处于一明一暗之中。山西与甘肃道教氛围之差异又使刘一明西行驻陇。此行在刘一明的一生中非常重要，他幸遇了曾与龛谷老人同学于梁仙人门下的齐丈人，不同于龛谷老人的是，齐丈人得遇喇嘛余丈人而了人生大事。刘一明受齐丈人的影响，俗衣俗扮混俗和光而了悟此道。令人疑惑的是，《论语》与修道之间究竟有何关系；刘一明从《论语》中究竟悟得了什么，这是我们的存疑，也是我们难以规避的问题。关于这个问题，笔者将于其后论述。

三　成道与化道

刘一明悟道、明道之后，便开始了其济世度人著书立说的阶段。这里，刘一明认为的明道即成道，让我们想到了王阳明的心学理论，"知之处便是行之处"，似乎，刘一明的内丹理论更注重的是"理"，而不是"法"，更注重的是"性"，而不是"命"，也即更注重的是人的精神的长生超越，而非肉体的白日飞升。这与其同时代的江南全真教龙门派第十一代的闵一得相比，有很大的差别。

自汉南返巩昌，料理诸事，急搬父灵柩回山西，闻龛谷老人居凤翔（今陕西省宝鸡市东北）太乙村，路过去拜访，到了其所在的村庄，才知老人已羽化。他大失所望，凄然而回，返回山西故里，择日殡葬其父。大事完毕，办理家务整齐，意欲灭迹，遂装疯卖癫，日久家人不防。一日夜半，换穿暗藏旧衣，连夜出门，渡过汾河，天明到绛州（今山西省绛县）地界，无人以识，自此缓行，渡禹门（即龙门渡口，在今山西河津市西）、过蒲城（今陕西蒲城县）、延安、定边，至灵州（今宁夏回族自治区灵武县），遂居于此。改名金寓吉，时年三十六岁。

居灵州一年，明则医道济世，暗则打炼身心，方圆应物，间或见孤贫老幼，怜悯周济，便为俗人所警。于是，刘一明离开灵州，至宁夏，观其地脉，贺兰争秀，黄河绕流，俗朴民醇，大有古风，刘一明非常高兴。居住数月，有人来访，诚敬日久，无懈怠之意。于是，刘一明易形变相，破

---

① 刘仲宇：《刘一明学案》，齐鲁书社2010年版，第12—13页。

衣垢面，歌笑于闹市，睡卧于街衢，人皆以疯汉看他。后移居城南三清台，再移至西北城南角观音堂，时有《观音堂二十四曲》①以乐道。后偶遇同学米师，邀至堂中，相伴下苦。不意米师尘缘太重，致师魔障百般，曾有《五更词》以自叹，于是又离开宁夏，时年三十七岁。

　　游固原、平凉、彬州（今陕西彬县），过梁山至凤翔，留心灵地，以作长久打算，但所历之处，皆未可意，于是又入栈道，至凤县居住数月。闻岭南南台山为凤邑之胜境，即往游玩，登临眺望，双侠水锁，四兽②有情，中耸一岭，跌落三层，脉旺地灵，藏风聚气，喜而居之。时有门人弟子数人访至，即令开垦山地，接待来往常住者十余人，或来或往者不计其数，然留心采取道器者并无一人，于是刘一明作《解三省》四曲以叹之。又屡遭道魔，小人不足。自知力行不逮，多由障碍，独自到秦岭麻峪河，修桥补路以结人缘。与虎狼为伍，魍魉作邻，犹如不知。磨砺身心，锻炼志气，如是数月，工完出峪而回山，时年三十九岁。

　　刘一明初居南台，意欲立丛林为接待来访之人，但看到常住道人，并无实心顾众者，遂西游甘肃，一衲一瓢，齐挂药囊，随处济人，铲挑犬皮一张为坐具，此外无物。过两当、徽成、西和、礼县，至岷州二郎山菩萨洞寄宿。忽遇身体不适，百脉俱息，幸遇元真师兄救命。离开二郎山，西至三足洞寄宿，隐隐现出一怪，刘一明以"一字诀"、《五厨经》和《大洞经》制之，遂以净铲除灭之。时年四十岁。

　　刘一明离开岷州，行至颜家大庄古庙寄宿。其夜大雪尺余，明日冒雪而行，忽然天晴雪消，脚踏泥水而行，至黄香沟，夜宿山坡方神庙，又无门窗遮风，依壁而蹴之。天明远行，不知鞋袜已冻成冰，脚跟裂破，忍痛而行。至狄道（今甘肃临洮县）西南城角寺，喇嘛僧不敢留单，连夜行走。至省城，居数月，宁夏阎绣庵使人来接，二至宁夏，观其风景气象，与昔年大别，无心久居。明年春月南行，三上开龙山，瞻像叩首，拜谢当年指引之恩。此神是白猿成道，借齐天大圣之名，处处修建寺庙，积功累行，每遇亢旱、

---

　　① （清）刘一明：《观音堂二十四曲》，概指《药蕉叶二十四曲》，《会心内集》卷上，《藏外道书》第 8 册，第 644–646 页。

　　② 四兽：代表四方的神兽，即东方青龙、西方白虎、南方朱雀、北方玄武（龟蛇）。这里指南台四面地势好。

连阴，祈晴祷雨，如鼓应声，感应非常。平时像前只用住持僧焚香一炷，不许贡献一切食物果品，一处工完，别处又觅山场。会宁铁木山，靖远曲沃山，中卫（在今宁夏西部）衍龙山、二龙山并开龙山，都是工完即行，不久变一处，可知是扶危救困、利物济人之神，非同妖邪只享血食者可行，故刘一明心里佩服。开龙会长住持，强留过夏。忽然想起多年有解注《西游记》之念，东西来往，无有定处，未得了愿，借此清净之所，将祖师心法真脉，发挥阐扬，上续诸真之灯，下结知音之侣，承先接后，不枉入于道门一场，于是细阅正文，体会本义，暂起草本。住山五月，求药方之人，缕续不断，难以专心用功，遂迁于靖远红山寺，虽其寺幽雅，而闲游之人甚众，亦不安静，又选择西闇寺居住。五月，草稿已出，于是赴省。时年四十二岁。

至省择居白塔山罗汉殿削改誊真，不分昼夜，废寝忘食，细心辨别，搜寻深意，每到难解难释处，恍惚如有神告，顺手写去，俱合本旨，刘一明心想，大抵心虔意诚，是祖师暗中指点。三冬已过，正值新正月底，冰桥已开，浮桥未搭，所备米面煤炭油烛皆尽，无钱可办，正在作难之际，忽然一只白犬，口咬羊油烛一束，有三十余支，丢于殿后而去，刘一明怀疑是住持之烛，但问后，均未少。本殿至山底人家一二里之遥，犬如何能口擒如此之远，且烛并无一支伤损，真是异事！第二天，又有善人驾皮筏送来煤炭数十，米面数升，及至二月底，其书工完，烛已尽，米面煤炭已了。第二天，桥已搭起，遂辞僧下山入城。时年四十五岁。四月间西游，行至平番（今兰州市永登县），闻有苏疯子，皆以有道称之，及见其面，有名无实，真是疯汉，不过能受饥寒，打炼睡魔。游凉州数月，欲往肃州访梭罗仙遗迹，因其雪山雪消，沟渠水盛，难以行走，遂赴西宁，拜睡仙陈真人冥塔，为真人作传记以记本末，复作《五供养》[1]五曲，以为赞，又为作对联，阐扬其道，其联云：撬开戌己门至虚宁静收灵药；钻入鸿蒙窍自有归元脱法身。细观真人昔年所处旧城土窝，小泉湿地，忘物忘形，齐一生死，非了性命之真仙而能如此。

由西宁旋至河州（今甘肃临县）、狄道、转金县，闻有栖云山，乃秦李

---

① 《睡仙塔院流题（五曲）·寄调五供养》，《会心外集》卷上，《藏外道书》第 8 册，第 686 页。

二仙①修道之处，即赴山往访仙迹，观其脉来马寒，向对虎邱，左道凤凰嘴，右有兴龙山，凤凰岭为兜案，对应牛肚山，双峡水锁、四兽有情，钻天叉、白草原、九宫台、栖仙崖、翻影庵，皆在指顾间，真是仙境！惜其神庙，基址有踪、栋宇无迹，问土人皆说："明末流贼焚毁，今有灵官殿一楹尚存全，亦破漏不堪，神像水淋剥色，将有倾倒之患，且径路树枝攀扯，水冲成沟，登陟甚难。"第二年，刘一明收拾镢镰斧锹至山修路，时有省城相识善人来访，刘一明说："神殿将倾，善人若发诚心修补，功德莫大焉。"善人说："道人若肯烦心，吾愿成就。"第二年，召集工匠准备残料，一气完成，焕然重新，神妥人安，山根又建洗心亭一小院，招安住持道人早晚焚修。时年四十七岁。

正在乾隆四十五年，工方告竣，意欲远游，又有善信数人问师说："道人何不重开此山，以复古迹？"刘一明说："我是游方道人，没什么大力，又怕烦心。"善人说："此是大功大行之事，道人若行，我们募化并力成之。"刘一明开始并未答应，因其再三恳强，出于诚心，不得已而答应了。第二年大开旧基，量地建造，一时各处信士，发心领疏②的人，不约而合，起建三清殿、黑虎殿、五图峰、均利桥、牌坊道房。其工方半，忽遭撒拉作乱③，兰城人民受害，所化布施，俱皆落空，钱粮无出，暂且歇工，刘一明遂赴兰。第二年三月，仍赴栖云，远方募化，方得完工，乾隆四十七年告竣。时年四十九岁。

工毕，游秦川，复至南台，整理常住。五十年乃至栖云，其年，岁稔年丰，欲兴大工，募化布施，如有神助，远近善人信士，或自送钱谷，或请疏募化，乐输恐后。钱钞口粮应手，修造甚易，但工力费事，斩崖破石，开阔地基，凡一砖一瓦，一木一坏，水土物料，皆自山底运到山顶，上下

---

① 刘一明《秦李二仙传》称：李仙名元，曾为谏议大夫，后隐嵩山；秦仙，衡山道士，同拜衡山大帽翁为师，李改名致亨，秦改名致通。后至西秦金城栖云山结茅深隐潜修大道。李仙有先怀诗，咏栖云诗，收于传中，传中谓其为宋代庆元间人（即庆历至元丰或元祐、元符时，约为1041—1100年）。《道教大辞典》谓"金县（今属辽宁大连市）人"，言宋徽宗政和二年（1112年）白日拔宅升天。实为注误，栖云山（兴隆山）所在地——榆中，宋金至民国初亦为金县。《陕西通志》谓今兴隆山是其游览处，清虚观是其故里。

② 疏：原指为阐释理由的文章、文簿，此指撰有修建缘起的化缘簿。

③ 撒拉作乱：指乾隆四十六年（1781年）三月至七月，撒拉族苏四十三起事的民族纠纷。

来往，约有七八里之遥，幸运的是，道俗行动者二三十人，所以不甚掣肘，遂建立大顶混元阁、经柱亭，东峰雷祖殿，西峰斗母宫，后山门，马灵宫楼，半山寿星庵，西岭王母宫，东崖白云窝，北峰二仙洞，山底山门，吕祖阁，丘祖堂，福缘楼、自怡楼、澹然亭、碑亭、客房、厨房，乾隆五十五年告竣。同众施主商议，买水地六十六亩，山旱地五十四亩。浇灌水地三沟一昼夜。又峡内旱地十八亩，作主持焚修养膳之用，时年五十七岁。其后每年接续修补，添建北斗台、朝阳洞、三圣洞碑亭、牌坊、各殿道房。乾隆五十六年重建兴隆山半山灵宫殿，并建道房，置买常住香火地二十六亩，招住持道人焚修。乾隆五十八年重建三大士（三大菩萨）殿[①]，金状神像。时年六十岁。

嘉庆元年，刘一明下汉南，游湖北，朝武当、瞻仰金容，冬月回南台，第二年赴凤翔太乙村，拜龛谷老人仙墓，刻刊碑记以垂后。事毕，仍回南台，住数月出栈，过凤翔，陇州，至景福山龙门洞，访丘祖苦炼仙迹。景福山有王母宫、朝元洞、混元阁、八仙宫、留题四咏。龙门洞有定心峰、全真岩、灰落碑、定日月处、天桥，留题五咏。由景福旋至平凉崆峒山问道宫，瞻仰黄帝、广成圣像，细观山景：五台联络、四山拜迎、两河紧缩、形势活动、峦头圆净，大福地也。复至固原击壤村，相识善人留歇数月。过黄河三至宁夏，昔年相识大半去世，为之一叹。登临贺兰山避暑月余，返回省城，又上平番、西宁。冬月离西宁欲游河州，行至川口，忽然两腿麻木，不能行走。大概是由于平时云游，不带行囊，只带一张犬皮坐具，宁夏潮湿，寺庙歇宿受湿之故，遂不赴河州，强挣回兰。时年六十四岁。因为此故，不能远游，调病于栖云，三年治愈。

嘉庆四年，重建兴隆山圣母殿厢房，厨房、山门、围墙，并彩绘火殿，金妆神像，因其钱谷难办，延至嘉庆十一年，方得告竣。嘉庆六年，开两山界为新庄沟山坡地五十余垧，每年取租，以为栖云山零星补修之费。嘉庆七年补修三教洞，又重修鱼篮菩萨殿，改塑神像。十年，因附近贫人无地

---

① 三大士：佛教对观音、文殊、普贤三位菩萨的总称。"大士"，梵文 Mahsa āttva 的意译。音译为"摩诃萨"，意思是"伟大的人"，是对菩萨的通称。宋徽宗宣和元年曾经下诏书，佛改称金仙，菩萨改称大士，僧人改称德士。供奉三位菩萨的佛殿就叫三大士殿。通常情况是观音居中，文殊在左，普贤在右。

埋葬，募化善信，置买禅寺沟山坡为义冢^①地，使贫人随便葬之。嘉庆十二年，重修兴隆山玉皇行宫，大展地基，续建东西两廊，山门、灵宫楼、道房、厨房。工将完成，秋雨连绵月余，山门地基走挫，栋宇上下俱皆倾斜开裂，欲为重工做作，限于钱谷无出，不得已而往固原监茶募化，始得完工，为兴隆第一壮观之所，并建禅寺沟孤魂殿一楹，厢房三间，为守义冢常住之处。嘉庆十三年，三官殿柱朽下挫，墙倒像歪，栋宇将脱，起立重修，补塑神像，金妆彩画，收拾崖墙水道，两年方得告竣。嘉庆十五年，重建迎善桥，迁移码头，破石斩崖，帮修道路，建立过厅、牌坊和道房，招安住持，常为照应。所余钱钞，在外营利，防备不虞，以为长素计，两年告竣。嘉庆十七年，因山根道旁旧泉水不洁净，重开净水泉，上建亭子一楹，以备两山取汲、供神。嘉庆十八年，重建关帝阁，开展地基，或帮或斩，量其地形，改移坐向，离虚就实、易殿为楼，前建看河亭，侧立两游廊，山门外南北各起穿路小楼一间，上供水火二神，接连石菩萨殿，又移立石菩萨殿为正座，并雕刻圣像，上下一气，配合成局，两年完工。山顶官修杨四将军庙，拆移鱼篮菩萨于岭右，占去殿基。其年菩萨殿因地基潮湿，使木土斜歪开裂。刘一明别选良基，迁移重建，金妆彩画。至于东岳台、大佛殿、亦皆帮助善信成工。两山神像，俱皆败而复兴。以上神工，皆有碑记细叙可考。

刘一明初居栖云，开山建庙，非仅修工而已，特借修工，苦炼身心。以故，日则打尘劳，监管修造，夜则注经书，阐扬道脉，日夜辛苦，无有宁时，然师乐在其中，苦不知也。其书则《三易注略》《周易阐真》《参悟直指》《道德会要》《西游原旨》《指南针》《会心集》《指南三书》《栖云笔记》……儒释道三教书籍凡二十二种，^②或解或注，破群仙之隐语，揭丹经之寓言，辟旁门之邪说，指大道之源流，略词藻而就常言，去文章而示实意。言愈浅，理愈明；语甚俗，意甚显，可为学人之阶级，志士之炬灯。幸皆知音善士大力，俱皆刊刻行世。

刘一明在栖云修建庙宇三十余年，著解经书三十余年。当两山神工告竣之时，即书刻刊完之时，亦是刘一明八十二岁寿诞之时，此时内外事毕，心无挂碍，身莫劳苦，安居自在窝，静养精神，一切外事，皆不应酬，与

---

① 义冢：出于仁义而为贫民捐献的墓地。
② 据《金县志》《重修榆中县志稿》，刘一明有关儒释道书籍有二十七种。

世无与了。时有《绝言歌》^①以抒怀，刻刊于《通关文》之后，取其愿心已了，再不于文字中做事。刘一明平时闲暇之时，自卜吉地于新庄沟山顶之阳，乙木行龙，坐艮向坤，辛戌水口。相识善人预为之墓洞、建冥塔、立祭台、修围墙，以备临时方便办事、飞升。道光元年正月初六日亥时，刘一明忽然进入墓洞而坐，呼集众人嘱以性命为重，功行为先。他说完之后，溘然而逝，享寿八十八岁。众门人遂封墓口。

四十余年，刘一明四次整南台，三次开栖云，非图沽名，乃自行苦行。前四十年行为，刘一明常自述经历事迹，勉励学人。后四十年行为，弟子们常随左右，亲眼所见，没有装点虚造，俱是真实行藏。

在刘一明成道与化道阶段，可看出，一方面，刘一明进行修道，不仅注重自身的修炼，而且更注重应万物而度人济世。这也是对全真教的创立者——王重阳思想的继承，即主张功行双践。

这里，值得注意的问题是，刘一明是如何维持其修建宫观寺庙与设置义冢以及日常生活的开销的？总结一下刘一明创建与管理宫观的几种方式，可知其缘由：①募化布施，既包括修建宫观之用，也包括购置田地之需；②置买田地，既包括水田、山地、旱地，也包括常住香火地；③开垦荒地；④租赁田地，每年取租，作为栖云山零星补修之费；⑤以钱营利：所余钱钞，在外营利，防备不虞，以为长计。刘一明的这些经营宫观的方式，在当时清廷是有明文规定的，开始大多言及京城及其周围的官管庙宇、宫观。乾隆曾重申了雍正十三年（1735年）九月的上谕，并将其落到了实处。

> 我皇考圣鉴及此，原欲将旨申明，未及颁发。今朕仰承先志，详绎圣训，明白晓示。着各地方官，将丛林、古刹之斋田，应行清查者，秉公清查，编入册籍，禁止售卖，并严禁胥役、地保恐吓索诈等弊。其庵、观、茶庭、社庙、净室等处，止令该住持将现在产业开明数目，自赴州、县呈明立案。官吏不必概行清查，以致生事之徒，借称功令，互相告讦（揭发别人过去的过失或隐私），扰累地方，着该部通行各直省督抚，转饬所属，分晰办理，实力遵行。倘有借端生事者，必重治其罪。^②

---

① （清）刘一明：《绝言歌》，《通关文》，《藏外道书》第8册，第258—259页。
② 《清实录九——高宗纯皇帝实录（一）》卷三，中华书局1985年版，第198—199页。

乾隆三十五年（1770 年），礼部具奏：

> 京城官管各庙，除群房、围房素不供佛处所，许其租赁收息，以为贴补及日用之费，其供佛正殿、配庑，概不许擅行出租。违者治罪，并请交步军统领督理街道各衙门随时稽查参处等因，奉旨：依议。着于每年岁底具奏。①

得到乾隆皇帝的同意。嘉庆四年（1799 年）谕：

> 嗣后京城内、外官管庙宇，如外省赴京引见，及候补、候选人员，原可任其居住，不必官为禁止，俾僧、道等亦得香火之资。惟外来游方僧、道，及面生可疑、来历不明之人，必当实力稽查，断不准容留，致令潜匿。仍于年终汇奏一次，不可虚应故事，有名无实。着为令。②

嘉庆六年（1801 年）谕：

> 嗣后除京城各官庙，照例不准招租外，所有私庙房间，仍准照旧出租。当饬令僧、道等，将租住庙宇之人，查明来历清楚者，方许容留。仍出具切实甘结，③ 呈报地方官存案。倘该僧、道将来历不明之人私自存留，一经犯案，必当按律惩办。

嘉庆二十三年（1818 年）谕：

> 礼部等衙门年终汇奏稽察官管庙宇一折，京城内、外官管庙宇，礼

---

① （清）托津等奉敕纂（嘉庆朝）《钦定大清会典事例·礼部·方伎·僧道》卷三百九十，载《近代中国史料丛刊》三编，第六十七辑，第 667 册，台湾文海出版社有限公司 1991 年版，第 7713–7714 页。

② （清）托津等奉敕纂（嘉庆朝）《钦定大清会典事例·礼部·方伎·僧道》卷三百九十，载《近代中国史料丛刊》三编，第六十七辑，第 667 册，台湾文海出版社有限公司 1991 年版，第 7720 页。

③ 甘结：旧时交给官府的一种字据，表示愿意承当某种义务或责任，如果不能履行诺言，甘愿接受处罚。

部等衙门每届年终，俱以并无容留来历不明之人，并声明殿庑亦无私行租赁等事，汇奏一次，几成具文。各庙宇将空闲房屋租与来京官员人等暂住，事所常有。所应查者，恐有游方僧、道及来历不明之人溷迹其中。各该衙门务饬派出之员认真稽察，留心侦访，已经查出，立即禀明究办，不可虚应故事，止以一奏塞责。①

以上诸条规定，也可以使人明白喇嘛僧及有的寺庙、宫观不敢留刘一明挂单的原因，以及刘一明宫观经营方式的政府规定。

另一方面，刘一明还不辞辛劳地著述丹书，发展与传播全真教龙门派的教理。从其著作完成的时间来看，最早的《西游原旨》，于乾隆四十三年（1778 年）完成，时年四十五岁。在嘉庆三年，他完成了多部著作，思想趋于成熟。为便于理解其"道"论形成的过程，我们有必要将其注述之作按时间顺序排列一下，大体如下：①《西游原旨》，乾隆四十三年（1778 年）完成，嘉庆三年秋刊刻，其中包括：《西游读法》（卷上），诗结（卷下）。②《阴符经注》，乾隆四十四年（1779 年）完成，嘉庆三年九月九日刊刻。③《周易阐真》，嘉庆三年（1798 年）春。④《百字碑注》，嘉庆三年（1798 年）三月。⑤《修真辩难》，嘉庆三年（1798 年）三月。⑥《神室八法》，嘉庆三年（1798 年）中秋节。⑦《修真九要》，嘉庆三年（1798 年）九月九日。⑧《参同直指》，嘉庆四年（1799 年）春。⑨《悟真直指》，嘉庆四年（1799 年）中秋月望日。⑩《敲爻歌直解》，嘉庆六年（1801 年）。⑪《会心集》，嘉庆六年（1801 年）重阳节，其中包括：《会心内集》与《会心外集》。⑫《无根树解》，嘉庆七年（1802 年）桂月。⑬《心经解蕴》《道德经会义》与《道德经要义》，嘉庆八年（1803 年）。⑭《金丹四百字解》，嘉庆十二年（1807 年）冬至月。⑮《象言破疑》著，嘉庆十六年（1811 年）。⑯《悟道录》，嘉庆十六年（1811 年）三月。⑰《通关文》，嘉庆十七年（1812 年）。⑱《金刚经解目》，嘉庆二十一年（1816 年）。⑲《孔易阐真》《指南针》中的《黄鹤赋》述、《黄庭经解》解、《指玄访道篇》，由于版本问题，无法确知写于何时。

早年，刘一明曾从以上书中抽取出若干种集结为一部丛书，取名《指

---

① （清）昆冈等奉敕撰（光绪朝）《钦定大清会典事例·礼部·方伎》卷五百一，商务印书馆，宣统己酉（1909 年）五月，第 7 页。

南针》，包括《阴符经注》《敲爻歌直解》《百字碑注》《西游原旨》中的
《修真辩难》《神室八法》《修真九要》《无根树解》《黄庭经解》《金丹四百
字解》。

嘉庆年间又将上述二十余种书再行集结为一书，名为《道书十二种》。
所谓"十二"盖指虚数。此丛书在嘉庆时刊行后，光绪、民国时续有刊印，
主要有嘉庆"常郡护国庵"、光绪"上海翼化堂"、民国"上海江东书局石
印本"三种版本。民国本收录于《藏外道书》第 8 册。目前常用的版本有
中国中医药出版社之影印版，以及书目文献出版社之点校简排版，均是结
合以上版本而来。1989 年，山西人民出版社将刘一明的《修真辩难》《悟道
录》《神室八法》《修真九要》与《象言破疑》集结为《修真辩难》。

另外，刘一明还著有《眼科启蒙》《沙胀全书》《杂疫症治》《瘟疫统治》
《经验奇方》《经验杂方》等医学著作，共六种六部十四卷。这里，我们不
论及刘一明的医学著作，只把其行医看作是他积功累行的手段之一。此外，
还有《栖云笔记》《孔易注略》《三易读法》，以及金丹口诀。

王永平先生将刘一明的著作按内容划分，可以大致分为三类：一是"注
述类"，主要是对古代典籍、著述的阐释发挥；二是"专著类"，是作者个人
修养性命理论的集中著述；三是"随笔类"，主要是作者对性命修炼有感而
发的诗词、曲、杂文、楹联、散文、杂感等。

综上所述，刘一明融道家道教思想于儒、佛、医等学说之中，用论辩、
阐释、讲解、解注等多种方法，以杂记、书信、传记、诗词、歌赋、赞辩、
杂联、铭联等多种形式，设坛演教阐释并弘扬博大精深的道家道教文化。

第二节　刘一明道教信仰产生与发展的自身因素

从刘一明道教信仰产生与形成的影响因素来说，可以把刘一明的经历
划分为闻道、入道，学道、成道两个阶段，在两个不同的阶段，刘一明所
受的影响是不同的。

一　刘一明入道的影响因素

从自身的角度来分析，刘一明入道原因大致有如下几方面：

第一，在认识上，由于浏览百家之书，刘一明对于修养身心之道略有所识，且"乱学乱问"，这种认识只是对宗教现象的初步了解，不是对宗教本质的认识，也不属于宗教思想与观念，仅止于"有其事"而已，谈不上多么深刻，但是这种认识可以引发刘一明对此"大事"的关注。

第二，在情感上，《吕祖传》中"黄粱一梦"的故事情节深深触动了刘一明，他感到生命稍纵即逝，富贵如浮云。这种情感使他对保全生命有了更为清晰的意识，从而产生了超脱物外的想法。但这种情感不同于宗教信仰者对宗教的敬畏与依赖。

第三，在需要上，刘一明因应科举导致伤劳之症，有修养身心的必要，于是他西行探亲以修养身心。

第四，在体验上，表现在两方面：一方面，刘一明泾阳遇道，不但消除其旧病，还告其有金丹大道；另一方面，刘一明在恍惚间梦见神仙，使其疾病全消，这样的奇异体验使他产生了慕道的心理。于是，他阅读道教经典《悟真篇》，从中得知对"道"的探究不是一朝一夕之事，也不是等闲之人可知，是需要脚踏实地用一生去践行的。可以说，刘一明对《悟真篇》的学习，是对道教的"有其事"基础上的再认识，从而使其产生"远遁之心"。

二　刘一明成道的影响因素

刘一明自身对"道"的认识、情感、需要与体验使其产生"远遁之心"，这是一个人入道的基本心理基础，然而其真正入道与学道，进而成道是需要师傅的接引与指导的，而学道过程中产生的异迹又坚定了其向道之心。下面，就刘一明的师承关系及对其信仰心理与思想的影响做一分析。

（一）师傅引导与入道悟道

刘一明在泾阳关帝庙所遇道人是使其产生远遁之心的第一位道人，给了他一些治病的灵应膏，并告诉他只能治病，不能治命，还说，世有金丹大道，聚气凝神，延年益寿。虽然据后来的龛谷老人说刘一明遇到的是四川的彭道人，且教给刘一明的静功只是修养后天识神，与性命事无关，但在刘一明的修道生涯中，最初的接引对其入道是非常重要的，这使他有意寻找可以保全性命的金丹大道。除了这位道人，刘一明又先后遇到龛谷老人与齐丈人，这两位道人在刘一明学道与成道方面给予了重要的指导与启悟，是其道教信仰发展与形成的重要影响因素。

1. 龛谷老人

泾阳道人有意或无意地透露，说世有金丹大道，可以聚气凝神，延年益寿。此后，刘一明就主动访问道人。他访求的第一位道人是龛谷老人，老人本是广东人，姓樊，住在榆中小龛谷峡。刘一明叩谒龛谷老人，后皈依门下，听其教训。龛谷老人首先为刘一明指出了修真指南，比如，道光所注《参同契》，三子所注《悟真篇》，丘祖所注《西游记》。在此，将"丘处机"称呼为"祖"就说明樊老人的教派归属是全真教龙门派，这也就意味着刘一明今后教派生涯之归属。另外，樊老人隐居在龛谷，而非道教宫观中，其间隐藏着某种不能言之苦衷，这与当时道教所处境遇有关。对此，刘一明不愿提起。虽然，刘一明与龛谷老人没有经过正式的授受程序，但是，在刘一明的内心世界里，龛谷老人是接引他入道的第一位老师。这在他以后的著作中，屡屡提及，可见他对龛谷老人提携之感激。

刘一明三次造访龛谷老人，在性理方面获得了不少认识。具体归纳如下：要其辨别真伪；要其首言先天，次推坎离，开释三教一家之理，分析四象五行之因，劈破旁门外道之弊，拨开千枝百叶之妄，欲扩识见，必先穷理；要其"悟"，认为圣贤心法不在文字中，其妙俱在言外，枉自猜量，不得真诀；要其从师，觅高人，得真诀；要其重孝，先尽人事，再办己事；主张"药自外来，丹自内结"，认为先天之气从虚无中来，应当极深研究。

对于龛谷老人，刘一明推崇有加，视其为自己修道的启蒙老师，对其主张可以说是全盘接受。龛谷老人所指奠定了刘一明道学思想的根基，此后他几度访师只是开其悟识其见而已。

2. 齐丈人

对刘一明道教信仰发展的另一位师父便是齐丈人。在离开龛谷老人之后的十几年间，刘一明对"道"的理解并没有多大长进，仍然停留在他离开时的水平，直到他遇到齐丈人。凑巧的是，齐丈人与龛谷老人是同门，曾一同受教于梁仙人门下。刘一明访谒齐丈人后，齐丈人便指出刘一明的症结所在，并指点他说："只向自己作功夫，到不了佳境，若礼下于人，必有所得，其它真实，不难为我所有。"在刘一明的解悟过程中，齐丈人取《论语》给刘一明看，并在刘一明解悟之后将丹法火候细微等一一传授给他。齐丈人指点刘一明要"礼下于人"，并用《论语》来启发刘一明，告诉解悟丹道的修炼之法首先是要解决做人的问题，即先要"炼己"来"筑基"。悟道后，刘一明有感而发，写了《悟道二首》，一首写道："日用常行道在身，虚灵不昧是原因。万般色象都离去，才见当年旧主人。混沌初分一物圆，不色不空要真传。明师点破些儿秘，顺则生人逆则仙。"另一首写道："无为静养守顽空，似是而非枉用功。田里若还不下种，仓中少米腹难充。运气搬精妄想仙，后天滓质不刚坚。神州赤县藏灵药，煅炼成真无变迁。要出凡笼也不难，风尘世上运神观。筑基炼己法天地，火里烧成一粒丹。"① 在这首诗中，刘一明明确地对当时人们追求成仙所炼的"无为""静养""运气""搬精"等术进行了批判，称其为"枉用功""妄想仙"，且认为在"风尘世上""炼己筑基"才能丹就成仙，而"炼己筑基"就表现在自身的日用常行中。他还有另一首诗《炼志》也表达了他的这种认识。诗中写道："当年偶遇大金仙，说破修真要志坚。未炼还丹先炼己，欲明至道且明缘。灵光普照妖氛息，利剑高悬正气圆。日用常行睁法眼，神州赤县长金莲。"② 意即若要炼丹就先要立志来炼己。

可以发现，齐丈人的"礼下于人"与龛谷老人的"孝道不可亏""先尽人事"是同理。龛谷老人与齐丈人都重视"礼"对于"性命修炼"之重要性，甚至是不明"礼"，便不授"金丹修炼"之事。实际上，这也解决了刘一明在道教信仰形成过程中自身与家庭、科举与学道之间的矛盾，这一矛盾的解决也体现了刘一明入道、学道的意志，这对刘一明信仰之道论形成的影响无疑是重大的。此后，他甚至将"明道"看成是"成道"，可见，刘一明的修道理论更注重的是人的观念及在其影响下的行为，而并非是人的肉体本身所发生的变化。这为刘一明以后形成"性命双修"理论与"混俗和光"修道方法埋下了伏笔。

可以说，刘一明不同阶段所遇到的三位老师，直接将其引至对于道教的信仰，使其由最初的侧重于对生命的关注转向对"性"与"命"的双重关注，这不仅与全真教的宗旨有关，也是当时社会转型时期的人们，尤其是知识分子对于社会所发生的一切进行反思的反映。同时，从师的重要性使他认识到修持丹道必须要有老师的指导。

---

① （清）刘一明：《悟道二首》，《会心内集》卷上，《藏外道书》第 8 册，第 630 页。
② （清）刘一明：《炼志》，《会心内集》卷上，《藏外道书》第 8 册，第 633 页。

（二）异迹与向道

在艰难与困惑之时，人们往往迫切地希望得到帮助与指点，且对此抱有深深的感激与敬仰。刘一明几次切身的异迹经历与感受使他更加坚定了对于道教的信仰。

第一次，刘一明泾阳得遇道人，并给其灵应膏药方，他服灵应膏月余，旧病顿去，精神如故。重要的是，道人告诉他此药只能治病，不能治命，要想治命，望其急访可以聚气凝神、延年益寿的金丹大道。旧病顿然消失的欣喜与对旧病复发和生命危急的恐惧，坚定了刘一明对延年益寿的金丹大道的寻访。

第二次，刘一明旧病治愈三个月后复染瘟疫，卧床不起。一日昏迷不醒，只有微息，神已离室。恍惚间，刘一明梦见神仙，浑身汗珠滚滚，疾病全消，四肢爽快。此梦使刘一明意识到生命的可贵，宁愿为此脱离世情。于是，他一心慕道，访求高明。

第三次，开龙山白猿成道，此神借齐天大圣之名，处处修建寺庙，积功累行，每遇亢旱、连阴，祈晴祷雨，如鼓应声，感应非常，其像前只用住持僧焚香一炷，不许贡献任何食物果品，非同妖邪只享血食。此处处扶危救困、利物济人之神，使刘一明心里十分佩服。

第四次，一年正月底，冰桥已开，浮桥未搭，所备米面煤炭油烛皆尽，无钱可办，正在作难之际，忽有一只白犬，口咬羊油烛一束，有三十余支，且烛并无一支伤损，丢于殿后而去。此事更让刘一明惊异。

从这些神异事迹中，刘一明都有所体悟，不管是心理的，还是身体的，抑或物质的，这些都坚定了其向道之心。虽然心理学上常常将这种神异事迹称为病态或神经病，认为这是因着迷或钻牛角尖而常常陷入恍惚的状态，"听见耳语，看见幻想，做出各种各样一般归为病态的特殊行为"，[①] 或者是"个人病症的强迫性精神病"，[②] 但是也认为这种病态有助于树立宗教的权威与影响，且能形成对社会现实的否定抑或理解。

---

① （美）威廉·詹姆斯：《宗教经验之种种》，尚新建译，华夏出版社 2005 年版，第 4 页。

② （奥）弗洛伊德：《一种幻想的未来文明及其不满》，严志军、张沫译，河北教育出版社 2003 年版，第 39 页。

第三节　刘一明"宗师"称谓之意蕴

在对刘一明的生平有所了解之后，仍然有对其评价不一的迷惑，有人称其为全真龙门十一代的"宗师"，而有人则仅称其为全真龙门十一代之传人，似有认为其"宗师"称谓的不当之嫌。"宗师"称谓最初的使用如何？其发展与变化如何？道教"宗师"称谓是如何认定的，认定之后又有何职权？诸如此类与"宗师"相关的问题，均没有专门论述。本节在此对其考释，并在此基础上推测刘一明"宗师"称谓之意蕴。①

一　道教"宗"与"师"词源意义之解释

理解"宗师"一词，自然首先应从词源学的角度来分析。

（一）"宗"之蕴意

宗，是一个会意词，由"宀"与"示"组成，"宀"表示"房屋"，"示"表示"神祇"。"宗"字的意思是"在室内对祖先进行祭祀"，故其本义指宗庙、祖庙。如《周礼》载："凡师甸，用牲于社宗，则为位。"②意即用牲畜祭祀社稷祖先，则要设立神位；《说文解字新订》解释："宗，尊祖庙也。"③又如：宗祧，即远祖之庙；宗守，即宗庙所在；宗邑，即宗庙所在的城邑；宗稷，即宗庙社稷；宗仪，即有关宗庙的典章礼仪；宗彝，即宗庙祭祀所用的酒器。诸如此类词语之"宗"字，兼取其本义，即"宗庙"。后来，由"宗"之本义引申出"家族""同一家族的""祖先""派别""主旨，根本""尊奉，向往"等意。

（二）"师"之蕴意

师，也是一个会意词，古字"師"，由"垍"与"帀"组成，"垍"表示"小土山"，"帀"表示"包围"。"师"字的意思是，"四下里都是小土山"，表示众多，其本义指古代军队编制的一级，二千五百人为一师。如《周礼》载：

---

① 白娴棠：《宗师考释：神圣与世俗文化之混成》，《求索》2010年第5期。

② 王云五编：《周礼今译今注》卷一，台湾商务印书馆发行，"中华民国"六十一年版，第208页。

③ （东汉）许慎撰：《说文解字新订》，臧克和、王平校订，中华书局2002年版，第488页。

"五人为伍，五伍为两，四两为卒，五卒为旅，五旅为师，五师为军。"① 后来由"师"之本义引申出"隶属于军的单位，下辖若干旅或团，或泛指军队"之意。《说文解字新订》载："师，二千五百人为师。"② 再后来，引申出"掌握与传授知识或技能的人""学习的榜样"等常用意义。

二　道教"宗师"称谓的多种意蕴

由"宗"与"师"组合成"宗师"一词，在其后的使用中，一方面，遵循"宗"与"师"之本身意义；另一方面，又不断地发展，扩充其意蕴。由于"宗"之本义与"祭祀"有关，所以，"宗师"一词，在中国文化的发展历程中，便皆具神圣与世俗两个层面的意蕴。

"宗师"最初见于《庄子·内篇·大宗师第六》一文的题目中，正文之"师"字，借许由领略意而子之意，称"道"为"师"，"赍万物而不为义，泽及万世而不为仁，长于上古而不为老，覆载天地、刻雕众形而不为巧。"文中对题目"大宗师"的注为："虽天地之大，万物之富，其所宗而师者无心也。"释文为："遗形忘生，当大宗此法也。"③ 庄子认为，"道"有情有信，无为无形；可传而不可受，可得而不可见；自本自根，未有天地，自古以固存；神鬼神帝，生天生地；在太极之先而不为高，在六极之下而不为深，先天地生而不为久，长于上古而不为老，知之者惟有真人。也就是说，"道"是产生宇宙的绝对本原，是天地之间的最高主宰，万物万众都必须绝对地以它为宗，以它为师，为"大宗师"。据此解释，此处"宗师"是一个合成词，也就是说，"宗"与"师"两字有各自的意义，且意义相近，表示了对"道"的尊敬，即"以道为宗""以道为师""以道为大宗师"。

道教，因其以"道"为基本信仰，自然以"道"为宗师，或以"道之化身"为宗师之旨意不在少数。然而，随着"宗师"一词意蕴之发展、变化，道教"宗师"之意蕴也不可避免地复杂化，既受世俗社会"宗师"称谓的影响，也与佛教"宗师"称谓相互影响，而渐致"宗师"意蕴多元化。

---

① 王云五主编：《周礼今译今注》卷三，林尹注译，台湾商务印书馆发行，"中华民国"六十一年版。

② （东汉）许慎撰：《说文解字新订》，臧克和、王平校订，中华书局2002年版，第401页。

③ （清）郭庆藩撰：《庄子集释》第1册，王孝鱼点校，中华书局2004年版，第28页。

现分析如下：

（一）以道为宗师

承《庄子·内篇·大宗师第六》"以道为宗师"之意，道教"宗师"之指意为"道"，或"道之化身"，此意易于人们接受。比如，《云笈七签》卷一一载："师父师母丹玄乡，道为宗师，阴阳之主也，丹玄乡，谓存丹田法。"①《素问入式运气论奥》（卷下）载："盖《素问》之书，先于五经，论天文、地理、人事、五行要妙，为阴阳之宗师，作医术之渊薮，义造精微，文演敷畅。"② 这里，是以《素问》所载之"妙道"为宗师。

（二）以人为宗师

道教"宗师"指意为"道"，意义单一。当道教"宗师"意指为"人"时，情况变得极为复杂。就其称谓来源来看，既有皇帝赐封的，也有上代宗师委任的；既有自称的，也有他人尊称的，导致世俗称谓与神圣称谓混称的局面。下面分别做一分析。

1. 皇帝赐封

宋元清皆有皇帝赐封宗师的记载。《茅山志》中记载："于宋代崇宁五年十月十二日敕刘混康：省累上表，具悉。卿道高二许，德贯三茅，为教法之宗师。"③ 这里指出，刘混康因道高德贯而被敕封为教法宗师。《钦定续文献通考》载："谨按元典章延祐七年……十一年十二月赐太一真人李居寿第一区，仍臣赐额曰太一广福万寿宫，命居寿领祠事，且禋祀六丁，以继太保刘秉忠之术，十三年赐太一掌教宗师印。"④ 这里，皇帝赐李居寿"太一掌教宗师印"，以此证明"宗师"掌教之权力。元代玄教创始人张留孙，据传其能请祷止雨、疗疾，世祖命为上卿，铸宝剑。至元十五年，赐号玄教宗师，授道教都提点、管领江北、淮东、淮西、荆襄道教事，佩银印。后上升到玄教大宗师。其后，玄教掌教逐渐形成了一套传承制度。一是其后的几代掌教皆由前任掌教选定，推荐给皇帝，由皇帝降"玺书"加以任命；二是继任掌教在接任时，须以张留孙遗下的大宗师印和宝剑相承传，作为内部凭证。

---

① （宋）张君房编：《云笈七签》，《中华道藏》第 29 册，华夏出版社 2004 年版，第 107 页。

② （宋）刘温舒：《素问入式运气论奥》，《道藏》第 21 册，第 507 页。

③ （元）刘大彬编：《茅山志》卷三，《中华道藏》第 48 册，华夏出版社 2004 年版，第 386 页。

④ （清）嵇璜：《钦定续文献通考》卷七十二，《文渊阁四库全书》第 628 册，台湾商务印书馆 1986 年版，第 125 页。

据袁桷《玄教大宗师家传》记载，宝剑为至元十四年由元世祖所赐，上刻"大元赐张上卿"；印则是皇庆二年（1313 年）仁宗所赐，上刻"玄教大宗师"，手授曰："以是传教俾永远"。由此可看出，"宗师"张留孙权力之大。宗师有大有小，大宗师位在宗师之上，可以独立自主地行使对该教派的管理权，无论该教派所辖区域道官的任命、宫观的建立，以及道士的吸收等，都是由玄教历任掌教独自处理，下设的玄教嗣师、崇真万寿宫提点、江淮荆襄道教都提点等职，仅以辅助大宗师工作。①

对于全真教"宗师"之称谓，张广保先生在《尹志平学案》中有所提及，他认为，"宗师"只不过是入元之后的朝廷的一种追赠，恰当的称呼应该是掌教。② 具体到全真教龙门派，他认为丘处机"只有大宗师之实，而无其名"。于此，《元诗选·丘真人处机》中记载："己卯，元太祖遣近侍刘仲禄持手诏致聘，迎至雪山之阳，延问至道，答以节欲保躬，天道好生恶杀，治尚无为清净之理，太祖然之。癸未，乞东还，赐号神仙，爵大宗师，居燕太极宫，改名曰长春。"③ 这里，记载了丘处机有"爵大宗师"的封赐。同样的记载还出现在闵一得《金盖心灯》的《道谱源流图》中，丘处机应元世祖皇帝三聘出山，一言止杀，天下初定，复遣其十八大弟子十八路以招抚天下流民全生安堵，皇帝乃追封其传道师五代皆加崇帝君号，敕封长春为长春全德神化明应主教真君，称以儒仙，命主全真道教，开龙门正宗派并封其同学者六人，其十八大弟子皆以招抚功赐封号，爵大宗师。④ 当然，这种"爵大宗师"的记载，也不排除全真龙门弟子因对祖师丘处机的过分尊崇而产生的追认，但似乎也不能因现存元代官方文书中没有此记载而将"爵大宗师"的真实性一笔勾销。

然而，毋庸置疑，元代道教"宗师"与"大宗师"称谓皆为皇帝赐封的一种爵位，且"大宗师"的爵位与职权高于"宗师"，具有掌教的权力。

在清代，掌教宗师有权委任某路道教都提点来协助宗师管理道教。据《白云仙表·冲和潘宗师》记载："太和宗师遂委师为河东两路道教都提点，

---

① 卿希泰主编：《中国道教史》（第三卷），四川人民出版社 1996 年版，第 294~295 页。

② 张广保：《尹志平学案》，齐鲁书社 2010 年版，第 12 页。

③ （清）顾嗣立：《元诗选》二集，卷二十五，《文渊阁四库全书》第 1471 册，台湾商务印书馆 1986 年版，第 182 页。

④ 《道谱源流图》，《藏外道书》第 31 册，巴蜀书社 1994 年版，第 164 页。

乃居永乐营造九峰山纯阳上宫并及下院"，[①]而在明代，教门都提点，是朝旨指定的。可见，清代掌教宗师之权大。

这种由皇帝所赐的"宗师"封号，虽不是一种官职，却对道教本宗内的教务有管辖的权利。这与汉代开始设置"宗师"官职没有多大差别，差别在于"宗师"管理的对象不同而已。《汉书》卷十二有这样的记载："其为宗室，自太上皇帝以来族亲，各以世氏，郡国置宗师以纠之，致教训焉。二千石选有德义者以为宗师，考察不从教令有冤失职者，宗师得因邮亭书言宗伯，请以闻。常以岁正月赐宗师帛各十匹。"[②]此处"宗师"指为皇族宗室子弟之师，掌管散处郡国的宗室子弟的训导。此官职，西汉平帝时置，属宗伯（即宗正），其具有"德义"，从两千石中选拔，职责是"考察不从教令、有失职者"且"致教训"。《后汉书》中记载："寻博士之官，为天下宗师，使孔圣之言传而不绝。"[③]此处"宗师"不仅为人尊崇，而且是从当时"博士官"中选出，以传授孔圣之言的人。可见，"宗师"之位高。

对此，西晋武帝咸宁三年（277年），因宗室殷盛，无官统摄，乃置一人，总领宗室事，训导观察，有不遵礼法，小者自行处理，大者随事奏闻。各郡国不置，多以太宰、三公领之。东晋称大宗师，地位甚重，在宗正之上。北魏亦以宗师掌宗室，职如中正，辨别姓族、门第、谱系、品举人才。均以诸王领之，地位甚崇。西魏称大宗师。北齐设，其制不详。北周依《周礼》置六官，于春官大宗伯卿外，隶天官府内，依北魏原制，设宗师中大夫、小宗师下大夫、上士、中士，宗正上士、中士、下士等。隋代废罢。[④]唐每州置宗师一人，以相统摄。[⑤]

从汉到唐，宗师之设置及其主要的职责不断发生变化，由汉代的主要职责是对宗室子弟的训导发展到以总领宗室事为主，兼及训导、统摄。

宋代的《古今源流至论·中庸大学》也记载了此种意义上的"宗师"，

①　《白云仙表》，《藏外道书》第31册，第388页。

②　（东汉）班固撰：《汉书》第1册，卷十二，（唐）颜师古注，中华书局1962年版，第358页。

③　（南朝）范晔撰：《后汉书》第4册，卷三十三，（唐）李贤等注，中华书局1965年版，第1144页。

④　中国历史大辞典编纂委员会：《中国历史大辞典》，上海辞书出版社2000年版，第1294页。

⑤　（宋）王溥：《唐会要》卷六十五，《文渊阁四库全书》第606册，台湾商务印书馆1986年版，第842页。

其中写道：君师的职责在于表章圣经，尊崇正学，使天下享至治之泽；而宗师的职责则在于讲明正学，继续绝学演析奥义，使天下闻大道之要。这里，作者将"宗师"与"君师"天子相提并论，从治国的角度，强调为学的重要性，强调立师道之重要性，足见"宗师"对于国家的重要性。这是基于当时不重视立学、立师的现实所提出的。当然，这里的"正学"是指帝王立治之根本，即中庸大学之书。在此，文中说道："古者有君师司主张吾道之权，故人才有曲成之善，后世有宗师任维持吾道之责，故人才亦无偏尚之习，又其后也上无君师以司其权，下无宗师以任其责而世之人才不流于懦弱，则流于高亢耳。"[①]这也基本上显示出了上古三代至宋代"宗师"设置的变化历程。

明、清时期，"宗师"作为一种官职，是对各省提督学道、提督学政的一种尊称，也被称为"大宗师"，是由朝廷委派到各省主持院试，并督察各地学官的官员。明代《牡丹亭》与清代《儒林外史》皆有此记载。

总之，道教中皇帝赐封"宗师"，不是官职，却胜似官职，拥有对道教本宗派极大的管辖之权，犹如官职"宗师"之翻版。

2. 自称

约出于东晋末北魏初的《太上灵宝老子化胡妙经》书中记载："帝舜时出为师，号曰君寿子，作《通玄真一经》七十卷，《道德经》千二百卷，自称太宗师。世人能念太宗师者，苦痛自止，所愿从心。"[②]这里，君寿子自称"太宗师"，实际上，也即自称"宗师"，"太"，或意即"大"，或为"宗师"的尊称。

南宋《上清灵宝大法》中也有"自称宗师"的记载："天台法中乃称领教嗣师，或自称宗师，复立玉陛仙卿太极真宰，取以系衔，大可惊畏。"[③]《上清灵宝大法》卷十中记载：

> 道法三千余年，掌教于宗坛者，亦以箓为阶，而法为职次称。天台乃偕称上清领教嗣师，既非佑你之阶，又非法之职。天下之大，四海之广，洞玄之道，悉总之矣，斯为领教也。自三皇五帝，以至今日三

---

① （宋）林骃：《古今源流至论》前集卷一，《文渊阁四库全书》，第942册，台湾商务印书馆1986年版，第16～17页。

② 《太上灵宝老子化胡妙经》，《中华道藏》第8册，第207页。

③ （南宋）金允中编：《上清灵宝大法》，《中华道藏》第34册，第2页。

洞真典，四辅灵文，未尝有此。汉天师正一真人，名高玉籍，师表天人。
至第二代则张胧西也，深究天文，博通经史，考周天分度，垂万世典，
则实希世之奇才，乃称嗣师。至第三代则张镇南也，功业亦盛，已降称
系师矣。自兹而下，垂二千年，阅三十余代，悉称制教天师。言嗣传
其教，继袭其师位而已，已不敢比张胧西，直称嗣师也。洞真洞玄宗坛，
非本姓而以弟子传教，故称宗师。以时君许其传录，身居宗坛，主领
传度天下学士，亦以宗坛为重，故得称而人不议。此外不拘在家出家，
受录行法者，纷纷不一，宗师嗣师岂可常称。渐西近多有偕称宗师者
矣，皆教门之罪人也。允中不敢立奇说，不敢为高论，编一法则从古科，
行事则从经典，受职于自己者则从退逊，施用于斋验者则惧天宪，一
符一咒出处未详者不敢用，一阶一职名位稍重者不敢当，期天下行持
之人，早成正道，愿天下修真之士，早遂飞升，无他意也。①

　　从这段文字中，可以看出，南宋道教界（至少是正一道），领教称谓的
混乱状况，有他人称谓的嗣师，也有自称宗师的，虽然，也有基于以宗坛为
重，主领传度天下学士而称为"宗师"者，但对于"渐西近多有偕称宗师者"，
道门中人金允中还是对此进行了批判，认为其"皆教门之罪人"。为此，他
"编一法则从古科，行事则从经典，受职于自己者则从退逊，施用于斋验者
则惧天宪，一符一咒出处未详者不敢用，一阶一职名位稍重者不敢当，期
天下行持之人，早成正道，愿天下修真之士，早遂飞升"。

3. 起源意义上的尊称

　　由"宗"之本义"祖先"引申出来的"宗师"具有起源意义上的意蕴，
比如，《道法会元》卷二十一《玉宸经炼返魂仪》中记载："恭闻灵宝谈经，
广演度人之法；宗师立教，弘推济世之心。"②这里的"宗师"指的便是创教
之人。《上清灵宝大法》卷十中记载："元始乃道中之祖，为灵宝祖师，道君
乃法中之祖，为宗师，老君乃教中之祖，为真师，救苦天尊十天尊为玄师。"③
此处"宗师"是对"道君"的尊称。《灵宝无量度人上经大法》卷十四中记

---

① （南宋）金允中编：《上清灵宝大法》，《中华道藏》第 34 册，第 61 页。
② 《道法会元》，《道藏》第 28 册，第 789 页。
③ （宋）宁全真授，王契真纂：《上清灵宝大法》，《道藏》第 30 册，第 731 页。

载："伏望祖师玉清上帝，宗师上清上帝，真师太清大帝，圣师白天玉皇上帝，玄师东极青玄大帝，灵宝经师真君，灵宝籍师真君，灵宝度师真君，灵宝诸师天君，三天上圣高真玉陆下。"① 唐代《要修科仪戒律钞》卷三中记载："凡事师门，外称弟子，内称名不称姓。师之师，准祖师；祖师之师，准曾师；曾祖之师，准高祖；高祖之师，一号宗师。宗师至弟子身，是为五代。问讯时，诸师并在，先拜宗师，次问讯祖师，次问讯籍师，度师也。"② 这里五代指弟子、祖师、曾师、高祖、宗师，从问讯的顺序可看出，唐代道教界"宗师"之位高于高祖、曾师与祖师。但明初传世的《伏魔经坛谢恩醮仪》中记载："宗师，修斋行道，奉请祖师，降临坛所。"③ 在此，阐述了"宗师"在"伏魔经坛谢恩醮仪"中的职责，很明显，祖师之位高于宗师。

可见，不同时代，"宗师"之位高低程度不一。尊称中，有对人的尊称，也有对人格化神灵的尊称。

4. 承传宗派宗旨之人

虽然，皇帝赐封之"宗师"、自称之"宗师"与起源意义上之"宗师"也多有承传宗派宗旨之意，但每种意义的侧重点各有所不同。据《道统源流志》记载：全真龙门派从第四代周大拙传张无我与沈顿空，始有律师与宗师之分，张无我，即张宗仁承受戒法，称为"律师"；沈顿空承传周大拙玄派宗旨，称为"宗师"。④ 可见，此处"宗师"既不是皇帝赐封，也不一定是掌教，像沈顿空承传周大拙玄派宗旨后，不知所终，也就谈不上掌教了；比如，第七代沈太和宗师，受卫平阳太上宗旨，后隐茅山。

对于道教"宗师"之"起源意义上的尊称"与"承传宗派宗旨之人"意蕴，佛教"宗师"与此同义。佛教中，一指体得经、律、论三藏之宗旨，学德兼备，堪为万人师范之高僧；二专指传佛心宗之师，即体得心宗宗旨，能善巧方便接化弟子。另外，还借用"宗师"一词称各宗派之开山者。据《释氏要览》记载："宗师，传佛心宗之师。又云：宗者尊也，谓此人开空法道，为众所尊故。"

---

① 《灵宝无量度人上经大法》，《道藏》第 3 册，第 691 页。
② （唐）朱法满：《要修科仪戒律钞》，《道藏》第 6 册，第 933 页。
③ 《伏魔经坛谢恩醮仪》，《道藏》第 34 册，第 439 页。
④ 道统源流编辑部编：《道统源流志》（下），道统源流编辑部处印行 1929 年，第 2 页。

此外，官方对民间宗教教主也以"宗师"来称谓。这可能缘于官方对佛教、道教掌教称呼，进而类推，也以此称呼民间宗教的掌教。事实上，民间宗教是否如此称呼，还有待进一步考察。这里，仅就白莲教而言。据《历代名臣奏议》卷三百十九记载："臣往在江西见其所谓食菜事魔者，弥乡亘里，诵经焚香，夜则翕然而来，旦则寂然而亡，其号令之所从出，而语言之所从授则有宗师，宗师之中有小有大，而又有甚小者，其徒大者或数千人，其小者或千人，其甚小者亦数百人，其术有双修……以为诚可以有利而无害，有福而无祸，故其宗师之御其徒，如君之于臣，父之于子，而其徒之奉其宗师，凛然如天地神明之不可犯，较然如春夏秋冬之不可违也，虽使之蹈白刃赴汤火可也。由是言之，莫若擒宗师则其徒不解而自散。"① 这里的"食菜事魔者"即指白莲教，其中的"宗师"是官方对白莲教领袖的称呼，不包含"敬仰"之意。在此，据从宗师之徒数量，宗师有小有大，具有层级性，其可以发号施令，对从其之徒有很强的控制性。可见，"宗师"的职权是极大的，犹如皇帝赐封道教"宗师"的职权。

5. 对道成之后，显神通之人的尊称

在《道门经法相承次序》卷下，据人秉气与所学自然的不同，而成就不同的人，分为宗师、天官真人与飞仙，"利根之人，学大自然，守虚无，变化生死，为世世宗师。宗师者，圣人也。平根之人，学中自然，守神炼形，飞为天官真人，钝根之人，学小自然，守阴阳气，生毛羽，飞仙也。"② 这里将人分为利根之人、平根之人与钝根之人，而所谓的"圣人"便是"利根之人，学大自然，守虚无，变化生死"，因而被尊为"宗师"，或称为"大宗师"。《上阳子金丹大要》卷十六《超宗》中记载："道成之后，潜抵番禹，吐风幡之语，以显神通，为大宗师，"③ 即是"道成之后"，能显神通之人。

6. 玉堂法阶之一

据《无上玄元三天玉堂大法》卷二《玉堂法阶》记载："初品，人称玉堂制教典者同干天师门下事，玉堂执法仙士嗣天师门下事。七品，人称玉堂制教真官，东华南极西灵北真中黄五使，同金三天曹事。九品，人称玉

---

① （明）杨士奇等：《历代名臣奏议》卷三百十九，《钦定四库全书·史部》，第16页。

② 《道门经法相承次序》，《道藏》第24册，第767页。

③ （元）陈致虚：《上阳子金丹大要》，《道藏》第24册，第69页。

堂嗣教真宫，都天大法王，太清上清玉清等使。二十四品，人称玉堂领教嗣师，玉堂掌教制师，玉常掌制教宗师，玉堂总教宗师，次转玉堂金阙侍辰。玉堂总教宗师已上并嗣师，所称观明应道真人、冲妙虚澄高玄真人、洞明真一自然真人。已上制教，三纪无过犯，形同神仙者，方许称。"[1] 这里，玉堂法阶，指据神仙所从之事与执法情况所定阶位，分为初品、七品、九品与二十四品，玉常掌制教宗师与玉堂总教宗师属二十四品。

7. 众人尊崇，并奉为师表的人

道教"宗师"，不仅具有上述种种特称意义，还具有普遍意义上的尊称。这就使得道教"宗师"称谓更具复杂性。此种意义上的"宗师"，使用极为普遍，不论是古代，还是现代；不论是世俗界，还是神圣界；也不论是道教界，还是佛教界。为"宗师"者，或以"自身道德"，或以"某方面的学识、专长、道法、职责等"而获得人们的尊崇，并以之为学习的榜样。当然，唐代道教界仍有以"当愿一切履行道德"之贤人为"宗师"。[2]

综述，道教中各派有各派之宗师，如上清宗师、灵宝宗师、茅山宗师、清微宗师、雷法宗师、神霄宗师、玄教宗师、全真龙门派宗师等，还有几派总教宗师。具体到某派，依所从之事不同而又有不同的宗师。比如，有雷帝宗师（可符告雷君，请降雨泽）、启教宗师、授度宗师、演教宗师、开度宗师（经籍度三师）、章醮宗师、演法宗师、制教宗师、掌教宗师（职在传教），《灵宝无量度人上经大法》卷二六中记载："为教宗师，阐扬大道，济拔幽显，利及群生，得为后圣种民，获与天地相守。"[3] 由此可推知，宗师不一定主教，有可能是他法宗师任主教。

可见，宗师的称谓，既存在于世俗界，也存在于宗教界；既非所有的"宗师"称谓皆是皇帝赐封，又非所有的"宗师"称谓皆是教派内认定，也非所有的宗师兼有掌教的权力。据刘一明的经历及与他同是全真道龙门派十一代传人的闵一得对其"先生"的称呼[4] 可以推测，刘一明的"宗师"称谓仅是其弟子对其的尊称。

---

① （宋）路时中：《无上玄元三天玉堂大法》，《道藏》第4册，第5页。

② （唐）朱法满：《要修科仪戒律钞》，《道藏》第6册，第942页。

③ 《灵宝无量度人上经大法》，《道藏》第3册，第759页。

④ （清）闵一得：《栖云山悟元子修真辩难参证》，《藏外道书》第10册。

本章结论

刘一明走上信仰之路，从其个人角度来说，直接的首要原因是应科举而致的伤痨之症，其《悟道破疑集原序》云："余世间一大不肖人也，幼时习儒，年未二十，大病者三，几乎殒命。因病有悟，遂而慕道。"加之其博览群书、"乱学乱问"后对"修养身心"此大事的认识，《吕祖传》对其情感的触动，以及在人生不同的阶段遇到的老师，都不同程度地对其道教信仰的产生、发展乃至形成起到作用。此外，自身的神异体验也进一步使其坚定了向道之心。最终，刘一明在与父亲屡次纠缠之后入道。可见，刘一明道教信仰的产生在自身修养身心需要的基础上历经这样几个阶段：对金丹大道的认识—情感的触动—意志克服—投师问道—入道、学道、悟道、成道—化道。

第二章　信仰之道与社会

一个人信仰的形成不仅仅受个体经历与心理的主观因素影响，还会受到当时社会的政治、经济、文化以及信仰状况等客观因素的影响。刘一明（1734—1821年）生活的时代恰是清朝繁荣及由繁荣转向衰落之际，即所称乾嘉时期（1736—1820年），因此，对乾嘉时期社会政治、经济、教育、文化等诸多因素进行分析，可以更深入地了解对刘一明道教信仰产生、发展与形成的影响因素。

第一节　刘一明信仰之道与政治、经济

任何人的任何活动都发生于一定的社会环境下，刘一明道教信仰的产生、发展与形成既与乾嘉时期整个国家的政治、经济、教育、文化等诸因素构成的"大环境"有关，也与刘一明出生、生活、修道的山西、甘肃等地的政治、经济、文风状况等形成的"小环境"有关。

一　乾嘉时期国家政治、经济状况

康熙与雍正的励精图治为国家奠定了稳固的基础。乾隆时期，清朝统治达于极盛。然而，嘉庆朝上接乾隆之盛大，下连道光之衰微。它既有盛世的余晖，也呈现出了衰世的迹兆，是清朝由盛而衰的转折时期。乾嘉时期，不论在政治统治方面还是在经济管理与发展方面都存在危机。

政治方面，乾隆时期经济上达到的极盛与繁荣滋生了包括皇帝在内的官僚阶层的奢靡与攀附心理。皇帝崇尚奢靡，官吏贪赃舞弊，鬻官卖爵。与此同时，农民暴动与起义风起云涌，成群结队的生活极度贫困的流民、游民对社会构成了一定的威胁。常常与流民、游民结合在一起的"教匪"、"会匪"、"邪教"等秘密结社，名目繁多、分布广泛，也对清朝的政治统治构

成了巨大的威胁。① 此外，乾嘉时期的统治者如清初统治者一样，采取崇满抑汉的政策，对汉族官员加以控制，强化皇权，对汉族人民实施压迫与打击，从而加剧满汉矛盾，把封建君主专制制度推向新的高度。

经济方面，乾嘉时期，资本主义得到了发展，全国性的市场贸易初步形成，城市工商业日渐繁荣。吏治的腐败不仅表现在政治上，也表现在财政管理制度与捐纳制度上。在财政管理上，负责财政审计、监察的都察院御史多以"外放道府"、攫取钱财为目的，有的甚至与户部财政官员相互勾结，行贿受贿，贪污盗窃。在这种情况下，财政支出猛增，乾隆时期各地贪污盐引，侵占或冒领赈粮；嘉庆时期各地虚收税粮、冒领库银、贪污河工款的案件层出不穷。其次，捐纳制度弊端丛生，导致吏治腐败。康熙朝开以捐纳补救财政之先例。雍正朝即有所谓的常例捐纳，即成为户部每年的例常收入。常例捐纳即俊秀及文武生员得输赀捐纳贡生监生职衔，内外官员得捐加级，记录，及请封典；又平人捐职衔者，亦得请捐封典。乾隆朝，每年捐纳收入约一百余万两，或数百万两不等。② 嘉庆朝时，由于财政已由盛入衰。捐纳已成为补助财政之要策。③ 凡遇军需、河工、灾赈，清朝又鼓励商人捐输银两，称为"商人报销"，并逐渐成为补助财政收入的款项。捐纳制度，一方面，可以使封建国家得到一笔可观的财政收入，同时，又为有钱的地主、商人及其子弟谋取官职开辟了新的门径；另一方面，却又使清朝的封建官僚机构恶性膨胀，导致吏治日益腐败。封建制度固有的矛盾与统治者的挥霍浪费都加重了对民众的盘剥，各项苛捐杂税日益增多。首先，田赋浮收日重，"乾隆初，州县征收钱粮，尚少浮收之弊。其后诸弊丛生，初犹不过斛面浮收，未几，遂有折扣之法，每石折耗数升，渐增至五折、六折，余米竟收至二斗五升，小民病之"④。其次，火耗⑤负担加重，迫使大批自耕农破产，加重了流民问题。此外，乾隆时期，平定边疆动乱与农民起义都

---

① 陈虹娓：《乾嘉时期的吏治腐败与清王朝的衰亡》，《长春师范学院学报》1999 年第 7 期。

② 罗东玉：《中国厘金史》（上册），商务印书馆"中华民国"二十五年版，第 4 页。

③ 同上，第 5 页。

④ （民国）赵尔巽等撰：《食货二》，《清史稿》第 13 册，卷一二一，中华书局 1976 年版，第 3539 页。

⑤ 火耗：原指碎银熔化重铸为银锭时的折耗。

使军费日益紧张。①

为了抑制财政的腐败，清朝曾多次改订和增订一系列惩贪的法律条文。继乾隆十三年（1748 年）改订贪官《赔偿帑项纳赎例》后，乾隆三十年（1765 年）又增定《侵盗仓库银钱入己例》，明确规定侵盗钱粮"千两以上者仍照旧例斩监候"，千两以下区分百两以下者、一百以上至三百三十两者、三百三十两至六百六十两、六百六十一两至一千两四种情况不同程度予以杖责流放的惩罚。②针对贪官污吏相互勾结作弊的问题，在查处贪污案中还实行了"连坐"之法。然而随着政治制度的腐朽，乾隆以来清理财政、重典惩罚的措施已难以坚持下去。及至乾隆末年，财政"亏空"已成为矛盾的焦点。嘉庆帝继位后对此屡欲"严饬查办"，但收效不大。③

二 乾嘉时期山西与甘肃的政治与经济状况

在全国政治、经济发展的状况下，刘一明的主要辗转之地——山西与甘肃的政治、经济一方面具有普遍性，另一方面也具有地域性。

（一）乾嘉时期山西的政治与经济状况

与乾嘉时期全国的政治、经济状况相一致，山西的政治、经济发展也出现危机。

政治方面，山西的社会矛盾呈现出了不平衡的状态。晋北、晋中的社会矛盾较为缓和，晋南的河东地区官民冲突较为严重，而河东北面的平阳府和晋东南潞安府、泽州府，社会矛盾则甚为激烈。在临汾，佃民甚多，受官吏和当地豪绅欺压较重；晋东南商人较多，受到朝廷和当地官吏的层层盘剥，致使这些地区出现了一些规模较小的农民革命，后来的农民革命则较为隐蔽，多以秘密宗教的形式进行传播、策划与组织发动。④

经济方面，乾嘉时期是晋商发展的鼎盛时期，当时晋商主要涉足药材、

---

① 白寿彝总编，周远廉、孙文良编：《中国通史》第十卷，上海人民出版社 1995 年版，第723-725 页。

② （清）清高宗敕撰：《清朝文献通考》（万有文库本）第二册，卷二百，《刑考六》，商务印书馆，第 6648 页。

③ 白寿彝总编，周远廉、孙文良编：《中国通史》第十卷，上海人民出版社 1995 版，第723-725 页。

④ 刘泽民主编：《山西通史》卷五，山西人民出版社出版 2001 年版，第 269-271 页。

食盐、煤炭、茶叶、粮食、木材、饮食、金融等行业，他们的足迹遍及京、津、鲁、豫、两湖、江淮、东北、西南、西北地区，并拓展了蒙古市场及俄罗斯贸易区。所以，出现了清代乾嘉时期山西经济富甲一方的记述。《清高宗实录》乾隆三十八年（1773年）十月己丑条载："浑源、榆次二州县，向系富商大贾，不事田产。"乾隆版《榆次县志》中记载："丈夫勤苦务本，习尚节俭，资商贾，善治生而多藏蓄。"乾隆版《太谷县志》中记载："阳邑于今称繁阜，商贾辐辏，通衢为之狭。"但在国家重农抑商的政策下，晋商较高的经济地位与其社会地位极不相称，商业的发展仍受控于各级官吏，遭受层层盘剥，因此晋商或通过受封为官商、皇商而出任中央或地方官吏；或通过帮助贫寒儒士应试直至走马上任；或支持其家族子弟读书入仕；甚或代办捐纳、印结，输银加封，购得虚衔；以及通过各种方式行贿权贵，加强与达官贵人的私人勾结，期望将"官"与"商"利益结合起来，从而获得各种社会特权，降低商业风险和成本；同时能够满足晋商中普遍存在的"商业并非正业，而'读书入仕'才是'人间正道'"的根深蒂固的思想。①

（二）乾嘉时期甘肃的政治与经济状况

满洲贵族确立了清朝对全国的统治之后，对包括甘肃在内的西北地区的统治政策，经历了一个从强征豪夺到比较宽松的适应、调整过程。康、雍、乾三朝，清政府一方面坚决地镇压了青海、新疆等地的蒙、藏等上层叛乱，实行民族隔离；另一方面又采取措施稳定社会，恢复和发展生产。②甘肃作为一个靠近西北边疆的省份，多民族聚居，存有多种宗教形式，暴乱频繁发生。

经济方面，关陇、河西地区作为繁重军需供应基地，国家在此实行了许多垦荒屯田的优惠政策。乾隆以后，陕甘河湟地区、嘉峪关外、天山北部一些地方的大片荒地变为良田，不仅有益于大乱之后农业生产的恢复和边防军需的供应，也大大缓解了农民耕地不足的矛盾。此外，清政府对分散经营的农牧民在田粮、籽种、农具等方面给予帮助，还派专业人员向民众传授生产经验和技术。凡遇自然灾害，清廷蠲免税粮，对受灾地区人民实行救济。如乾隆二十三年（1758年），凉州平番县（今甘肃永登）一带受

① 刘建生、刘鹏生、燕红忠：《明清晋商制度变迁》，山西人民出版社2005年版，第263页。
② 谷苞主编，尹伟先分册主编：《西北通史》，兰州大学出版社2005年版，第210-216页。

灾，清政府立即借给受灾地区百姓籽种，以保证其当年的生产。次年闰六月，乾隆帝又谕内阁：借给口粮三个月，并派专职官员会同当地土司按户发给百姓。这种不善经商与经济相对落后的形势，使民风可能更显淳朴。《古浪县志》中"农则其风更朴，田分山川、终岁勤劳，衣食外即有赢余，不知逐末。商贾乃多山陕人"的记载，就说明了当时甘肃民风的淳朴与商业情况。

乾嘉时期，全国政治制度的腐朽、贪官污吏的盘剥与民众生活的贫困，足以让刘一明感到无望以及保全性命的艰难。加之刘一明自身因应科举而致身体伤痨，于是，在探望甘肃作药材生意的父亲的路上产生学道的心理，即使"家累千金"的父亲三番五次阻拦，并为其捐贡国学，也不能阻挡刘一明学道、入道的决心。

第二节　刘一明信仰之道与教育、文化

除了乾嘉时期山西、甘肃及至全国的政治与经济形势对刘一明道教信仰的产生与发展有一定的间接影响之外，其他的社会因素还包括乾嘉时期国家的教育制度、文化政策与山西、甘肃地方风气等。

刘一明自幼习儒志在功名，十七岁因苦读而致有伤痨之症，十八岁赴西探父，二十三岁被父亲从甘肃找回，恐其外游，遂捐国学，使务举业。如此五年有余，直到其母有病，以书信召回，其父让其务科举的期望至此破灭。尽管刘一明五年京都国学生涯是以"求功名"为虚，以"游京都，访名人"为实，但其习儒的经历也算得上资深了；其五年国学生涯，也许更多是在听从龛谷老人"孝道不可亏"的教导后对家人的殷殷期望所做的一种回应，但国学的学习生活，也应司空见惯了。刘一明最终逃避与放弃"获取功名"而走上信仰道教之路，这不能说只是他一时的冲动，也不能说未受当时的教育制度与科举制度的影响。

一　乾嘉时期的教育制度 ①

乾嘉时期，虽然满汉之间的民族矛盾仍然存在，但是统治者为了巩固

---

① 王德昭：《清代科举制度研究》，中华书局 1984 年版。

政治统治，乾隆和嘉庆帝承先帝"尊孔崇儒"的文教政策，推崇儒学，推行教化；同时，又利用科举制度笼络人才，加强封建专制统治。

　　乾嘉时期的学校沿袭明代分为官学与私学，官学又分为中央官学与地方官学，中央官学是国学、宗学、觉罗学、算学馆、俄罗斯学馆等；地方官学有府学、州学、县学。因刘一明有五年的国学受教育经历，在此，主要论述乾嘉时期的国学教育与科举制度。

　　国学，也称太学、国子监，即"国之贵游子弟学焉"，但由于清代需要人才，国学便"广收生徒，官生除恩荫外，七品以上官子弟勤敏好学者，民生除贡生外，廪、增、附生员文义优长者，并许提学考选送监"。但是国学从地方各省选拔贡、监生有名额限制，乾隆四年，限大省不超过五、六名，中省三、四名，小省一、二名，任缺毋滥。国学置祭酒、司业及监丞、博士、助教、学正、学录、典籍、典簿等官，祭酒、司业总理监务。国学设六堂①为讲授与学习之所。在国学学习的学生分为贡生与监生。贡生是由地方考选在学生员"贡于王庭"，有些到京经廷试优等即授予官职，但更多人是升入国子监肄业，期满后诠选授官。贡生分为六种：岁贡②、恩贡③、拔贡④、优贡⑤、副贡⑥、例贡⑦。监生分为四种：恩监⑧、荫监⑨、优监⑩、例监⑪。荫监又分为

---

　　① 六堂：率性、修道、诚心、正义、崇志、广业，率性、修道为低级班，诚心、正义为中级班，崇志、广业为高级班。

　　② 岁贡：每年挑选直省府、州、县学生食廪年深者，挨次出贡入监学习者。

　　③ 恩贡：由八旗汉文官学生、算学满、汉肄业生考取。又临雍观礼，圣贤后裔，由武生、奉祀生、俊秀入监者。

　　④ 拔贡：乾隆七年开始，每十二年由直省学政选拔，会同督抚汇考复核升贡，每大学二名，小学一名，其经廷试三等或一、二等经引见而未授官者，送监读书。

　　⑤ 优贡：为府、州、县学举其生员之文行兼优者，学政于三年任满时会同督抚试而贡之，大省无过五、六人，中省三、四人，小省一、二人。

　　⑥ 副贡：为应直省乡试未中举，取在副榜，准作贡生者之称。

　　⑦ 例贡：为廪、增、附生或俊秀监生援例报捐贡生者。

　　⑧ 恩监生：为皇帝特许的监生者。

　　⑨ 荫监生：官员子弟凭祖、父功劳为监生者。

　　⑩ 优监生：由附生选入国子监学习者。

　　⑪ 例监生：由俊秀报捐监生者。

两种：恩荫、难荫。所有这些都称为国子监生。[①]

　　清代的国子监以六堂课士，分内、外班，内班在国子监居住，外班不住国子监，每月赴国子监应课。国子监学生的名额有限，乾隆二年（1737年），内、外班共三百名国子监生。乾隆三年，裁外班名额，拨内班二十四名为外班。乾隆四年，国子监肄业额数"规定一百八十名，而选拔之年，贡入者不下千余人"。[②]乾隆五年奏准，"诸生肄业已在一年以上者，令监臣覆（复）加拣选，果系才堪造就，准其留监，余即咨回本籍"。[③]乾隆六年，又于内班拨出二十四人，以其膏火给外班一百二十人。乾隆十一年，因拨贡考验，礼部会同国子监考试，经国子监监奏，"肄业贡、监，向有额缺，若准贡之人一概留监，不免人浮于额，请一体考到考验，录取肄业"。[④]嘉庆初，由于以八旗及大、宛两县学生距家近，不住舍，不许补内班。补班之始便意味着赴监学习需要应试考到。列一、二等者需要再经考试进行考验。贡生一、二等，监生一等，才允许肄业。此外，国子监还有一些规定，内班生原依亲处馆，满、蒙、汉军恩监生习翻译或骑射，不能整月在学者便改外班。旷大课一次，无故离学至三次以上，例罚改外。出入国子监一定进行登记，这是由监丞执掌。省亲、完姻、丁忧[⑤]、告病及同居伯、叔、兄长丧而无子者，予假归里，限期回监。迟误惩罚，私归黜革，冒替除名。[⑥]

　　国子监对学生进行严格的教授与考核：每月初一、十五释奠举行完毕就将诸生集合在博士厅讲解经书。上旬由助教讲义，十六，学正、学录各讲书一次。会讲、覆讲、上书、覆背，每月三回，周而复始。所习四书、五经、性理、通鉴诸书，其兼通十三经、二十一史，博极群书者，随资学所诣。每天临摹晋、唐名帖数百字，立日课册，旬日呈助教等批析，朔、望呈堂查

---

① （民国）赵尔巽等撰：《清史稿》第12册，卷一百六，志八十一，中华书局1976年版，第3099—3100页。

② （清）昆冈、李鸿章：《钦定大清会典事例》卷一〇九八，《国子监·六堂课士规则》，光绪二十五年重修本。

③ 同上。

④ 同上。

⑤ 丁忧：也称丁艰、守孝，指朝廷官员的父母亲如若死去，无论此人任何官何职，从得知丧事的那一天起，必须回到祖籍守制。

⑥ （民国）赵尔巽等撰：《清史稿》第12册，卷一百六，志八十一，中华书局1976年版，第3101页。

验。祭酒、司业每月初一轮课四书文一、诗一，这称为大课。祭酒主管季考，司业主管月课，皆用四书、五经文，并诏、诰、表、策论、判。每月十五，博士厅课经文、经解及策论。每月三日，助教课，十八日，学正、学录课，各试四书文一、诗一、经文或策一。[①] 贡、监生在监肄业，以积三十六个月为满期。在坐监期内，各类贡、监生各依不同的期限，期满可报由吏部考职。六堂学生之在南学[②]者，三年期满，有能明经、治事堪膺保荐者，祭酒、司业得保荐再留三年，期满考试，以知县擢用。贡、监生在监期间，坐满一定月数，如奉旨考职，可以应考。恩贡坐满六个月，岁贡坐满八个月，副贡廪膳生坐满六个月，增生、附生坐满八个月，拔贡廪膳生坐满十四个月，增生、附生十六月，恩荫坐满二十四个月，难荫坐满六个月，例贡廪膳生坐满十四个月，增生、附生坐满十六个月，俊秀坐满二十四个月。例监计捐监月分三十六月。雍正五年，定除监期计算。各监生肄业，率以连闰扣满三年为期。告假、丁忧、考劣、记过，则扣除月日。告假依限到监，或逾限而本籍有司官具牍者，仍前后通算。[③] 肄业生在坐监期间，并随时可膺保荐授职。乾隆三十二年（1767年）礼部议准，"捐纳贡、监不应试者，与农民一体选充社长、社副"。[④] 乾隆三十三年（1768年）国子监奏准，"向例肄业贡生，三年期满，祭酒等官覆实保荐。……嗣后肄业诸生，果有经明、事治堪膺保荐者，即遵例随时保奏。"[⑤]

乾隆初定朝考制，列一、二等者，拣选引见录用。三等劄监肄业。循停拣选例。三年期满，祭酒等分别等第，覈实保荐，用知县、教职。乾隆七年，帝以拔贡六年一举，人多缺少，妨举人铨选之路。且生员优者，应科举时，自可脱颖而出，不专藉选拔为进身。改十二年一举。遂为永制。乾隆十六年，

---

① （民国）赵尔巽等撰：《清史稿》第12册，卷一百六，志八十一，中华书局1976年版，第3101页。

② 南学：《清史稿》卷一〇六，《选举志一·学校一》记乾隆二年（1737年），孙嘉淦以刑部尚书管国子监事，奏请拨国子监南的官房，令助教等官及肄业生等居住，是为南学。南学之设，在济内班学舍的不足。

③ （民国）赵尔巽等撰：《清史稿》第12册，卷一百六，志八十一，中华书局1976年版，第3101页。

④ （清）昆冈、李鸿章：《钦定大清会典事例》卷三八五，《礼部·学校》，光绪二十五年重修本。

⑤ （清）昆冈、李鸿章：《钦定大清会典事例》卷一〇九八，《国子监·六堂课士规则》，光绪二十五年重修本。

以天下教官多昏耄，滥竽恋栈。虽定例六年甄别，长官每以闲曹，^①多方宽假。谕详加澄汰。廷臣议，督、抚三年澄汰教职员缺，以朝考拣选拔贡充补。未入拣选者，剒监肄业如旧。乾隆四十一年，定朝考优等兼用七品小京官。乾隆五十五年，朝考始用覆试。学政选拔分二场，试四书文、经文、策论。乾隆十七年，经文改经解。乾隆二十三年，增五言八韵诗。会同督、抚覆试。朝考试书艺一、诗一。^②

不论是国学，还是府州县学，对其功用都在科举、功名，正如汤成烈所说："考其学业，科举之外无他业也；窥其志虑，求取功名之外无他志也。"^③乾隆五年（1740 年）论太学，即谓"士为四民之首，而太学者教化所先……独食科名声利之习，深入人心，积习难返，士子所为汲汲皇皇者，惟是之求，而未尝有志于圣贤之道。"^④所以，清代的国子监成为士子走向仕途的途径，学校皆为科举的附庸，学校教育便以应科举为目的，而丧失了其教育的功能。所以清代陈沣说："今之国子监遍天下，皆由纳粟而入，发名成业，固有终身未至者。"^⑤清代吴敬梓的《儒林外史》描写科举制度对社会的影响，"大户人家，冠、昏、丧、祭，乡绅堂里，坐着几个席头，无非讲的是些升、迁、调、降的官场；就是那些贫贱儒生，又不过做的是些揣合逢迎的考校"。^⑥此书虽讬始明代，然其所描述者多清代事，这已为学者所公认，书中描述不免带有夸张的成分，但也可窥见科举制度对社会民众造成的影响，科举成为底层民众改变生活穷困的稻草；成为乡绅与商人获得权力以积累资本、盘剥底层人民的途径；成为道举或提举通过职权互相利用的中介。这就使得人心与人性在现实面前步步扭曲，尤其是所谓的"知识分子"对人性与礼制的扭曲，包括孝悌等风尚，还不如没有"知识"的底层人民。所谓的以

① 闲曹：闲散的官职。

② （民国）赵尔巽等撰：《清史稿》第 12 册，卷一百六，志八十一，中华书局 1976 年版，第 3106 页。

③ （清）汤成烈：《学校篇》上，（清）盛康辑：《皇朝经世文续编》卷六五，武进盛氏思补楼，清光绪二十三年（1897）刻本。

④ （清）昆冈、李鸿章：《钦定大清会典事例》卷一〇九九，《国子监·六堂课士规则》，光绪二十五年重修本。

⑤ 陈沣：《五品乡衔刑部主事象州郑君传》，（清）盛康辑：《皇朝经世文续编》卷十四，武进盛氏思补楼，清光绪二十三年（1897）刻本。

⑥ （清）吴敬梓：《儒林外史》，光明日报出版社 2007 年版，第 377 页。

儒为主的"道学"也演变为一种"假道学"。

尽管在刘一明二十三岁时其父便为其捐贡国学，且在学五年，但从国子监对贡、监生的管理、考核、选拔的制度上看出，刘一明的仕途之路遥遥无期。若说刘一明捐贡国学，最初也可能有志于圣贤之道，然而身心疲惫的五年国学生活，使其丧失了斗志，理想破灭。或许刘一明对这种有名无实的国学生活早已厌倦，因此，在国子监的五年间，他暗访道教名人，渐而入道。刘一明放弃科举之路，并不意味着对儒家文化的否定，反而将儒家的思想援引至其道论之中。因此可以说，乾嘉时期的教育制度对刘一明道教信仰的产生与发展产生了极为重要的影响。

二　乾嘉时期的文化政策

乾嘉时期的教育制度直接导致了刘一明的伤痨之症，而文化方面的文字狱政策使很多知识分子隐于山林以保全生命。

1. 乾嘉时期的文字狱

清朝统治者一方面利用科举制度笼络士人，同时，又对不利于统治的思想言行采取严厉的镇压措施，大兴文字狱，以钳制言论，禁锢思想。

文字狱，即"因文字贾祸之谓"。文字狱政策曾在乾隆初年一度放松，但在"转移风俗"、杜遏妖言为务的前提下，在乾隆二十年后又逐渐加严，以致文网之严密，罗织之苛细，前所未有。乾隆在朝六十三年，共有文字狱一百三十余起，这是仅见诸史册的记载，其余被湮灭者尚不在其数。

乾隆朝的文字狱五花八门，但很少有真正反对清朝统治的，主要类别是属于触犯忌讳，再一类纯属歌功颂德、曲意逢迎，但因文字不当而致罪。文字狱的罪名有：妄议朝政、谤讪君上、妄为著述、不避圣讳、纂拟禁史、怀恋胜国、收藏禁书、隐匿不首、隐寓讥讽、私怀怨望、多有悖逆之词、隐藏抑郁之气，等等。死于文字狱的人当中，既有一般生员、塾师、举人等中下层知识分子，也有宗室贵族及政府官吏；此外，还有商人、僧侣、江湖术士等。文字狱的株连，也远远超过了《大清律》的规定。触此网者，或被凌迟，或被砍头，或被流徙，就连坟墓里的僵尸与疯子也不能幸免。①

---

① 陈连营：《清朝嘉庆朝文化专制政策的调整》，中华文史网（http://www.historychina.net）。

嘉庆以后，内忧外患纷至沓来，封建国家的统治力急剧下降，加之汉族士人的反满意识早已淡漠，满汉地主阶级早已合流；此外，文字狱不利于地主阶级内部的团结，不适应巩固封建统治的政治基础与一致镇压被统治阶级的现实需要，因此清帝不得不调整文化专制政策。时人抱怨当时的文字狱说：内外官吏，"一涉笔惟恐触碍于天下国家。此非功令使然，皆人情望风觇颜，畏避太甚，见鳝而以为蛇，见鼠而以为虎"，从而"消刚正之气，长柔媚之风"。① 嘉庆四年（1799 年）二月，嘉庆帝就文字狱表达了看法，他认为"挟仇抵隙者遂不免藉词挟制，指摘疵瑕，是偶以笔墨之不检，至与叛逆同科，既开告讦之端，复失情法之当"，因而要求刑部加以改正。②

2. 乾嘉时期查禁书籍

清朝统治者不仅大兴文字狱来禁锢知识分子的思想，而且收缴、销毁和篡改不利于清王朝统治的书籍。乾隆十八年（1753 年）七月上谕内阁说：

> 满洲等习俗纯朴，忠义禀乎天性，原不识所谓书籍。自我朝一统以来，始习汉文。
>
> 皇祖圣祖仁皇帝欲俾不识汉文之人，通晓古事，于品行有益，曾将《五经》及《四子》《通鉴》等书翻译刊行。近有不肖之徒，并不翻译正传，反将《水浒》《西厢记》等小说翻译，使人阅看，诱以为恶，甚至以满洲单字还音抄写古词者俱有。似此秽恶之书，非唯无益，而满州等习俗之偷，皆由于此。如愚民之惑于邪教，亲近匪人者，概由看此恶书所致，于满洲旧习所关甚重，不可不严行禁止。③

嘉庆朝，调整了文字狱政策，但通过禁止书籍加强了思想控制。嘉庆七年（1802 年）十月，清政府规定，严禁各坊肆及家藏不经小说，现已刊播者自行烧毁，不得仍留原版，此后不准再行编造刊刻，以端风俗而息

---

① （清）李祖陶：《与杨蓉诸明府书》，《国朝文续录·迈堂文略》卷一，清同治七年（1868）敖阳李氏刊本，第 27 页。

② 《清仁宗实录》卷三九，中华书局 1986 年版，第 462 页。

③ 《清高宗实录》卷四四三，中华书局 1986 年版，第 773-774 页。

讼词。① 此后，嘉庆十五年（1810 年）、嘉庆十八年（1813 年）不断重申这类禁令。嘉庆十八年（1813 年）除重申这类禁令外，还禁止演戏，"但演唱淫词艳曲及好勇斗狠戏剧，于人心风俗大有关系，着该御史等严行查禁，以端习尚，并着出示晓谕居民人等，如有家存奸盗邪淫小说及违碍经卷，或自行烧毁，或呈缴到官，巡城御史衙门汇送军机处验明查销"。②

文字狱与查禁书籍都是统治者控制士人思想而采取的政策。文字狱政策，让即使有志于功名的人也心有余悸，遂有许多儒士或隐居山林，或埋头于考据中。刘一明最初因伤痨之症而对道教产生信仰是其为保全生命而采取的最为直接的一种方法，也是针对当时文字狱政策采取的一种避而远之的策略。

3. 乾嘉时期劝善书的风行

乾嘉时期，统治者对社会不同阶层思想统治的策略有所不同。对士人采取打压与禁锢的文字狱、查禁书籍的政策，而对平民百姓则采取劝化行善的方式，因此乾嘉时期民间劝善书风行。

劝善书又称善书，主要是利用善恶报应思想及承负说来劝导或迫使人们行善消恶。清代劝善书类型很多，可分为三圣经（《太上感应篇》《文昌帝君阴骘文》《关圣帝君觉世经》）及其注本、功过格、图说劝善书、宣讲类善书、鸾书类善书、规谏类善书、因果报应类善书、劝善歌、有关善堂善会建置规条类善书、书帖类善书及综合类善书等。其中，规谏类善书在各类善书中数量最多，其次是借助神灵的力量来实施劝戒的三圣经及其注本、鸾书类善书、因果报应类善书以及图说三圣经及圣神垂训结集的劝善书。③

清代，三圣经注本很多。对于《太上感应篇》，乾隆十四年（1749 年），大儒惠栋完成《太上感应篇笺注》（即《词馆分写本太上感应篇引笺注》），他引《洪范》《春秋》《论语》《孟子》以及《中庸》等儒家经典注释善书。虽然此注释"非博学之士不能阅"，但是惠栋作为清代名儒注解《感应篇》，还是引起了社会各界对劝善书的关注，对《感应篇》的注解此后日渐增多

① 《清仁宗实录》卷一〇四，中华书局 1986 年版，第 400 页。
② 《清仁宗实录》卷二七七，中华书局 1986 年版，第 783—784 页。
③ 张祎琛：《清代善书的刊刻与传播》，博士论文，复旦大学，2010 年，第 131 页。

且更加通俗易懂，有更多的人来担负起对民众实施通俗教化的重任。乾隆二十年（1755 年），黄正元用古今事迹及儒家经义解说《太上感应篇》，并配以图例，而完成《感应篇图说》，后改名《太上宝鉴图说》，此书的序中说："人多厌故喜新，或因数见不鲜，多有尘积案头，久不寓目者。是编句必有注，注必有传，复绘图以肖其状，仍师鹤沙先生故步。而所引事实多采新闻，无非欲动阅者之目，兴起其从善去恶之心。"①图说善书以直观简明的方式警醒世人从善去恶。②乾隆四十二年（1777 年）的《感应篇直讲》，该书"文法晓畅，音释详明，援引事实亦复有条不紊"，篇首更附有"直讲法六条"、"增订讲法七条"，通俗直白、浅显易懂，使得"虽闺阁妇女凡识字者皆能读之，照文口念虽樵夫牧子，凡倾耳听者人都晓了"。③嘉庆时期，陶宁柞辑《太上感应篇集注》，姚学塽（1766—1826 年）解注《太上感应篇》，其注本所言"躬行心得，亲切有味"。④此外，乾嘉时期还对《文昌帝君阴骘文》《关圣帝君觉世经》进行注解与收录传播，如嘉庆十四年郑功杳等编的《立命全书》收录的是明代较早的《阴骘文》注本《丹桂籍》；嘉庆二十一年王青莲重订付梓的《关圣帝君觉世宝训》是对《关圣帝君觉世经》的注解。同时，从乾隆年间开始，也出现了有关某一特定神仙的资料汇集，如刘体恕辑刊《文帝全书》。⑤

此外，乾嘉时期还刊刻与传播功过格善书、宣讲类善书、规谏类善书等。功过格初指道士逐日登记行为善恶以自勉自省的簿格，后泛指流传于民间，用分数来表现善恶程度，使行善戒恶得到具体指导的一类善书。⑥乾嘉时期刊刻、功过格善书有：乾隆十二年（1747）、乾隆十三年（1748）刊刻的徐心畊、蔡静庵编撰的《立命功过格》，乾隆十七年（1752）刊刻的《石音夫功过格》，乾隆五十五年（1790）刊刻的孙念幼编撰的《全人矩矱》，乾隆

---

① （清）黄正元注：《太上宝筏图说·凡例十六则》，鸿文书局石印本，光绪壬辰仲春，第 23 页。

② 游子安：《劝化金箴——清代善书研究》，人民出版社 1999 年版，第 26-28 页。

③ 张祎琛：《清代善书的刊刻与传播》，博士论文，复旦大学，2010 年，第 21-22 页。

④ （清）惠栋笺注，姚学塽注，陈廷经合刊：《太上感应篇合钞》，清咸丰五年苏城古市巷汤淑芳斋刻本。

⑤ 张祎琛：《清代善书的刊刻与传播》，博士论文，复旦大学，2010 年，第 26 页。

⑥ 游子安：《善与人同：明清以来的慈善与教化》，中华书局 2005 年，第 42 页。

五十七年（1792）刊刻的《功过格分类汇编》，嘉庆十四年（1809）刊刻、郑功杏编撰的《立命全书》。宣讲类善书是指宣讲圣谕与刊布晓谕的善书。乾隆皇帝即位之后，继续倡导宣讲圣谕制度，清乾隆元年、二年接连严饬各地方官员及教官，"不时巡行讲约之所，实力劝导，使人人共知伦常大义"，不得视为具文，并于宣讲圣谕之外，更将相关律条，刊布晓谕。乾隆三十四年谕令中建议"除每月朔望二次宣讲外，或于听讼之余及公出之便，随事随时加以提命，或不妨以土音谚语敬谨诠解，明白宣示。并将现禁一切邪教等律例，刊板刷印多张"。①此后，历朝清政府都十分重视圣谕宣讲，一再申饬地方官员实力奉行。②规谏类善书是由先贤之嘉言懿行、民间谚语俗歌汇集而成的修身类善书。这类善书事关伦理，通俗易懂。清代扬州人石成金采集先贤格言、民间谚语俗歌，编成《传家宝》一书，所录言言通俗，事事得情，虽愚夫愚妇亦可尽晓，实足为"人情世事须知，修身齐家要诀"。③是书于乾嘉时期经过添补、重刻、摘录，以《传家宝训》《家宝全书》等名称流传甚广。④

乾嘉时期劝善书之所以流行，一方面是统治者的提倡，上至最高统治者，下至乡绅、士人，且中国传统的官刻、私刻、坊刻和院刻四大刻书系统均参与到这场"善书运动"之中；⑤另一方面是因为"善行"的缺失，民众一贯尊崇的儒家伦理道德受到了多方面的冲击，这既与当时的社会变动、社会矛盾密切相关，又与当时商品经济所造成的道德失控有关。总之，帝王以其进行劝善教化，维护传统伦理秩序；士人与民众以其寄托内心精神，满足信仰心理的需求。同时，劝善书还是三教融合趋势的具体体现。⑥在统治者的提倡下，山西各府州县官员大行抚恤，改善并设立了山西各州县的普济堂、养济堂与留养局等。社会民众也因此行动起来，有秀才出钱出粮周济穷人，为乡民治河、修桥、修路，还捐出自家土地作为义冢；也有乡绅出

<hr>

① （清）昆岗、李鸿章：《钦定大清会典事例》卷三百九十八，《礼部·风教·讲约二》，光绪二十五年重修本。

② 张祎琛：《清代善书的刊刻与传播》，博士论文，复旦大学，2010年，第36页。

③ （清）石成金纂辑：《家宝全集》，清体仁堂木刻本，三十二册。

④ 张祎琛：《清代善书的刊刻与传播》，博士论文，复旦大学，2010年，第45页。

⑤ 同上，第131页。

⑥ 李为香：《明末清初善书风行现象解析》，《东北师大学报》(哲学社会科学版)2008年第2期。

钱财，或筑坝治水患，或代民还欠债，或为邻居修房屋等。当时善书的流行，尤其是道家劝善书的流行，以及其影响下社会民众的善行与义举可能对刘一明信仰之道论与教化论的形成都有一定的影响作用。

第三节　乾嘉时期道教的发展状况

刘一明从听道到因伤痨之症西行而遇道人，进而入道、向道，除了受个人、社会的政治、经济、教育、文化等因素影响之外，还与乾嘉时期的宗教政策及其影响下的道教发展状况有关。

一　乾嘉时期的宗教政策

一定时期宗教的发展状况除了受其自身的因素影响，也受当时国家的宗教政策影响。乾嘉时期，道教的发展既包括道教思想与观念，也包括道教组织与制度、信仰者的行为与活动，而后者的发展状况更多受国家的宗教政策影响。

关于清代的宗教政策，庄吉发的《清朝宗教政策的探讨》[①]与于本源的《清王朝的宗教政策》[②]对其进行了系统的研究。这里只论及乾嘉时期对于道教的管理及其对刘一明思想、行为与社会底层民众的道教信仰可能产生的影响。

乾嘉时期，清朝统治者承袭先祖"崇儒重道"的文教政策，对道教采取存之、任之、抑之的政策。这样的政策，一方面，基于儒道理论本身对于统治者治理国家作用的不同；另一方面，也基于当时整体宗教形势对统治者政治统治的影响。

乾嘉时期，由于社会政治、经济结构方式的变化，底层民众的经济负担加重，社会流民大量增加，社会动乱此伏彼起。以农民为信仰主体的白莲教屡屡起义，伊斯兰教在统治者的高压政策下也频频反抗，而天主教传教士的间谍活动使得清朝统治者多次下谕严禁天主教士传教，乾隆五十年

---

① 庄吉发：《清朝宗教政策的探讨》，《清史论集》（五），文史哲出版社 2000 年版。

② 于本源：《清王朝的宗教政策》，中国社会科学院出版社 1999 年版。

（1785 年）、嘉庆十六年（1811 年），清廷先后制定了西洋人传教治罪条例。这些活动都在一定程度上影响了乾嘉时期统治者对佛教道教的政策。

针对佛教道教戒律松弛、管理不善的现状，乾隆十三年（1735）十一月，乾隆说：

> 朕于二氏之学，皆洞悉其源流，今降此旨，并非传不尚佛老之名也。盖见今文学佛人，岂特如佛祖者无有，即如近代高僧，实能外形骸，清净超悟者亦稀：今之道士，岂特如老庄者无有，即如前世山泽之癯，实能凝神气，养怡寿命者亦稀。然苟能遵守戒律，焚修于山林寂寞之区，布衣粗食，独善其身，犹于民无害也。今则不事作业，甘食美衣，十百为群，农工商贾，终岁竭厥以奉之，而荡检瑜闲，于其师之说，亦毫不能守，是不独在国家为游民，即绳以佛老之教，亦为败类，而可听其耗民财，泂民俗乎？著直省督抚饬令各州县按籍稽查，除名山古刹，收接十方丛林及虽在城市，而愿受度牒，遵守戒律，闭户清修者不同外，其馀房头、应付僧、火居道士，皆集众面问，愿还俗者听之，愿守寺院者亦听之。但身领度牒，不得招受生徒，所有赀产，如何量给还俗，及守寺院者为衣食计，其馀归公，留为地方养济穷民之用，并道士亦给度牒之法。①

乾隆皇帝一方面认为佛教道教源流深远，另一方面又对僧道界出现不遵守戒律的应付僧与火居道士深表不满，他认为这些人不事作业，甘食美衣、各分房头、世守田宅、饮酒食肉，并无顾忌，甚至蓄养妻子，无修持之实，乃至肆无忌惮，作奸犯科，严重影响了佛道教的形象。于是他下了清查佛教道教、酌复度牒、限制招受生徒、令僧道还俗及庙产归公的谕令，从而规范对僧教道教的管理。可是，这次清查佛教道教的谕旨未能如乾隆帝所愿，于是乾隆帝又下谕旨，对礼部的处理意见表示了不满：

> 谕总理事务王大臣：礼部议覆僧道给与度牒一事，虚文多而实际

---

① 中国第一历史档案馆编：《雍正朝汉文谕旨汇编》第 2 册，雍正十三年十一月九日，广西师范大学出版社 1999 年版，第 351 页。

少，与朕意尚不相符。朕之谕令清查僧道者，并非博不尚佛老、屏斥异端之名也。盖以僧道之中有应付、火居二种，借二氏之名而作奸犯科、肆无忌惮，恐将来日流日下，更无所底止。是以酌复度牒之法，辨其熏莸，判其真伪，使有志焚修者永守清规，而市井无赖之徒不得窜入其中，为佛老之玷。此乃培护二氏法门之深意，望其肃清严整。若朕有沙汰僧道之心，则何不降旨勒令伊等还俗，而乃酌复度牒之制，慎加甄别，又何为乎？至于给发度牒一事，若经由僧道录司之手，势必又滋苛索之弊。且礼部议称度牒一张交银三钱，夫交官者虽仅三钱，而本人之所费恐十倍于此矣。此等之人亦吾赤子，朕岂忍歧视，而使之不得其所乎？……至于应付僧徒皆令受戒，给与度牒；若不愿受戒者，勒令还俗。此事礼部所议多有未备。著总理事务王大臣会同九卿，定议具奏。若有以此举为多事，无益僧道而徒滋烦扰者，亦准奏闻请旨。钦此。①

针对整治佛教道教而采取的度牒制度，在执行过程中需要经过僧道录司之手，这样可能引发对僧道的严苛索取，这是乾隆帝不忍心为之的。因此，乾隆帝提出应付僧与徒皆令受戒，给与度牒；若不愿受戒者，勒令还俗。不过，他又表达了对酌复度牒制度的不确定性，鼓励总理事务王大臣会同九卿进行商议。对于执行度牒制度中"应付僧、火居道士之赀产"问题及其引起的"一切僧道皆有惶惑不安之意"，② 于是乾隆帝再次重申，并放弃了没收僧道财产的措施。他说道：

但朕之本意，原以天地好生之心为心。一物不得其所，如己推而纳之沟中。此庸愚无知之僧道亦天下之一物耳，朕何忍视同膜外。朕先所降旨甚明，原以护持僧道而非有意苛刻僧道。今观伊等情形，是愚昧无知、被人恐吓，而不知原降之谕旨也。著该部先行晓谕，去其迷惑。至于应付僧、火居道士之赀产，因无所归著，是以有养济穷民

① 中国第一历史档案馆编：《雍正朝汉文谕旨汇编》第2册，雍正十三年十二月十五日，广西师范学出版社1999年版，第393页。

② 中国第一历史档案馆编：《乾隆朝上谕档》，第1册，乾隆元年二月二十四日，中国档案出版社1991年版，第21页。

之说。究竟国家养济穷民，岂需此区区之财物？亦可不必稽查归公，此处著另议具奏。①

乾隆元年（1736 年）四月，礼部又推出了新的度牒制度：

> 其现在受戒僧人、全真道士，素守清规具有保结者，均应颁给度牒。若经僧道等官之手，易滋需索扰累，应行令顺天府、奉天府、直省督抚，转饬该地方官，将各僧道年貌、籍贯、并焚修所在，缮造清册，取具互结，加具印结，申送该督抚汇齐报部，照册给发度牒。仍饬各地方官当堂给各僧道收执。遇有事故，将原领度牒追缴。如有改名更替，或藉名影射及私行出家者，皆照违制律治罪。至于应付僧人，令该地方官传集面询。果系实心出家情愿受戒者，给予度牒。不愿受戒者，即令还俗，编入里甲为民。若老迈残疾，既难受戒又难还俗者，查实亦给予度牒，许其看守寺庙，以终天年。又如深山僻壤寺庙，僧人不能远出受戒及俗家并无所归者。亦姑给予度牒，仍别注册，永不许招受生徒。……颁发牒照所需纸板工价等项均于户工二部支取岁终奏销。②

与礼部前面的方案比较可以看出，新方案首先通过对僧道的年貌、籍贯、并焚修所在等情况进行登记，并颁发度牒，以此加强对僧道的管理；其次，根据僧道的实际情况或勒令还俗，或颁发度牒以整肃僧道；再次，强调在颁发度牒的程序，避免僧道司的苛索可能出现的扰民弊端，度牒费用直接由国家财政支付，减轻了僧道经济上的负担。因此，这个方案得到了乾隆帝的认可。

上述礼部方案出台三个月后，乾隆帝谕总理事务王大臣："从前部议给

---

① 中国第一历史档案馆编：《乾隆朝上谕档》，第 1 册，乾隆元年二月二十四日，中国档案出版社 1991 年版，第 21 页。

② 《钦定大清会典则例》（乾隆朝）卷九二，景印文渊阁四库全书第 622 册，台湾商务印书馆 1986 年版，第 889—890 页。以下使用之会典则例如未注明均为此本。实录本有数言颇重要，为会典所略："清厘僧道之法莫善于给度牒，而给度牒之法必尽令其恪守清净。"《清高宗实录》卷一六，乾隆元年四月庚午，第 433—434 页。参见刘庆宇：《清乾隆朝佛教政策研究》，博士论文，东北师范大学，2008 年。

发僧道度牒一事，每岁给发数目、作何题奏，未经议及，恐有司视为具文，无从稽考。著各省将给过实数及事故开除者，每年详晰，造册报部，该部于岁底汇题。今年初次奉行，其题奏之处著于乾隆二年为始。"① 这就把僧道数量增减作为一项政绩考核内容与各省督抚联系了起来，形成了乾隆朝独特的督抚奏报僧道制度。又为避免执行中某些官僚的误会，对佛道作为下层民众的一种谋生手段给予了充分的理解，且对其在社会风气上的积极作用进行肯定：

> 夫释道原为异端，然诵读经书而罔顾行检者，其得罪圣贤，视异端尤甚焉。且如星相杂流及回回、天主等教，国家功令原未尝概行禁绝，彼为僧为道亦不过营生之一术耳。穷老孤独，多赖以存活。其劝善戒恶、化导愚顽，亦不无小补。帝王法天立道、博爱无私，将使天下含生之类无一不得其所。僧道果能闭户焚修，亦如隐逸之士遥迹山林，于世教非有大害。岂忍尽驱还俗，使失业无依或致颠连以终世哉？若云僧道多一人则尽力南亩者少一人，恐目今为僧道者，未必皆肯尽力南亩者也。②

最后，乾隆帝再三强调："朕令直省督抚年终汇题，即欲徐徐办理之意，而并非谓目下尽行禁绝人之为僧道也。"③ 又鉴于执行情况，乾隆八年（1743年）三月辛酉，乾隆帝再谕令军机大臣：

> 二氏之教，由来已久。其遵守戒律、闭户焚修者，固于民无害。即寻常僧道，或因无力营生藉此以免饥寒，亦难尽行沙汰。但游手之徒，借名出家，耗民财而妨民俗，自不可听其引而日盛，不为清厘。是以从前屡降谕旨，令该部颁发度牒，本身但准招受生徒一人。原欲其易于核查，伸将来可以渐减。后因该部所给度牒甚多，而缴到者尚少，

① 中国第一历史档案馆编：《乾隆朝上谕档》第1册，乾隆元年七月十六日，中国档案出版社1991年版，第101页。

② （清）刘锦藻：《清朝续文献通考》（第一册），卷八十九，商务印书馆1936年版，第8489页。

③ 中国第一历史档案馆编：《乾隆朝上谕档》第1册，乾隆二年三月十一日，中国档案出版社1991年版，第162页。

是以复令直省于岁底将核减实数具折奏闻。两年以来，据奏僧道数目皆有核减矣。而缁黄之流并未见其减少。此何以故？究之各省督抚曾将此事办理耶？抑名办而实则否耶？如但虚应故事，则因循一二年与因循至数十百年何以异！甚非朕禁止游惰、劝民自食其力之本意。可传谕各省督抚，务必实心经画，善为奉行。固不可强迫以滋扰，亦不得掩饰以务名。当使渐自裁减，数与册符。毋循故辙，以致毫无成效。若办理有费周章，或致游手游食者反不得藉以养赡，毋宁仍旧。不必亟亟以减册上之虚名为奉职也。①

从这通谕旨可以看出，颁发度牒、清厘僧道的政策事实上已经失败了，僧道所谓的减少只体现在上报清册的虚数字上。

对于官员们执行的"只有裁剪人数，而没有续增人数"的结果，乾隆帝也曾怀疑，但这怀疑很快转移为对游民坐食影响社会稳定的担心。因此在乾隆十二年（1747年），又出台了依照编审人丁之例"造送僧道四柱清册"制度，②所谓僧道四柱是指对报销或移交钱粮时所编制财务报表的一种模仿，其四柱是指"旧管""新收""开除"和"实在"，即"原有僧道数""新增僧道数""减少僧道数"和"现有僧道数"，由于以这种方式编制的清册可以一目了然地掌握僧道数量的变化并能够进行复核审计，故可以认为是对官员数字造假的一个预防措施，是度牒制度的一种补充。③

从执行的实际情况看，"造送僧道四柱清册"制度也不能实现乾隆帝的初衷。从乾隆元年七月到乾隆十九年（1754年）正月，督抚年终奏报僧道制度经历了制定、修改、实施、松弛懈怠、重申强调、再松弛懈怠，最终完全废弃的过程。④乾隆三十三年（1768年）十月，浙江按察使曾曰理奏称："僧道中现执牒照者寥寥，皆由地方官不实力稽查所致。请令各督抚转饬地方官，申严禁令。毋许私行簪剃及违例招徒。至在籍僧道应照保甲例，逐名造册。每庙给门牌悬挂，同民户查点。"⑤此建议得到了礼部和乾隆帝的认

① 《清高宗实录》卷一八六，中华书局1986年版，第399—400页。
② （清）昆岗、李鸿章：《钦定大清会典事例》卷五〇一，《礼部·方伎》，光绪二十五年重修本。
③ 刘庆宇：《清乾隆朝佛教政策研究》，博士论文，东北师范大学，2008年版，第27页。
④ 同上。
⑤ 《清高宗实录》卷八二〇，中华书局1986年版，第1137页。

可，这标志着对僧道的管理开始由宗教性的度牒制度向世俗性的保甲制度转化。①

乾隆三十九年（1774 年），礼部奏称：

> 僧道例给牒照。乾隆四年议令将原领牒次第相传，其年未四十，例不招徒；遇有事故者俱令缴部，不准另给新牒。惟停止已阅三十余载，旧照日就缴销，僧道多系私充，其各省府州县僧道等官，因选无合例，往往悬缺未补；缁流羽士无人管束。请饬交各督抚转行地方官，查明现在僧道实心焚修者。将年貌、籍贯、并所住寺庙册报汇咨，仍分别给照。僧纲道纪等缺即由领牒僧道咨充，其招徒及事故缴销。均照旧例办理。②

也就是说，乾隆元年（1736 年）恢复的度牒制度事实上在乾隆四年就已停摆；当年的"三十四万一百十有二纸"度牒发放后，次第相传，再未发放新牒。由于僧众大多没有度牒，甚至连僧纲道纪等官员都找不到有度牒的僧道来担任，因此礼部才重提旧事，奏请颁牒。③

又鉴于颁牒所生滋扰，乾隆又传谕：

> 礼部前请将乾隆四年以后未给度牒僧道，交地方官通查补给一事，只以备僧纲道纪等官之选。第度牒不过相沿旧例，散给仍属具文，而稽查实虞烦扰，自以不办为妥。若防僧道滋事而设，未必有牒照者悉能恪守清规，而犯法者皆系私自簪剃？方今法纪森严、有犯必惩，更无庸为此鳃鳃过虑。至遇僧纲、道纪需人，所在地方官原可查明僧道中之实在焚修、戒法严明者，具结呈报上司，咨部给照充补。何必因此一二人之补缺，而令各省寺观通查滋扰耶？所有礼部奏充补僧道官必须给有牒照之例，亦著停止。④

---

① 刘庆宇：《清乾隆朝佛教政策研究》，博士论文，东北师范大学，2008 年，第 28 页。
② 《清高宗实录》卷九五二，乾隆三十九年二月癸巳，中华书局 1986 年版，第 909 页。
③ 刘庆宇：《清乾隆朝佛教政策研究》，博士论文，东北师范大学，2008 年，第 29 页。
④ 《清高宗实录》卷九六〇，乾隆三十九年六月甲午，中华书局 1986 年版，第 1017—1018 页。

至此，度牒制度业已取消，僧道官不需度牒，只要经地方官甄选即可任命，与之关联产生的僧道四柱清册制度，也失去了存在的基础。至此，乾隆即位后佛道管理政策被全部废止，其试图通过行政手段干预宗教，希图清理、改善佛教道教的努力宣告失败。这其中的原因是多方面的，既有政策自身的局限性，也有施政者执行能力的问题，更有整体佛道大环境的制约。需要指出的是，尽管从表面上看佛道新政被一一废止，但实际上国家始终没有放弃对佛道群体的管理，只是从宗教化的僧道官—度牒系统转变为了世俗化的地方官—保甲系统。①

对于正一道教，乾隆四年（1739 年）"议奏嗣后真人差委法员往各省开坛传度一概永行禁止，如有法员潜往各省考选道士，受箓传徒者，一经发觉将法员治罪，真人一并议处"。②《补天师世家》载：张遇隆于"乾隆七年奉旨承袭入觐，召见圆明园，赐克食缎疋，宴赉视旧制有加，复赐御书教演宗传额，并朝服袍套笔墨等物"。③《清实录》记载：乾隆七年九月初四日，"鸿胪寺卿梅毂成奏：正一真人张遇隆恭祝万寿，据礼部文称随班行礼，应列左都御史下、侍郎前。臣思真人乃道家之流，祈禳驱邪，时有小验，仍而不革可也，假以礼貌可也。乃竟入朝班，俨然与七卿并列，殊于观瞻有碍。应请敕部定议，不必令入班行。得旨：此奏是，该部议奏。寻议：应如所请。嗣后真人承袭谢恩，臣部带领引见，并遵三年来朝之例，准其入觐，照例筵宴，宴毕还山。倘在京适值百官朝贺之期，免其列班行礼。从之。"④除了时间稍有不同，这与乾隆七年九月初九日批准的奏折所载内容大体一致，奏折记载：

---

① 刘庆宇：《清乾隆朝佛教政策研究》，博士论文，东北师范大学，2008 年，第 30 页。

② （清）刘锦藻：《清朝续文献通考》（第一册），卷八十九，商务印书馆 1936 年版，第 8494 页。

③ 《补汉天师世家》，转自［日］小柳司气太：《白云观志》，日本东方文化学院东京研究所发行，昭和九年（1934 年）版，第 351—352 页。

④ 《高宗纯皇帝实录（三）》卷一百七十四，乾隆七年九月上，庚申条。中华书局 1985 年 11 月版，《清实录》第十一册，第 235 页。乾隆五年梅毂成的职位，文献与学界有两种记载与说法，一种是鸿胪寺卿，一种是光禄寺少卿，对此，郑永华在《清代乾隆初年道教史事两则考订》（发表于《宗教学研究》2009 年第 3 期）一文中进行了考订，认为乾隆五年梅毂成的职位应该是光禄寺少卿；此外，还对梅毂成上疏提议的时间，得到乾隆帝批准的时间考订为乾隆七年，而非《清史稿》所载的乾隆五年。

前据正一真人张遇隆遣人至臣寺（指鸿胪寺—引者注）投递职名，欲随班恭祝万寿。臣寺未知真人应否随班，应列何品，无案可稽，行查礼部。随据礼部覆称，正一真人应列左都御史下、侍郎前。臣思真人乃道家之流，滥厕班联，不合典礼，似宜厘正，臣请为我皇上陈之。查正一真人袭自明初，当是时有张正常者，世习符箓，元时赐号天师，明太祖曰天有师乎，改授正一嗣教真人，秩视二品，俾管领道教，后遂承袭。隆庆初，内外臣工俱言张氏所为多不法，无益于世，有害于民，其世袭不合典制，宜革。遂改为上清观提点，秩五品。厥后夤缘用事太监复故号。事具《明史》，斑斑可考。迨至本朝，相沿已久，祈禳驱邪，时有小验，仍而不革可也，假以礼貌可也。而乃竟入班行，俨然与七卿并列，冠压群僚，殊于观瞻有碍。……或言张氏世袭冠带，非同常道。殊不知张氏之袭，乃假以冠服，以便约束黄冠，亦如僧人之僧录僧纲耳，虽有品级，安得与臣工伍。且张氏奉张道陵为鼻祖，言能分形炼气，白日飞升。即如其言，究何裨于世教。使张道陵而在今日，国家容而礼之，不过如法王佛子，优以赏赉，遣其还山，毋令惑众而已。亦断不使并列冠裳，以渎朝会。而况其后世之末流哉。臣蒙圣恩，承乏鸿胪，礼仪是掌。……恳求圣明敕部定议，嗣后正一真人不必令入班行，俾与太常寺乐员一同厘正，不惟朝仪整肃，且令数百年相沿之旧习，俱更定于今日，天下万世莫不仰大圣人之制度文为，实超越寻常万万也。①

对于此奏折，乾隆帝批复"此奏是，该部议奏"。批示后不久，礼部尚书三泰等奉命议覆，并上题本请旨，档案载称：

梅毅成奏称……等因具奏前来。查本年七月内承袭五十六代真人张遇隆来京谢恩，臣部带领引见。复恭逢朝贺万寿圣节，据鸿胪寺咨查真人班次。臣部检查档案，康熙十九年真人张继宗承袭，曾经入觐，由臣部带领引见。其朝贺班次，无案可稽。随查前明会典，载真人秩

① 朱批奏折，鸿胪寺卿梅毅成奏为道流滥厕班联观瞻有碍恳请敕部定议以肃朝仪事，乾隆七年九月初四日。原档藏中国第一历史档案馆，档号：04-01-14-0008-008，缩微号：04-01-14-001-2049。

视二品。又《江西通志》详载汉时张道陵入龙虎山修炼，历唐宋元明，代嗣其教，所纪世系封爵甚详。传至张继宗，仰荷圣祖仁皇帝赐以御书碧城匾额，后遇覃恩诰授光禄大夫。又经吏部查覆，乾隆二年六月内题请给与署理真人张昭麟一品封典在案。今张遇隆蒙皇上洪恩准袭正一嗣教大真人，宴犒赏赉不替其先世之旧，是以臣部酌议在都御史下侍郎前，咨覆在案。……臣等窃思修炼之家本系方外之教，我皇上以尧舜周孔之道治天下，百官朝会，真人自可不必列班。但奏称真人乃假以冠服，不过如僧录僧纲，虽有品级，安得与臣工伍，又援引《明史》，谓其无益于世，有害于民，不宜滥厕班联，并列冠裳，以渎朝会，观瞻有碍等语。查真人传袭几二千年，迹其先世，禳灾沴除妖邪，汉唐以来皆崇尚之，必非尽惑于异教也。殷人神道设教，周礼方相掌傩，义各有取。我朝会典籍开载真人承袭条内，定有庆贺来朝之例。盖以其炼气分形，虽属无禆于世，而驱除祈祷，实亦有济于民，似不得抑之过甚，致羽流未品不列冠裳者比。臣等伏请嗣后真人承袭谢恩，仍照例臣部带领引见，并遵三年来朝之例入觐天颜，照例筵宴，宴毕还山。倘在京适值百官朝贺之期，免其列班行礼，则朝会班联不烦厘正，而真人钦奉恩纶，益感沐皇上优渥之隆施矣。臣等未敢擅便，谨题请旨。[①]

此上题请旨的时间为乾隆七年十月初九日，同月十一日得到"依议"的批复。这就说明乾隆七年，乾隆帝批准为"朝仪整肃"而要"正一真人不必令入班行"的请旨。

乾隆十二年，乾隆帝复准将正一派领袖降至五品，并停止朝觐。《大清会典事例》载：

（乾隆）十二年覆准：江西张氏，世居龙虎山，真人名号，非朝官卿尹之称。存其旧名，正所以别于流品。前因无案可稽，两遇覃恩，加至光禄大夫，封及三代，邀荣逾分，理应更正。嗣后应不许援引假借，题给封典。至正一真人有统率龙虎山上清宫道众之责，视提点演法稍

---

① 礼部尚书仍管太常寺鸿胪寺事三泰等题为遵旨议奏事，乾隆七年十月初九日。原档藏中国第一历史档案馆，全宗：内阁，文种：礼科史书，案卷号：324。

优。按太医院使秩正五品，医巫类本相等，应将正一真人亦授为正五品，从前所用银印缴部换给。……至于朝觐为述职大典，筵燕实惠下隆恩，未便令道流厕身其间。应请一概停止，以肃体制。[①]

同样内容也出现在《清朝文献通考》中，其载："乾隆十二年议定，正一真人有统率龙虎山上清宫道众之责，秩视太医院院使，为正五品。"[②]另外，乾隆十二年十二月的《礼科史书》中大学士讷亲等所上的议覆题本详细记载其原委：

> 该臣等会议得：都察院左都御史（原档如此，误，应为"左副都御史"——引者注）梅毅成奏称，臣于乾隆七年鸿胪寺任内，见礼部议覆臣奏……等因具奏前来。臣等伏查正一真人世居江西之龙虎山，至宋始有封号，元则加封天师，授紫金光禄大夫，视正一品。明初改正一嗣教真人，中降为提点，后仍复故封，秩视二品。其时升时降，本无定资。我朝会典不载真人品级，仍明之旧未更改，盖以其类于古之巫史，且又系方外，原不得与诸臣工同列。即康熙二十六年蒙圣祖仁皇帝亲洒宸翰，赐号碧城，并颁大真人府太上清宫匾额。雍正九年蒙世祖（原档如此，误，当为"世宗"——引者注）宪皇帝特恩修理龙虎山上清宫，皆以累代相沿，地方名胜所在，不宜任其倾颓，且使之稍效祈祷之劳，或用以为民祈求雨泽，非如前代崇尚其教，而必阶以极品也。今该副都御史所奏加至光禄大夫，封及三代，实属逾分。虽康熙二十年至四十二年两遇覃恩，授以一品封典，崇及三代，亦由从前无案可稽，但凭旧轴题给，原不可为一定之制。查真人乃系道家名号，非朝官卿尹之称，存其旧名，正所别于流品。惟加至光禄大夫，封及三代，邀荣过分，理宜更正。嗣后应不许援例假借，恩请题给封典。至该副都御史所奏授为提点演法之类，所见亦是。但查正一真人本朝原未定有品级，惟提点娄近垣现授四品，乃奉世宗宪皇帝特恩，不可援以为例。是给与正一真人品级之处，

---

① （清）昆岗、李鸿章：《钦定大清会典事例》卷五〇一，《礼部·方伎》，光绪二十五年重修本。
② （清）清高宗敕撰：《清朝文献通考》（万有文库本）第二册，卷八十八，《职官考十二》，商务印书馆，第5635页。

原可毋庸置议。但今道录司左正一系正六品，正一真人有统率龙虎山上清宫道众之责，亦应给与品级。臣等酌议，若授为提点演法，则亦系六品，使之与众同列，难以统率，应较左正一品级稍优。查太医院使秩正五品，巫医类本相埒，请将正一真人亦授为正五品，永著为例。再查正一真人既定为五品，未便仍用银印，应令将所有银印送部缴销，另行换给。至正一真人承袭由来已久，不过令其奉祀宫观，亦非若文武勋阶为国家酬庸之典，爰及苗裔，以示显荣。嗣后缺出，仍由该抚查其子孙应袭者，取具地方官印结，咨部袭补，照道官例注册。至于朝觐为述职大典，筵宴实惠下隆恩，若令道流厕身其间，实于体制未协，应一概停止可也。再，此本系礼部主稿，合并声明。臣等未敢擅便，谨题请旨。①

乾隆十二年十二月十三日题，同月十五日奉旨："依议"。因此，可以断定《补汉天师世家》和《清史稿》所载乾隆十七年是错误的。②

乾隆三十一年（1766年），对于正一真人的官位，乾隆谕旨：

> 正一真人向系承袭一品，前据副都御使梅毂成奏请量加裁抑，经大学士同该部议覆降为五品，第念其宋以来承袭已久，世守道教，即遇有过愆，亦应抵其人以罪耳，不应议其世袭也。然旧例一品班序未免太优，遽降五品又未免过于贬损，且其法官娄近垣现系四品，而伊品秩转卑，亦觉未协，今正一真人既来朝进京，著加恩视正三品秩，永为例。③

这一年，第五十七代天师张存义又晋秩正三品。乾隆五十四年谕"正一真人嗣后著五年一次来京"。但嘉庆朝又定正一真人不得入觐，以后未变。嘉庆二十四年谕："正一真人系属方外，原不得与朝臣同列。嗣后仍照旧例。

---

① 大学士果毅公讷亲等题为遵旨议奏事，乾隆十二年十二月十三日。原档藏中国第一历史档案馆，全宗：内阁，文种：礼科史书，案卷号：390。

② 郑永华：《清代乾隆初年道教史事两则考订》，《宗教学研究》2009年第3期。文章对《清史稿》所载的免正一真人列班行礼的规定的时间考订为乾隆七年，对《清史稿》《补天师世家》所载的将正一真人的官阶降为五品的时间考订为乾隆十二年，此外，还对乾隆十二年梅毂成的官阶考订为左副教都御史。

③ 《钦定四库全书·皇朝文献通考》卷七十八，第14页。

朝觐筵燕，概行停止。"① 可见，乾嘉时期，由于统治者的思想正一道教领袖的政治地位经历了一个从高到低到限制的变化过程。

再来看一下嘉庆时的道教政策，嘉庆十七年（1812 年）六月，嘉庆帝就叶绍桂奏请晓谕民人禁止邪教事指出：

> 自古圣贤立教，淳叙彝伦，惟君臣父子之经，仁义礼智之性，为万世不易之道，朝廷之所修明，师儒之所讲习，必以此为正轨，他如二氏之学，虽儒者弗尚，以其法归于劝善惩恶，亦犹虞书迪吉逆凶之义，故神佛祠宇，列入祀典，瞻礼祈祷亦律所弗禁。至若创立教名，私相授受，行踪诡秘，惟恐人知，斯则始于一二奸民倡为邪说，其意专在传徒敛钱，而愚民无知，惑于祸福之说，辗转传习，迷不知返。②

在此，嘉庆帝表达了对佛道教的认识，一方面肯定佛道教在教化民众方面劝善惩恶的作用，另一方面也对佛道教中出现的创立教名、私相授受、行踪诡秘的现象深感厌恶与担忧。嘉庆十八年（1813 年）十月，御史蔡炯奏请禁止民间结会拜会，嘉庆帝在上谕中指出："至僧道亦齐民之一，由来已久，领牒剃度，本有定制，无庸另设禁令，以省烦苛。"③ 可见，嘉庆时的宗教政策大致沿袭了乾隆时的宗教政策。

此外，乾嘉时期，清朝统治者还在招收生徒、僧道斋田、庙宇建造、祭拜祖先与父母、服饰等方面制定相关制度加强对道教的管理。比如禁止少年、女性入道，乾隆元年，礼部议定了限制措施："其尼僧一项，亦照僧道之例，愿还俗者听其还俗，无归者亦暂给予度牒，不得招受少年女徒。嗣后妇女有年未四十出家者，该地方官严行禁止。"④ 嘉庆十七年（1812）谕："寺院庵观，不准妇女进内烧香，本有例禁，京城庙宇丛多，或日久奉行不力，著步军统领、顺天府五城出示晓谕，如有开设会场招摇妇女入寺者，一体查禁。"⑤ 还比如禁止私自建造寺观神祠，乾隆帝即位后，就在恢复度牒制度

---

① （清）刘锦藻：《清朝续文献通考》（第一册），卷八十九，商务印书馆 1936 年版，第 8494 页。
② 《清仁宗实录》卷二五六，中华书局 1986 年版，第 488—489 页。
③ 《清仁宗实录》卷二七六，中华书局 1986 年版，第 769 页。
④ （清）昆冈、李鸿章：《钦定大清会典事例》卷五〇一，《礼部·方伎》光绪二十五年重修本。
⑤ （清）昆冈、李鸿章：《钦定大清会典事例》卷五〇一，《礼部·方伎》光绪二十五年重修本。

的同时，颁发禁止擅造寺观神祠的圣谕。乾隆帝分析了人民乐于建新的原因，规定只许修缮旧寺庙，民间要想修建新寺庙，必须由地方官报明皇帝批准才行，否则就要究治。但是，民间私建并没有停止。① 此外，还对僧道斋田、庙宇进行管理。乾隆帝即位后，重申雍正帝的规定："着各地方官将丛林古刹之斋田应行清查者，秉公清查，编入册籍，禁止售卖。……其庵观茶亭、社庙净室等处，止令该住持将现在产业开明数目，自赴州县呈明立案。"② 乾隆三十五年（1770），礼部奏请："京城官管各庙，除群房、围房素不供佛处所许其租赁收息，以为黏补及日用之费，其供佛正殿配庑，概不许擅行出租，违者治罪。"③ 乾隆帝批准了礼部的建议。嘉庆四年（1799）谕："嗣后京城内外官管庙宇，如外省赴京引见，及候补候选人员，原可任其居住，不必官为禁止，俾僧道等亦得香火之资。惟外来游方僧道，及面生可疑、来历不明之人，必当实力稽查，断不准容留，致令潜匿。仍于年终汇奏一次，不可虚应故事，有名无实。"④ 嘉庆六年谕："嗣后除京城各官庙照例不准招租外，所有私庙房间，仍准照旧出租。当饬令僧道等，将租住庙宇之人，查明来历清楚者，方许容留，仍出具切实甘结，呈报地方官存案。"⑤ 乾嘉时期，虽然在出租庙宇房间方面没有一概禁止，但还是制定了相关规定。除此之外，还要求僧道拜父母，祭祀祖先，丧服按等第；还在服饰方面制定了相关规定要求僧道遵守，否则给予刑罚。

二　乾嘉时期道教发展状况

乾嘉时期的宗教政策，尤其是道教方面的政策整体上影响了其发展。当然，刘一明辗转之地山西与甘肃，乃至西北的道教发展状况对刘一明入道、向道的道教信仰都产生了重要的影响。

在乾嘉时期宗教政策的背景下，正一道教开坛传戒、招收圣徒的发展途径被切断，且紧紧被限制在龙虎山。全真道的传播与发展也因清朝统治

---

① 刘炳涛：《试论清代调整佛教和道教的法律制度及其特点》，《西安石油大学学报》（社会科学版）2016 年第 5 期。

② （清）董诰：《高宗纯皇帝实录》，中华书局 1991 年版，第 199 页。

③ （清）昆冈、李鸿章：《钦定大清会典事例》卷五〇一，《礼部·方伎》光绪二十五年重修本。

④ 同上。

⑤ 同上。

者对道教的整肃管理而受到限制。尽管如此，全真道还是顺应清廷的要求，将规范修道者的戒律纳入到全真道的修道理论中，并在此前道教发展的基础上进一步传播与发展。

清顺治、康熙时期，除了清廷的宗教政策比较宽松外，全真教的发展与王常月规范全真教自身的戒律，并将其纳入全真教的修道思想之中有很大关系，王常月顺应了清廷对道教的监管，得到了顺治帝的青睐，赐号"国师"，寓于白云观中。顺治十三年（1656 年），王常月"奉旨主讲白云观，赐紫衣，凡三次登坛说戒，度弟子千余人"。[①] 康熙二年（1663 年），王常月又奉旨率弟子詹守椿、邵守善等南下，在南京、杭州、湖州、武当等地开坛说戒，立观度人，遂致全真弟子满天下，其所代表的龙门派教团也因而大兴。[②] 在武当山，王常月立坛传戒，加之白玄福所办的讲肆之所，学道者百余人，使全真龙门派在武当山呈现兴盛景象。[③] 康熙年间，武当山学道者及其徒弟们赴四川、云南、陕西、吉林、福建、广东、广西、湖北、河南、山西等地传教，[④] 促进了全真教龙门派的传播与发展。武当山八宫二观（元和观、复真观）在康熙年间开辟为龙门派的"十方丛林"，[⑤] 成为全真教龙门派在武当的早期据点。[⑥] 乾隆年间（1736—1795），武当山的复真观进行过多次维修，其中始于乾隆二十年（1755）的一次维修规模最大，此次维修经费全部由复真观道士筹集，主要是募化于香客羽士，信众主要来源于河南、湖北，还有山西、河北、安徽、山东等地的朝山香客。[⑦] 刘一明也曾在嘉庆元年朝武当，当时刘一明六十三岁。此外，清代全真教龙门派还在江西、东北等地广泛传播。[⑧]

---

① （清）完颜崇实辑：《白云仙表》，清道光二十八年刻本。

② 王志忠：《明清全真教论稿》，巴蜀书社 2000 年版，第 67 页。

③ 梅莉：《清初武当山全真龙门派中兴初探》，《湖北大学学报》（哲学社会科学版）2009 年第 6 期。

④ 梅莉：《清初武当山全真龙门派中兴初探》，《湖北大学学报》（哲学社会科学版）2009 年第 6 期；卿希泰主编：《中国道教史》（第四卷），四川人民出版社 1996 年版，第 131 页。

⑤ 王光德，杨立志：《武当道教史略》，华文出版社 1993 年版，第 239 页。

⑥ 卿希泰主编：《中国道教史》（第四卷），四川人民出版社 1996 年版，第 131 页。

⑦ 梅莉：《清初武当山全真龙门派中兴初探》，《湖北大学学报》（哲学社会科学版）2009 年第 6 期。

⑧ 卿希泰主编：《中国道教史》（第四卷），四川人民出版社 1996 年版，第 181 页。

　　乾嘉时期，由于清廷对道教的管理政策，全真教的发展在不同地域呈现各异的发展态势。曾经发展繁盛的北京白云观在乾隆时期却"相当沉寂"，在此期间大规模的传戒活动中断，直到嘉庆十二年（1807）才得以恢复。[①]乾隆皇帝在位期间两次修建白云观，第一次是乾隆二十一年（1756），乾隆对京城寺庙大规模进行整顿和修理，第二次是乾隆五十一年（1786），乾隆皇帝敕旨专修，体现了乾隆皇帝对白云观的重视。但是乾隆时期，对京城内宫观容留无度牒僧道及闲杂人等情况的稽查是相当严格的。嘉庆时期，皇帝愈发加强对僧道的管制，严查京城内外游方僧道传播邪教、邪法等事。[②]刘一明 23 岁时，其父恐其外游，为其捐贡国学，但他在京都四、五年潜访明人却未遇明人。因母亲病，刘一明从京都回到山西，母亲病好之后，他游河南，明行医道，暗访高明。三年有余，未遇高人，返晋省亲，居家数月，复游平阳、汾州、太原，凡所过州邑乡镇，名山胜境，无不寻访。二年有余，枉劳跋涉，慨叹归故里。在这十几年间，[③]刘一明虽然未遇明师，未能拨开其谜团，但是他自身却玩味了大量三教经书。从康熙、乾隆年间所修的山西地方志、《山西通志》《甘肃通志》来看，《山西通志》中关于"寺观"的记录：大约有一千九百余座寺观，其中寺约有一千三百余座，宫、观约有四百余座。从修建的年代上来看，多于唐、宋、元时期修建，清代的较少，只提及了康熙时期几处修建。清代修建较少的主要原因大概是因为乾隆帝限制佛道教的发展，不允许私建寺观。相比较而言，《甘肃通志》中没有"寺观"这一条目，只有"仙释方伎"条目。按时间顺序粗略记载了仙释人物，且数量较少，且其中有几个人是来自山西的，清朝没有"仙"被记载。《陕西通志》中既无"寺观"条目，也无"仙释方伎"条目，只记"祥异"条目。从康熙、乾隆年间编修的山西地方志来看，相比较而言，乾嘉时期山西的平阳府、汾州府、太原府等地的道观还比较多。平阳府、汾州府、太原府各府县宫观数量分布如下：

---

　　①　尹志华：《清代全真道历史新探》，中文大学出版社 2014 年版，第 143 页。

　　②　林巧薇：《清乾嘉时期北京白云观事考论》，《世界宗教研究》2016 年第 4 期。

　　③　《会心内集》卷下《穷理说》载，从刘一明回晋以后到遇齐丈人这段时间，在京都住居四年，河南二年，尧都一年，西秦三年，来往不定者四年，经十三年之久，三教经书无不细玩。

府	县	宫观数量	府	县	宫观数量
太原府	阳曲县	6	平阳府	临汾县	9
	太原县	8		襄陵县	11
	榆次县	6		洪洞县	16
	太谷	5		浮山县	2
	祁县	5		赵城县	22
	徐沟县	5		太平县	4
	清源县	2		岳阳县	3
	交城县	3		曲沃县	7
	文水县	3		翼城县	11
	岢岚州	4		汾西县	2
	岚县	4		灵石县	3
				霍州	4
				临汾县	9
汾州府	汾阳县	4			
	平遥县	7			
	介休县	12			
	永宁州	5			
	宁乡县	4			

据《中国地方志集成·山西府县志辑·乾隆太原府志》载，太原府的"仙释"之"仙"有：

徐冲善阳曲道人，初居西山之桃源洞遇仙传丹诀后还纯阳宫园，严冬不需火亦不絮衣，尝旦起见蓝袍草履者立庵外，寻忽不见但履迹宛然印尘耳以告住持张真明，张曰门且未启，何人至此，必仙也，康熙五年坐化，年八十四，平阳司李林公为火葬于东郭更立塔焉。

元阳子榆次人，少有道行，年二十于游大红山镇寿寺乐其幽胜，募修完葺，居其中，数十年不出，冬不火，夜不寐，康熙六十一年正月二十六日，忽语其徒曰吾归矣。遂瞑化。

潘守器湖州人，年二十余出游遇异人，授导引内炼诸术，适晋，寓阳曲柏树园纯阳宫去而复来者，三闭关静坐，累月不食，康熙乙亥抚臣荐送入都乞还山年九十九卒，塑道蜕于纯阳宫之西廊。①

以道教的宫观数量上看，刘一明所去太原府、汾州府、平阳府还比较多，但可能由于乾嘉时期的宗教政策，刘一明未能遇到明师。

刘一明在京都与山西未遇到明师，他曾几下汉南，又曾游固原、平凉、彬州，过梁山至凤翔；曾居南台，过两当、徽成、西和、礼县，至岷州；也曾游秦川，往来于西北问道，直到遇到齐丈人解开谜团，这与当时包括陕西、甘肃的西北地区的道教发展状况有关。乾嘉时期，西北地区以陕西与甘肃的全真教传播最广。据《中国道教史》记载：陕西华县玉泉洞现存的三通碑石中，有两通是乾隆时期的。一是乾隆元年（1736 年）《重修玉泉洞碑记》，其略记玉泉道人逝世后，王一远率弟子王阳理广开地基，建大殿，塑神像。后又有葛真人同弟子罗阳珠、孙阳观、徒孙刘来诚并善信弟子，于雍正十三年（1735 年）乞化十方，重修无量殿，于乾隆元年（1736 年）仲冬竣工。二是乾隆四十年（1775 年）《重修玉泉洞序》，其载："至乾隆三十年（1765 年）间，道人李本重苦耕兹山，继修香火，兼行岐黄之术，俭积数百之金，慨为重修，焕然一新。"从两通碑文所记重修玉泉洞之人名来看，应是全真教龙门派第十一至十五代。由此可知，陕西华县是全真教龙门派活动的重镇。②此外，乾嘉时期，西安八仙庵也是由全真龙门派道士住持。据《八仙庵十方丛林碑记》记载，该庵在康熙初年由道士任天然重修扩建，并开坛传戒，成为全真道十方丛林。嘉庆十一年（1806 年）全真教龙门派第十代道士董清奇住持该宫，进行修葺扩建。董清奇，河南邓州（今邓州市）人，因赤足云游大江南北，行乞教化，故好"赤脚道人"，又号"乞化道人"。嘉庆八年（1803 年），他游方于西安城南的会真庵。其时，八仙庵十方丛林堕为子孙庙，引起道众不满，力请董清奇前往住持。董清奇以两年时间，重新建立起八仙庵十方丛林，并再度开坛传戒，重振全真教龙门派。嘉庆十八年（1813 年），董清奇将多年修道心得结为《除欲究本》六卷，以极其明白晓畅的语言弘扬道法。该书序言中有云："赤脚道人，终日托钵，十方功德无可酬答，编一部《除欲究本》的俚言奉劝世人。只因三教经书，理

---

① 《中国地方志集成·山西府县志辑①·乾隆太原府志（一）》卷四十七，凤凰出版社 2005 年版，第 657 页。

② 卿希泰主编：《中国道教史》（第四卷），四川人民出版社 1996 年版，第 153—154 页。

同而取名不一，儒有学问，释有机锋，无异名，言简路捷，易于醒悟。即是全不识字的人，听之亦于身心有益，若能醒悟，改邪归正。浅行者消灾致祥，不遇横祸；深行者修身养德，神人钦敬；行于至善者，成仙证明，皆不出此关键尔。"[1]董清奇深入浅出地阐述了三教理同而名异，都是劝世人改邪归正；同时，这种方法也使道教影响扩至社会底层民众，这也是当时全真教龙门派的两大特点。

对于甘肃，通过前文关于《山西通志》与《甘肃通志》中有无"寺观"这一条目的比较，以及其中分别记载的仙释人物的多少，可以大体断定，道教在甘肃的发展状况远远比不上其在山西的发展。然而，这并不意味着甘肃道教处于发展停滞状态。因为，道教在甘肃也是有其历史传统的。清代，甘肃著名全真道士王性叵道号大痴，凉州（今甘肃武威市）人，是兰州金天观第九代住持，全真道崳山派传人。雍正十二年（1734年），许容在甘肃整饬宗教，见兰州金天观道俗不分，有伤风化，便将犯规道士赶出观去，请来崳山派道人王性叵为住持。在他的整顿下，金天观的道规日益严肃，道风有了很大的转变，于是来观道士日益增加，使龙门、崳山派在甘肃得到首传。传至第十二代住持白玉峰（号云鹤，甘肃皋兰人）时期，金天观修葺一新，还增建了塑有金天观第一代住持孙碧云全身像的孙真庵。白玉峰潜心钻研教理，著有《玄秘显密论》，并刊印了宋代张紫阳的《金丹四百字序》一书，扩大了道教的影响。[2]当然，除全真教外，正一教在甘肃也有较为广泛的影响。[3]刘一明《金天观碧云孙真人像传》记载，康熙十三年（1674），中丞巴公出巡哈密，路径戈壁时口渴难耐，恰好此时出现了一位道人，持二瓜奉上。巴公问他姓名，他却不肯说，只从袖中取出一封信，托巴公带到兰州金天观。巴公来到兰州金天观后，拆开信封，里面却只有真人道号，等见到孙碧云真人神像时，他恍然大悟，那送瓜道人正是孙碧云。

---

① 董清奇：《除欲究本》，嘉庆十八年木刻本，转引自樊光春：《古都西安：长安道教与道观》，西安出版社 2002 年版，第 190—191 页。

② 谷苞主编，尹伟先分册主编：《西北通史》，兰州大学出版社 2005 年版，第 748—750 页。

③ 甘肃省道教协会编油印本《甘肃道教志》第八章，转引谷苞主编；尹伟先分册主编：《西北通史》，兰州大学出版社 2005 年版，第 751 页。

巴公感激不已，于是捐资重修了金天观。[①]

从刘一明的经历也可窥甘肃宗教之一斑，甘肃地处边远地区，多民族聚居，自然形成了多宗教混合的局势，回教的势力比较强大，杂融佛教、道教、喇嘛教以及民间宗教。刘一明选择甘肃作为自己一生修炼之所，概由于引其入道、解其迷雾的几位师父都在甘肃，易于联系与沟通；此外，甘肃风俗淳朴，选择在此修道可以避开亲人的寻觅，避开家乡浓厚商业气氛。

本章结论

个体宗教信仰的产生除却个体自身的经历外，很大程度上会受到当时社会的政治、经济、文化与教育以及宗教状况的影响。乾嘉时期，内忧外患的政治氛围，社会底层民众的贫困与流离失所，禁锢人们思想的查禁书籍与文字狱政策，致伤疼症的科举制度等，都使得许多志图功名的儒士或逃避于考据，或隐于山林、朝市，以求得生命的保全。刘一明也不例外。乾嘉时期的宗教政策，无疑影响了刘一明与几位老师的行踪与思想，"时而儒服，时而道服"，不仅仅是其"混俗和光"的表现，也是不得已的。可以说，个体的宗教信仰是一定社会政治、经济、文化教育等诸因素以及个体自身经历的综合反映。如果说个体经历是个体宗教信仰产生与发展的直接影响因素，那么个体所处社会的政治、经济、文化等则是间接的影响因素。

---

① （清）刘一明：《金天观碧云孙真人像传》，刘一明著，孙永乐整理：《刘一明栖云笔记》，北京：社会科学文献出版社，2011年，第42~43页。

第三章　刘一明的信仰之道

信仰蕴含了人们对某种人生痛苦摆脱的倾向，以及如何通过实践将这种倾向扩大。就刘一明来说，他有因穷究读书而至伤痨的苦衷，也有因世态炎凉而发出的感慨。除却当时的社会因素，可能是这两方面的因素使得他彻底"自私"地摆脱了人生中许多牵绊而独自修行。也就是说，信仰的最后抉择是因个体当时受到了直接的伤害与困惑，却又无法解决，而以信仰来消极地自我慰藉，或说积极地自我寻求。

刘一明的信仰不是对某一具体神仙的信仰，而是对一个"动力系统"的信仰，即他所谓的"道"的信仰。所谓的"动力系统"，是指此系统不是静止的，而是运动变化的。在此系统中，要素不是唯一的，而是多元的，且是互相联系的。刘一明基于自我生命保全的基础上，继承与融摄儒释道诸多思想，坚持了对"道"的信仰，并身体力行。

第一节　刘一明的"道"本体及其具体内容

一　刘一明的"道"本体

（一）"道"本体

张伯端《悟真篇》中记载："道自虚无生一气，便从一气产阴阳。阴阳再合成三体，三体重生万物昌。"[1]《悟真篇三注》薛道光[2]注云："道本虚，而乃有形之气。气本实，而乃无形之形。有无相制，则一生焉。夫一生二，二生三，三生万物。万物莫不负阴而抱阳，冲气以为和。方其未形，冲和之

---

[1]　（北宋）张伯端：《悟真篇》，《道藏》第 2 册，第 944 页。

[2]　据考证实为翁葆光注。

气，不可见也。及空既形，清气为阳，浊气为阴。二气氤氲，两情交媾，曰天，曰地，曰人，三物生焉。《易》曰：天地氤氲，万物化醇；男女媾精，万物化生。"① 显然，这是对老子《道德经》中"道生一，一生二，二生三，三生万物。万物负阴而抱阳，冲气以为和"思想的内丹学诠释。

刘一明承《易》及先祖对"道"的解释，他主张从师，得口诀，辨真假。一方面，继承了传统道教关于"道"的理论；另一方面，在穷理基础上对"道"作了自己的阐释。

刘一明从气、阴阳与道的关系两个视角去解释"道"。从阴阳与道的关系来讲，他认为："一阴一阳之谓道，是就道之用言；无形无象，是就道之体言。太极未分之时，道包阴阳。太极既分以后，阴阳生道。若无阴阳，道气不见。惟阴阳迭运其中，道气长存，历万劫而不坏。在先天则为道，在后天则为阴阳。道者，阴阳之根本。阴阳者，道之发挥。所谓太极分阴阳，阴阳合而成太极，一而二，二而一。"② 从气的视角来讲，刘一明认为，道者即先天虚无之一气，也即先天真一之气，是混元祖气，为生天、生地、生物之本；动静如一，阴阳混成；在先天而生乎阴阳；在后天而藏于阴阳，乃真一而非假一。此先天生物之祖气，视之不见，听之不闻，持之不得，包罗天地，生育万物，其大无外，其小无内；在儒则名曰：太极，在道则名曰：金丹，在释则名曰：圆觉；本无名字，强名曰：道；拟之则非，议之则失；无形无象，不色不空，不有有无；若着色空有无之象，则非道。③ 他又认为，人秉先天之气，借凡父母之精血而有身，则人身即有此先天之气。但此气日生夜长，阳极必阴；乾宫之阳走于坤宫，于是乾虚为离，坤实成坎。曰离者，离去其阳也；曰坎者，坎陷其真也。阳陷于阴，不属于我，故曰他家。这就需要人逆而运之，返本还元，还原走失他家的先天元气，复全太极之体。所以，闵一得认为，刘一明所论之"道"是先天大道，纯以还元为事。④

虽然刘一明从阴阳与道、气两个视角解释"道"，但他认为，不管是道

---

① （南宋）薛道光、陆墅、（元）陈致虚注：《紫阳真人悟真篇三注》，《道藏》第 2 册，第 993 页。

② （清）刘一明：《修真辩难》，《藏外道书》第 8 册，第 471 页。

③ （清）刘一明：《修真辩难》，《藏外道书》第 8 册，第 471—472 页。

④ （清）闵一得：《栖云山悟元子修真辩难参证》，《藏外道书》第 10 册，第 265 页。

包阴阳，还是阴阳生道，都与虚无一气不是两个事物。他说："曰道者，无名之名也。曰虚无、无极者，自未生物时言之。曰太极一气者，自方生物时言之。其实虚无一气，无极太极，总是道之一个物事，非有二件。"①他认为虚无、无极、太极一气、虚无真一之气，都是言"道"一个事物，只不过是不同状态而已。他认为，此天地造化之"道"有体有用，有始有终。其间阴阳迭运，消长互变，变化无端，然其最要处，总在一气，一气总不外乎虚无，而"虚无"又是非空非色，非有非无；不可有心求，又不可无心得；难描难画，难思难议；顺之则生人生物，逆之则成仙成佛；性命于此寄，生死于此出；悟之者立跻圣位，迷之者万劫沉沦。究之，"虚无"，又总不外乎"阴阳"二字，不外乎"性命"二字，不外乎"身心"二字。这就将抽象、虚无，关乎阴阳之"道"过渡到具象、实在的人的性命、身心之上。

所以，刘一明说："道者，包罗天地，运行日月，统摄造化，养育群生，无处不在，无物不有。人能修之，可以夺造化，扭气机，了性命，脱轮回，延年益寿，超凡入圣。"②他的性命双修理论，实际上，就是个体身心双修理论，也就是人自我的生理与心理、人的生命的物质性与精神性的双修理论，也就是人的基本的低层次的生命的需求与自我实现的高层次的精神需求关系的理论。

刘一明以成圣成仙成佛为目的的修道便是修炼金丹，便是九还七返金液大还丹。他说："道者，先天浑然一气，太极之谓也。丹者，圆满无亏，活活泼泼，以象太极。丹即道，道即丹，其名有二，其理则一。金之为物，亘古今而不坏，与天地而并久，取其至坚也。九者，金之成数；七者，火之成数，皆属于阳。返还者，复于纯阳无阴之地也。道本无为，而法有作。因其无为，阴阳变幻，不能无亏缺。圣人用法修持，金火煅炼，既能使亏者复圆，又能使圆者永久不亏；还其太极，还其无极，而至于无声无臭，寂寥之境也。天地有坏，这个不坏，故曰九还七返金液大还丹。曰丹者，是因经火煅炼而名之也。"③

因此，刘一明认为"大道归一"，此"一"便指"一气"。他认为，道

---

① （清）刘一明：《周易阐真·金丹图》，《藏外道书》第8册，第33页。
② （清）刘一明：《修道辩》，《会心内集》，《藏外道书》第8册，第668页。
③ （清）刘一明：《修真辩难》，《藏外道书》第8册，第490页。

为物不贰，生物不测，谓"不贰"，即指"浑然一气"；谓"不测"，即指"阴阳变化"。而阴阳变化又总是一气运用之。这个不贰一气之道，自古为圣为贤、成仙作佛，皆不能外此。儒曰精一，释曰归一，道曰得一，皆以一为道。一即道，道即一，得一则为道，失一则非道。天地圣人，俱不离一。故谓："天地无二道，圣人无两心。"邵子谓："天向一中分造化，人从心上起经纶。"意即，"道"，在天为一，在人为心；一外无心，心外无一。在刘一明看来，这里的"一"与"心"，非二事，且这个心非肉团顽心，乃天地之心，诚一不二，浑然圆成，寂然不动，感而遂通。放之则弥六合，卷之则退藏于密。无理不俱，无道不备，所谓殊途而同归，百虑而一致。[①]所以，刘一明说："修丹之道，以一而炼己，以一而采药，以一而运火，以一而结丹，以一而温养，以一而沐浴，以一而服丹，以一而凝胎，以一而脱胎。自始至终，以一而完成大道。"[②]

（二）刘一明的道心论

承"大道归一论"，刘一明认为，"道"在天为一，在人为心；一外无心，心外无一。这里就将"道"与"心"混为一体谓之"道心"，又将"道心"与"人心"相对，这为"道"的修炼提供了一个"心"的载体。

"道心"与"人心"的概念，始见于荀子《解蔽篇》，"人心之危，道心之微"，后为《古文尚书·大禹谟》引用且稍有改变，云"人心惟危，道心惟微，惟精惟一，允执厥中"。其后，二程发挥之。明道说："人心惟危，人欲也；道心惟微，天理也。惟精惟一，所以至之；允执厥中，所以行之。"伊川说："人心惟危，道心惟微，心道之所在，微道之体也。心与道浑然一也。对'放其良心'者言之，则谓之道心；放其良心则危矣。惟精微一，所以行道也。"对此，张岱年解释道："如不放其良心，其心即是道心，因心与道本一。如放其良心，则离道而危。伊川之意似以为与道心相对待之人心，非一般所谓人心，而乃指放其良心者。"[③]

在刘一明看来，"道心"即天地之心，是心非心，空空洞洞，无一理不具，无一物能著，乃五行精一之神，也称先天之气、真阳、真铅、真种、黑虎、

① （清）刘一明：《大道归一论》，《会心内集》卷下，《藏外道书》第 8 册，第 653-654 页。

② （清）刘一明：《大道归一论》，《会心内集》卷下，《藏外道书》第 8 册，第 654 页。

③ 张岱年：《中国哲学大纲》，中国社会科学出版社 1994 年版，第 240-241 页。

金公、真精、神明、水中金、坎中阳、他家不死方、九三郎君、灵明童子等异名。此心无形无象，无声无臭，世人罕得而遇；即使人有一遇，而不认真，当面放去。[①]

进一步，刘一明又解释："西南者，坤方，为月晦极复苏，阴极生阳之地，在人为静极初动之时，这个静极之动，即是大药发现之时。但动非外来客气情欲之动，亦非内里心意念头之动，乃天心良知之动，道心真知之动。这个天心良知，道心真知，因其能超凡入圣，起死回生，故取象为药物；因其静极之时，万缘俱息，天心良知，道心真知，有一点光辉露其端倪，故取象为产药之处；因其天心良知，道心真知，为黑中之白，虚无中来，动从静生，如川之有源，故取象为药生川源之处。这个药在先天为天心之良知，在后天为道心之真知。道心者，即天心之影子；真知者，即良知之影子。因其天心陷于后天，不能常存，有时发现，别名为道心；因其良知沉于欲海，光气暗晦，亦间或不昧，别名为真知。若到返还以后，道心仍是天心，真知仍是良知，有时发现，间或不昧，即是道心真知之本乡。盖有时发现，间或不昧处，有一点先天真一之生机存焉。借此一点生机，逆而修之，何难由道心真知，而复还于天心良知耶。"[②] 这里，刘一明将天心与道心、良知与真知作了阐释，天心良知乃是就先天而言，道心真知是就后天而言。后天返还先天之后，道心仍是天心，真知仍是良知。对此，王永平又认为刘一明之"道心"与"天心"仅仅是名称不一，实则一回事。[③] 事实上，天心与道心也是从先后天上加以区分，不能说仅是名称不同而已。

与"道心"相对的是"人心"，刘一明说："心有人心道心之分，有真心假心之别。道心者，本来不识不知，顺帝之则之心为真心；人心者，后起有识有知，七情六欲之心为假心。"[④] 他认为，人心即肉团顽心，为七情六欲、五贼八识之首领；千邪百怪，皆为所引，狐群狗党，侵伤道心。人心常生，道心常死；道心死而正气消，性命乱摇，人不死者，未之有也。欲生道心，必须先死人心。人心死而一切贼党无首，蛇无头而自灭；灭无可灭，自然道

① （清）刘一明：《修真辩难》，《藏外道书》第 8 册，第 484 页。

② （清）刘一明：《悟真直指》，《藏外道书》第 8 册，第 341 页。

③ （清）王永平：《清代刘一明的道学思想》，博士论文，中国社会科学院研究生院，2002 年，第 54 页。

④ （清）刘一明：《百字碑注》，《藏外道书》第 8 册，第 437 页。

心自生，正气复还，所谓昏久则昭明，死而复生，亦如百虫先蛰而后生。①
他还说："阳刚之气，在人为道心；阴柔之性，在人为人心。道心为阴气所陷，
即道心不振也；人心入阳气之内，即人心用事也。道心不振，人心用事，正
气渐消，邪气渐盛，伤及性命。"② 他又说："天真昧则道心藏，而惟微；知识
开则人心生，而惟危。微者绝无而仅有，阳不胜阴也；危者见景而生情，阴
胜于阳也。然虽道心惟微，人心惟危，道心犹未全灭，人心犹未全盛。道
心未全灭者，以其有时而或黑中生白，是谓真知，但不过旋有旋失耳。人
心未全盛者，以其遇事而能随机应变，是谓灵知，但不过借灵生妄耳。"③

所以，刘一明认为，修道即要修心。在"炼己筑基"④ 中，他认为"炼己"
即"修性"，而"炼性"又需要从"修心"做起，而所炼之"心"，即为人
心、识心。他认为，修心即可长生，养心即可不死。刘一明常常将"心性"
合为一起来谈，且认为儒释道三教同理，"儒家存心养性，道家修心炼性，
释家明心见性，三教圣人皆以心性立教"。而在闵一得看来，不需经过"性"
之中介，他认为，"要知炼己即是炼心功法，无过《唱道真言》。《唱道真言》
所以得为丹经指南针者，以有此炼己精义耳！熟揣是书，参以参悟，天仙
之道备矣"。⑤

而修心也是有法的。刘一明认为，圣人以法追摄，从虚空中，结就九还
七返，超凡入圣。在儒则为"中庸之道"，在释则为"一乘之道"，在道则
为"金丹之道"。所说追摄法即用颠倒法，生道心，定人心。道心生，则真
知刚健，而精一之水上升；人心定，则灵知柔顺，而亢燥之火下降。颠倒者，
即颠倒道心人心耳。颠倒道心则道心振，而坎中精一之水上升；⑥ 颠倒人心
则人心静，而离中亢燥之火下降。水火颠倒，道心长存，人心不起，则性

---

① （清）刘一明：《蛰虫复生》，《悟道录》上卷，《藏外道书》第 8 册，第 604 页。

② （清）刘一明：《颠倒阴阳论》，《会心内集》，《藏外道书》第 8 册，第 656 页。

③ （清）刘一明：《悟真直指》卷一，《藏外道书》第 8 册，第 347-348 页。

④ 炼己：惩忿窒欲；心灰意冷；忘情绝念；富贵不淫，贫贱不移；不贪名利，不恋声色，损己
利人，虚心请益；众善奉行，诸恶不作；志念不退，勇猛精进；主心一定，至死无二。筑基：牢固阴
精，不伤神气；全身放下，物我皆空；以天地为怀，以万物为体；幽隐不欺，暗室无亏；虎咒不怕，
威武不屈；生死不顾，疾病不忧。《修真后辨》，《藏外道书》第 8 册，第 514 页。

⑤ （清）闵一得：《栖云山悟元子修真辩难参证》，《藏外道书》第 10 册，第 241 页。

⑥ （清）刘一明：《悟真直指》卷一，《藏外道书》第 8 册，第 337 页。

情精神聚于一气，仁义礼智归于一信，是谓四象和合，五行攒簇。盖道心有金水之气，人心有木火之气。道心主刚，象金，刚则能以变通，象水；人心主柔，象木，柔则能以温和，象火；道心人心合一，归于中正，象土。以道心而制人心，以人心而顺道心，刚柔得当，四象和合，五行攒簇。所谓颠倒，因后天顺行造化而言。顺行之道，以人心用事。人心用事，道心埋藏，所以火上炎而水下流；逆用之道，以道心用事。道心用事，人心受制，所以水上潮而火下降。一逆一顺，圣凡分之。金丹之道，或言金木颠倒，或言水火颠倒，或言阴阳颠倒，或言有无颠倒，颠倒处居多，总以颠倒道心人心为归着，大旨不出于此。①

需要指出的是，与道心、人心相联系的真知、灵知，在刘一明看来，"真知具于道心，主刚健，发而为真情；灵知藏于人心，主柔顺，含而为灵性。真知灵知分离，则健非所健，顺非所顺，刚柔失节，真情灵性变而为假情假性矣。真知灵知相合，则健所当健，顺所当顺，刚柔随时。假情假性，变而为真情灵性矣"。②这里，刘一明将道与心、道心与人心、真知与灵知、真情与灵性相互联系起来。

在《叹道歌七十二段》③中，刘一明用简洁的语言将道体与道用表达出来，并进行了解释。他的感叹仍然是劝解学道者立志访师明道。他感叹道不明、道不贵、道不通、道有难、道门开、道缘堕、道可伤、道衰败、道自然、道长久、道无奇、道不见、道待人、道久昧、道要传、道贵悟、道在柔、道果决、道无缘、道不小、道便宜、道贵好、道贵和、道不见、道贵诚、道是宝、道本无、道深奥、道极尊、道中正、道最深、道在迩、道路悠，他要人明白道要学、道至中、道无诈、道至公、道深厚、道甚平、道无价、道法该、道难作、道味香、道无首、道梯高、道难测、道妙元、道简便、道无偏、道有五、道清闲、道自在、道不难、道要证、道通神、道无状、道不全、道极邃、道无根、道实异、道最真、道至细、道本空、道无色、道在身、道微妙、道贵勤、道无两、道多端、道有始、道有禁、道莫说。

---

① （清）刘一明：《颠倒阴阳论》，《会心内集》，《藏外道书》第8册，第656页。
② （清）刘一明：《悟真直指》卷一，《藏外道书》第8册，第336页。
③ （清）刘一明：《叹道歌七十二段》，《悟道录》下卷，《藏外道书》第8册，第618—627页。

二　刘一明的"道"本体之具体内容

分析了刘一明信仰之"道"的内涵，而"道"又是有具体的表现内容，现将其主要内容分析如下：

（一）刘一明的"天人同构"观

刘一明以《阴符经》"人身一小天地"的哲理为宗，借鉴了理学的宇宙生成论无极—太极—阴阳—五行—万物化生的宇宙论解释丹道原理。宋代周敦颐《太极图》曾描绘了宇宙生成秩序："无极而太极。太极动而生阳，动极而静；静而生阴，静极复动，一动一静，互为其根。分阴分阳，两仪立焉。阳变阴合，而生水、火、金、木、土。五气顺布，四时行焉。五行，一阴阳也；阴阳，一太极也；太极，本无极也。五行之生也，各一其性。无极之真，二五之精，妙合而凝。乾道成男，坤道成女。二气交感，化生万物。"[①]刘一明将周敦颐的宇宙生成秩序演变为：无极—始极—太极—阴阳—五行。据此，他解释人在宇宙中的形成过程：无极，无之极，即是一无而已，无声无臭，虚空之境。在此虚空之境中，先天一点祖气，在男女阴阳二气交感之时，入于精血之内，陶镕精血，混而为一，无形而即生形，无质而即生质，此为胎中面目；到始极，即始之极，未交于后天，虽与后天相混，纯是先天管事，无识无知，一真而已，因其在始之极，由无而方始，此为婴儿面目；到太极，即大之极，大极则必小，阳极则必阴之时，但小未来，阴未生，先天用事，后天伏藏，虽有识有知，根尘尚未发，客气尚未侵，此为孩儿面目；到二八气足，阴阳两分，各居一方，真中有假，于是知识渐开，善恶分别，于是五行亦乱。五行者，金木水火土之五气也。五行在先天，则土生金，金生水，水生木，木生火，火生土，五行一气，发而为仁义礼智信之五德；在后天则土克水，水克火，火克金，金克木，木克土，五行相戕，发而为喜怒哀乐欲之五贼。五行相合，则五德备而阴阳混一；五行分散，则五贼兴而阴阳驳杂。五行一分，识神渐起，根尘渐发，真者退位，假者当权，孩儿面目亦失。阴阳判，五行分，后天一交，先天退位，于是秉受气质之性发，外来习染之尘生。六根门头，门门招贼；七情孽种，种种生灾。纯白之体，渐渐阴气入内。阴气一入，阴气渐长，阳气渐消，长而又长，消而又消，顺其所欲，

———————

[①]（宋）周敦颐：《周易图》卷上，《道藏》第3册，第130页。

无所不至。后天用事，阴进阳退，日复一日，年复一年，内而万念作殃，外而万物牵引，内外夹攻，阳气消尽，一身纯阴，三宝耗灭，魂魄难存。[①]这样，刘一明将"天"与"人"以"身天同构"理论紧密联系起来，在"无极—始极—太极—阴阳—五行"的宇宙演变过程中，人经过了"胎中面目—婴儿面目—孩儿面目—二八气足，阴阳分判—五行错乱"的演变。这为其逆人道而行的层层盘剥之丹道修炼必要作了解释。

（二）刘一明的性命观

在"天人同构"的哲学基础上，刘一明阐释了其丹道修炼的演变过程，这种修炼的载体便是人的"性"与"命"，也即修炼即是对人的"性"与"命"的修炼。为此，刘一明将许多概念二重化，如先天与后天、内与外、逆与顺、真与假、他家与我家、人心与道心，等等，且此二重不是对立的，是可以转化的，转化的条件就是进行修炼。

在道教中，对于"性命"的解释，侧重点有所不同。刘一明对于"性命"的解释承袭了道教传统，将"命"与气、身联系起来，将"性"与神、心联系起来。但"命"与"性"都是与"心"相关联的，也可以说"心统性命"。在刘一明看来，"命"是对"人心"一扣的回应，回应则气活，气活为命蒂；"性"则由"心"生，因为"心"为神舍，心明则神清，神清则性定。

刘一明将"命"二重化，为分定之命与道气之命，分定之命即天数之命，有夭寿有穷通，有富贵有困亨，个体差别很大；道气之命，刚健纯粹，齐一生死，永劫长存，天地不违，阴阳不拘，没有个体差别。以"命"的真假而论，天数之命为假，道气之命为真。以"命"的生成与形态而论，男女媾精，万物化生，即是命；恍惚中物，杳冥内精，即是命；地逢雷处见天根，天根即是命；有欲以观其窍，窍即是命。命属他家，非后天之气，非肾中浊精，非以令为命。

因人即身，身是命之载体，所以，人要在人身上修命。刘一明又将"身"分为幻身与真身，认为幻身是"借父母之精血"而形成，他把这种肉体的、物质性的呼吸之命看作是虚幻的，假的，要人们弃假从真，借假修真；他认为真身即法身，是先天之气未走失之命，是精神性的，借假修真即是"借父母精血之身"进行修炼，因为其中有先天之气，"此先天之气日生夜长，阳

---

① （清）刘一明：《象言破疑》，《藏外道书》第 8 册，第 176–179 页。

极必阴；乾宫之阳先于坤宫，于是乾虚为离，坤实成坎。曰离者，离去其阳也；曰坎者，坎陷其真也。阳陷於阴，不属於我，故曰他家"①。借幻身修真身之过程，即是"分定之命"复全"道气之命"的过程；这一过程，即是幻身死亡，真身长生的过程。幻身之死，即分定之命的结束，真身之生，也即道气之命的长生。他指出，幻身不死，真身难脱；真身不生，则幻身不死，生死不并立，真幻不同途。因此，据"心统性命"，刘一明认为："圣凡之别，只在有心无心之间耳，有心是凡夫，凡夫有生必有死，无心是圣人，圣人无生亦无死。"②

那么，凡人如何了生死呢？在刘一明看来，首先是学者要穷生死之理。他认为，了命不了命，是在道理上分别，能了道，虽死如生，意即对"命道之理"的明了，即可"长生"。即使死，所死的仅是幻形，而"道"是不死的。他认为，呼吸之气有不等于命之生，呼吸之气无也不等于命之死。人之生死，虽不离呼吸之气，而其根源，并不在于呼吸之气。这是与旁门外道所不同的。以幻身生死为真，以真身生死为假；以先天虚无之气为假，以后天呼吸之气为真也。他认为修道至无生无死，方是了却生死，而知生死之理，则能长生不死，则能无生无死。这是对庄子所谓"摄精神而长生，忘精神而无生"的齐生死思想的继承与发展。这也足见其强调人的主观能动性，认为"生死由己不由天""人能胜天"，这与孔子、颜回之顺命，"不敢违天以自由，故死"之说不同。对于生死问题，闵一得也认为，幻身有生死，道无生死，真身是长寿的，夭寿不二。其次，要脚踏实地地修道。具体修道的程序、方法、原则等其后论述。

那么何谓"性"呢？刘一明将"性"分为天赋之性与虚无之性，天赋之性从阴阳中来，虚无之性从太极中来；可他又将"性"分为天赋之性与气质之性，天赋之性，良知良能，具众理而应万事；气质之性，贤愚智不肖，禀气清浊邪正不等，天赋之性为真，气质之性为假。真者，先天之物，假者，后天之物，先天在阴阳之外，后天在阴阳之中，真假不同，性命有异。可见，实际上，刘一明是将"性"划分为了气质之性、天赋之性与虚无之性，只是划分的标准不同，气质之性与天赋之性是按照先天与后天来划分的，天赋

① （清）刘一明：《他家我家》，《修真后辨》，《藏外道书》第 8 册，第 504 页。
② （清）刘一明：《道德会义》卷三,五十章，榆中栖云山藏版，嘉庆八年。

之性与虚无之性是按照先天的不同阶段来划分的，虚无之性是天赋之性的延伸。修道即修天赋之性以化气质之性。所谓"性"，不识不知，顺帝之则即是性，圆坨坨，光灼灼，净倮倮，赤洒洒。乾遇巽时观月窟，月窟即是性，无欲以观其妙，妙即是性。[①] 性属我家，非灵明知觉，非顽空寂灭，非禀受气质。

关于"性"与"命"的关系，刘一明认为，人自有生之初，性命一家，阴阳一气，渐生渐长，年至二八，阳气已足，一阴潜生。只是人自先天之气失散，于命有亏，我家之气失于他家，所以必用他家不死之方招摄已失之气数。天赋之性，至善无恶，且具众理而应万事，但因至善中正之"良知良能"落于后天，知识开而私欲杂，气质发而天良昧，客气用事，正气退位，阳陷阴中，真为假蔽，良知有昧。良知良能，俱变不良，无复纯白之体，故古圣人设金丹返还之道，使人人归家认祖，复我本来原有之物事。这样先求他家不死之方以立命，后求我家原有之物以了性，性命俱了。刘一明说："修命者，超凡之事，修性者，入圣之事。超凡，所以脱幻身，入圣，所以脱法身。"[②] 他认为，修道者若知修天赋之性，以化气质之性；修道气之命，以转天数之命，性命之道得矣。穷得此性命，方是知性命；知得此性命，方能修性命。同样的道理，刘一明在《悟真直指》中也这样阐述道："本来性命一家，并无两串，因交后天，阴阳相离，一而成两，性命各别矣。性命各别，于是性不能顾命，命不能顾性。命为物夺，不能自主，性亦由是而乱。性乱命摇，邪正相混，理欲交杂，假者用事，真者退位，日复一日，年复一年，阴气剥阳于尽，性命未有不倾丧者。故金丹之道，必先有为于后天中返先天，还我原来命宝。命宝到手，主宰由我，不为造化所移。于是抱元守一，行无为之道，以了真空本性，宜超最上一乘之妙道矣。"[③]

对于"性"与"命"，刘一明认为，以体言，命有尽头，以道言，命与性没有穷尽。对此，闵一得认为世数与道皆无尽。可见，刘一明珍视的是精神性命。他说："珠玉金银身外物，精神性命本来珍。"[④]

---

① （清）刘一明：《真假性命》，《修真后辨》，《藏外道书》第 8 册，第 498—499 页。

② （清）刘一明：《敲爻歌直解》，《藏外道书》第 8 册，第 432 页。

③ （清）刘一明：《悟真直指》卷二，《藏外道书》第 8 册，第 368 页。

④ （清）刘一明：《学人二十四要》，《金丹四百字解》，《藏外道书》第 8 册，第 577 页。

刘一明对关乎人"性命"的"道"的信仰是一个渐进的过程，由渐修到顿悟。最初，对"命"的理解即为对肉体的、生物意义上的命，"了命"便是对肉体生命所遭受痛苦的解决，由"了命"的渐修过程逐渐悟得"了性"，这也就是他"有为了命"与"无为了性"，以及中下之人的"先了命后了性"之原因，而"了性"是对"了命"的一种超越与超脱，不执着于对人的肉体长生不死的坚持，就是除却肉体生命之外，人生还需要关注的"生命"，即精神性生命。这种性命观，既是他人生观与生命观的体现，也是对全真教龙门派"先性后命"思想的继承。既具有个体性，又具有时代性。从心理学角度分析，对精神性生命的追逐是人的一种较高的需要。马斯洛人的需要层次理论认为人有五种基本的需要：生理需要、安全需要、归属与爱的需要、尊重需要、自我实现需要。后来又在尊重需要和自我实现需要之间增加了认知需要和审美需要。这些需要属于不同的层次，构成了一个需要的"金字塔"。马斯洛指出，只有低级需要基本满足之后，才会出现高一级的需要，也就是说，人的基本需要是由低级向高级发展的，具有连续性。但同时马斯洛也承认，也会有一些例外和颠倒的情况，表现出跳跃性。这就是说，人在满足肉体生命之外，需要一种精神性生命，而肉体生命与精神生命又是紧密联系的，这也是刘一明所阐述的"命"与"性"的关系。

刘一明关于"性与命"的解释不断在"意象"与"具象"间来回穿梭，以致让人混淆所指的"意象"与"具象"。这种不知疲倦的穿梭似乎隐藏着刘一明对于"命修"长生理想的一次又一次的幻灭与修正，至"道心之命"此意象的不断凸显。不论是自身身体的表征，还是从师、从经书的不断求索与印证，都显示了刘一明的性命双修理论经过了修命—修性—再修命—再修性的否定了再否定的螺旋式的发展，且双重"修命"与"修性"的内涵是不同的，第一层次的"修命"仅是"修养身体"，不具神圣性；第二层次的"修性"，是为修命而进行的"性修"，修性是修命的辅助手段，仍以修命为主，此时的"修命"已具神圣性；再修性，是对再修命的升华，即强调"生命长生"的精神性，精神的体现是"混俗"所发之"光"。实体性的"生命长生"已成幻灭，这也显示出刘一明信仰理论之理性。

（三）刘一明的人性观

对于每一个超脱物外之人来说，大概最初都难以避免地在内心揣摩"神仙是否可学"与"金丹是否可修"，在愿望与怀疑之间踌躇良久。他们揣摩的不仅有对"长生神仙是否存在"与"金丹是否真能了性命"的半信半疑，而且还有因不自信与无体验而产生的对自我以及他人"是否可学神仙"与"是否可修金丹"的怀疑。然而，正是在这种半信半疑中，多数人一步一步地在学神仙，在修金丹。进而，在自我的真履实践中形成了独具特色的神仙可学论与金丹修炼论。

刘一明的"神仙可学论"的形成，自然是在对人的充分肯定的基础上形成的。历史上，在谈到教育的可能性时，先贤们大多要从人性论出发（不管是孟子主张的人性善，还是荀子主张的人性恶，甚至或是王阳明主张的人性无善无恶），去证实教育的可能性。毫无例外，刘一明也选择了相同的路径，他说："人之初，性本善，原无圣凡之分；因积习之气，即有凡圣之别。习于善，不失天赋之性者，即为圣；习于不善，失其天赋之性者，即为凡。若不善者而知改过迁善，去邪归正，习之于善，复其天赋之性者，虽凡亦圣；若本善者不知戒谨恐惧，随风起尘，习于不善，迷其天赋之性者，即圣亦凡。"[①] 每个人有生之初，先天之气，人人皆有，毫无差别。差别在于，先天交于后天，有人保存好天赋之性为圣，有人天赋之性为后天积习污染成凡。因此，据人所秉之气的清浊邪正的不同，他将人分为上士、中士与下士三种人，上士之人少之又少，大多为中下之人。但他又认为，只要肯勘破世事，立志修行，人人皆可成圣。他在《通关文》中说："既在人类，负阴抱阳，即有天地之造化，人人可以为圣贤，人人可以成仙佛，但要至诚进步，屈己求人，由近达远，经久不怠耳。"[②] 他又认为人人具足良知良能，个个圆成，处圣不增，处凡不减，乃仙佛之种子，圣贤之根本，意即人人可学神仙，只是由于人的资质不同而径路与目标不同而已。这与朱熹的路径是一致的。朱熹将人性分为天命之性与气质之性，认为人人性本善，都有仁义礼智之理，但他又以人所禀气之不同把人分出高下等级。他认为，禀清明之气，无物欲之累，则为圣为贤；禀清明而未纯全，则未免微有物欲之累，而能克以去之则为贤；禀其浑浊之气为物欲所蔽，而不能去，则为愚不肖。

据先天之气具备的程度，刘一明又将人分为上德与下德之人，并就不同的人用不同的方法进行修炼作了阐述。他认为，先天全则为上德，先天

---

① （清）刘一明：《悟道录·水冻冰消》卷上，《藏外道书》第 8 册，第 590–591 页。

② （清）刘一明：《通关文·暴弃关》下卷一，《藏外道书》第 8 册，第 236 页。

亏则为下德。上德之人,即是体全德备,乾阳未伤之人,也即先天之阳未伤,不是后天之身未破。当乾阳具足之时,纯粹至精,浑然一气,五行攒簇,四象和合,宝物佳珍,件件俱全。若无保全之法,则必阳极生阴,圆极即亏。知之者急求明师口诀,不待阴生,即用以道全形之法,运天然真火,炼尽一身阴气;用六而不为六所用,以成后天之功;阴尽阳纯,可以长生不死。下德之人,即是自阳极阴生之后,先天已散,五行各分,四象不和,诸般宝物皆失。所以,要行有为之法,窃阴阳,夺造化,后天中返先天,则当年故物,方能无而复有,去而又来,还我一个完完全全家当也。还其原物,命基已固;别立鼎炉,行无为之道;温养圣胎,十月气足,脱出法身,与上德者同归一途。也就是说,上德者不待修命而即修性,性了而命亦了。下德者必先修命而后修性,了命又必了性。了命者有为,了性者无为。有为无为之道,为上德下德者下手而设。若到大道完成,不但有为用不着,即使无为亦用不着。上德之人,行无为之法,有为之事即在其中,性了而命亦全;下德之人,先行有为之法,先延命,由渐而顿,由勉而安,到得了命之后,与上德者同归一辙,始可以无为。对此,闵一得认为,所谓上德、下德,均据现在而言。人知自悟,但自靖我内库,步步不离还返。行我炼精返气,炼气返神,炼神返虚,炼虚返道;造至道返自然,则我内库已成无上法藏,三世三才,返成一粒黍珠,到此时,就没有上德下德可分,也没有了性了命之别。他还认为,上下德是就修下手处而论,就此论,男女也有分别,此言其理,非言其形。女子成道以后,剥尽群阴,变为纯阳之体,与男子成道相同,故曰:女转成男。老者成道以后,复还先天,成其纯阳之体,与童子圆满相。[1]

刘一明认为,人人具足良知良能,是否意味着人人皆可修道呢?答案是否定的。他认为,六根不全之废疾人不适合修道。因为道为天地所贵,窃阴阳,夺造化,是大圣人之事。而废疾之人,形有所限,气有所塞,没有能力做此惊天动地之事。若付大道,必将有用之宝,置于无用之地,决遭天谴,故不敢授。对于六根不全,而行大功大行之人,可以以性理小乘,使其修来去之路,至于金丹大道,决不敢授。此中秘密,惟闻大道者,自知之。[2]他还认为,即使对六根全的人,也要因人立教。其中,既有学人的问题,又有老

---

① (清)闵一得:《栖云山悟元子修真辩难参证》,《藏外道书》第 10 册,第 236 页。

② (清)闵一得:《栖云山悟元子修真辩难参证》,《藏外道书》第 10 册,第 254—255 页。

师的问题。大抵学人上智者少，中下者多。故祖师以性理度中人，以命理度上智，因人而立教。命理，乃九还七返金液大还丹之道，万劫一传。若非真正丈夫，抱金刚之志，负圣贤之姿者不能得。而真师亦不敢传，即强欲传之，暗中鬼神阻挡。盖以其人非载道之物，传之匪人，泄天机也。若性理守中抱一之道，即中下之流，德行之士，不妨度引以全形。盖以性理，乃自有之天机，无窃取造化之说，不大关系。然非其人，不得妄传。亦有传授之师，仅知其性，而不知其命者。亦有学人仅得其性理，而不知其命理者，不可一概而论。[①]

第二节 刘一明"道"论形成的影响因素

由于种种机缘，刘一明坚定了对"金丹大道"的信仰，并身体力行地进行实践。然而，其"道"论的形成并不是于一朝一夕间形成的，而是在老师的指导下，经过其自身不断地学习前人的"道"论，践履后不断体悟而形成的。

刘一明道论建构的影响因素也是多元的，在此，主要谈谈以《论语》为核心的儒家思想以及王阳明心学对其丹道思想的影响，也兼及《悟真篇》与《参同契》对其丹道思想的影响。

一 以《论语》为核心的儒家伦理思想对刘一明丹道论建构的影响

（一）影响的表现

刘一明的丹道论的建构受到了以《论语》为核心的儒家思想的影响，主要表现在以下三个方面：

1. 良知良能与金丹

"良知良能"最早是由孟子提出的，"良知"是指人先天具有的"不虑而知"的道德认识能力，"良能"是指人先天具有的"不学而能"的道德实践能力。这种道德范畴指向了儒家提倡的孝、悌、忠、仁、义、礼、智、信等伦理道德。北宋张载进一步阐释说，"良知"这种"天德"是人之"性与天

---

① （清）闵一得：《栖云山悟元子修真辩难参证》，《藏外道书》第 10 册，第 255 页。

道合一"状态下的"德性所知",这种道德认知"不萌于见闻",也即先天的、内在的,无须接触外界事物就具有的。王阳明承袭孟子、程子等人对"良知"的阐释,进一步对"良知"进行了阐述。刘一明在对金丹的阐释上就将儒家伦理道德思想融入了其中。他说:"金丹,即人秉受于天,至善无恶,良知良能,圆成无亏之灵根。"① 他将金丹解释为良知良能,进而又将良知解释为气,先天至阳之气,即天赋之性,更重要的是,他将这种禀受于天的"天赋之性"指向人之德性,是至善的,是与天道合一的。这与张载的良知论也是一致的。

2. 修仙道与修人道

修道的目标是丹就仙成,刘一明认为人人具足良知良能,都可以成圣成仙成佛。他接受了冘谷老人和齐丈人的观点,认为要修仙道必须先修人道,而所谓的"修人道"就是按照儒家提倡的伦理道德来为人与处世,进而成就君子。儒家的最高境界是成为圣人,孔子培养的是君子,他认为,"君子"虽不能与圣贤相提并论,但已是最接近圣贤的了。君子即道德高尚的人,他们可以按照社会的"礼"制内容来行事。在春秋时期,"礼"泛指奴隶社会的典章制度和道德规范,既指"周礼"之礼节、仪式,也指人们的道德规范,涵盖了伦理、社交、外交活动等诸多方面,与当时人们的生活密切相关。当时的"礼制"作为一种政治制度,有两个重要原则,即"尊尊"和"亲亲"。所谓"尊尊",就是按照社会等级,要求低贱者尊崇尊贵者;所谓"亲亲",包括父慈、子孝、兄友、弟恭,等等。孔子认为,在"礼"制的约束下,君子应具备仁、知、勇三个面向的人格。孔子说:"君子道者三,我无能焉:仁者不忧,知者不惑,勇者不惧。"② 所谓的"仁者"即是刚强、果敢、朴实、谨慎,具有这四种品德便接近于仁。他说:"刚、毅、木、讷近仁。"③ 因为"仁"是礼制根本,孔子说:"克己复礼为仁",④ 在这里,孔子以礼来规定"仁",认为依"礼"而行就是"仁"的根本要求。孔子所谓的"知"表现为"不惑",具有多重含义,从"知"的对象上来说,包括知人、知礼、知天命。

---

① (清)刘一明:《悟真直指》卷一,《藏外道书》第 8 册,巴蜀书社 1994 年版,第 335 页。

② 杨伯峻译注:《论语译注》,中华书局 1980 年版,第 155 页。

③ 同上,第 143 页。

④ 同上,第 123 页。

孔子所谓的"勇"指勇于为义之勇，表现为"不惧"。孔子认为，成就君子人格需要仁、智、勇的相互补充，在三者中，"仁"占统摄地位。他说："里仁为美。择不处仁，焉得知？"①因此，"仁"成了衡量是否具有君子人格时最重要的标尺，以至于成了君子的标志。此外，君子具有庄重、忠信、敏事慎言、重行求己的品格。君子以义作为根本，用礼加以推行，用谦逊的语言来表达，用忠诚的态度来完成。他说："君子义以为质，礼以行之，孙以出之，信以成之。君子哉！"②在孔子看来，常人通过自己的努力完全可以成为"君子"。

刘一明因受到了龛谷老人和齐丈人的影响，将儒家成就君子的伦理道德要求作为道教修道成仙的前提。龛谷老人要刘一明先尽人事，后办己事，即学道之事。"尽人事"可理解为先处理别人之事，对于父母，首先要"尽孝道"。进而扩大范围，不仅包括父母，而且包括兄弟、君臣、朋友、师生以及统治者与百姓之间的关系，这种关系是基于以"仁"为根本的"礼"制上的，这也便是齐丈人所说的"礼下于人"。龛谷老人的"尽人事"与齐丈人的"礼下于人"也即是对刘一明修道前提的一种规定，意即修道之事不是随便事，只有具备了孔子的君子人格才可以修道，这就将儒家的伦理道德与修道联系了起来，也即刘一明后来体悟到的"非大圣大贤"不能修的结论，也即他"圣人"同"仙人"的观点，这与他的教化对象观是一致的。一方面，他主张人人具足良知良能，都可以成圣成仙成佛；另一方面，又认为废疾之人不可修。在权力上，修道人人平等，而在个体能力上又有所限，这也与他的人性观是一致的，将人分为上、中、下三等。关于这点，既体现在他的"修道"与"修德"之间关系的认同上，也体现在他关于修道之人所应具有的人格观点上，也即在《修真九要》《神室八法》与《通关文》中所要求的。关于"修道"与"修德"的关系，③在刘一明看来，修道之"功"表现为：苦己利人、勤打尘劳、施德不望报，有怨不结雠，有功而不伐，有难而不惧，见义必为者即是。修德之"行"指人的善行、"德行"，表现为：恤老怜贫、惜孤悯寡、施药舍茶、修桥补路、扶危救困、轻财重义、广行方

---

① 杨伯峻译注：《论语译注》，中华书局1980年版，第35页。

② 同上，第166页。

③ 白娴棠：《性命双修视域下刘一明的"道""德"论》，《宗教学研究》2012年第1期。

便者即是，且人之"德行"是可以量化的，善行越多，积德越多，功德越大，乃至无量功德，几乎接近"道"。他认为，修道是为己之事，是内功；而修德是为人之事，是外行，也即外面积德，内而修道。修道和修德的关系是"道德两用，内外相济"，[①]是体用关系，道为体，德为用。从刘一明对修道实践性的阐释上来看，他的实践更多指向了人的德行，道德践履。他将"积德修行"作为"修真九要"第二要。[②]在十八段修道次第中，他将"积德立行"作为第一。[③]

3. 修道过程与修道方法与儒家思想的融合

在修道的路径上，刘一明循着道教的传统路径，将人修道之自身小宇宙与天运行之大宇宙相比拟。具体来说，刘一明将宇宙生成秩序描述为：无极—始极—太极—阴阳—五行。在此宇宙生成演变的过程中，人经历了"胎中面目—婴儿面目—孩儿面目—二八气足，阴阳分判—五行错乱"几个阶段，在此演化过程中，在"二八气足，阴阳分判"阶段，金木水火土五行错乱，喜怒哀乐欲五贼兴起，人先天的良知良能俱变不良，此前五行五气在先天相生，聚为一气，发而为仁义礼智信之五德。因此，人需要修道复原婴儿面目。这里，刘一明就将修性命的丹道融入人的先天的"良知良能"的恢复。刘一明立足道教，将"金丹"赋予了更多的道德色彩，将"良知"神秘化、神圣化，道教"金丹"具有亦道亦儒的双重性。

在修道方法方面，基于对金丹的阐释，刘一明将人之德性的养成落在自我尽心修心上了，这就将先天的、至善、不可控的德性转向了人后天、不善、可控的道德修行。在修心方面，刘一明在其著作《神室八法》中从不同的维度进行了阐释。

《神室八法》之"神室"就是指"心"，"八法"就是指"刚、柔、诚、信、和、静、虚、灵"，有的版本在八法前加上了"孝""悌"。[④]其中，刚、诚、信、和、孝、悌很明显就是儒家思想的体现，就连"柔、静、虚、灵"四法，在刘一明看来，更多强调的是人心之修炼，也具有道德规范层面的蕴意。

---

① （清）刘一明：《修真九要·积德修行第二要》，《藏外道书》第 8 册，第 529 页。
② （清）刘一明：《修真九要》，《藏外道书》第 8 册，第 528—537 页。
③ （清）刘一明：《尽心穷理》，《修真后辨》，《藏外道书》第 8 册，第 516 页。
④ （清）刘一明：《神室八法》，《藏外道书》第 8 册，第 518—526 页。

刘一明认为，讲究"孝"是人道，非仙道。他告诫学道者，欲学仙道之长生，必先修人道之孝行。因为人道未了仙道难全，且人仙合道，参而行之，圣凡同肩。他又认为孝是德之基，天之心，地之程，人之本；立德之基，体天之心，全地之程，固人之本。人道如此，仙道亦如此，如此则可以为人，可以为仙。对于"悌"，刘一明又认为，兄弟是手足，本就同形同气，若兄弟不和不睦，则身外之形气丧失。孔子认为孝悌是"仁"之本，他说："孝悌也者，其为仁之本欤。"①刘一明认为，"刚"，即强健，果断，壮盛，锐气，利器，神室之梁柱。善用其刚者，富贵不能淫，贫贱不能移，威武不能屈；可以和而不同，内外如一，工夫不歇。很明显，刘一明对"刚"的解释承袭了孟子对"大丈夫"具有的"浩然正气"所体现出来的"刚性"，即"富贵不能淫，贫贱不能移，威武不能屈"。此外，孔子也认为"刚强与果敢"是君子所应具有的"仁"德所表现出的两种品德。他说："刚、毅、木、讷近仁。"②"柔"，即顺，弱，克己，自屈，自退，自卑，无我，有人，无妄，淳朴，老实，是神室之木料。善用其柔，有若无，实若虚，犯而不校，修天爵，轻人爵，求法财，远世财，不与世争。"诚"，即敦厚，专一，老实，无欺，不隐，不瞒，是神室之基址。善用其诚，反朴归淳，黜聪毁智，主意一定，始终无二。"信"，即中孚，无惑，不易，见真，有主，是神室之椽瓦，攒簇一气，遮蔽上下，护持全室。在刘一明看来，"信"使忠孝廉耻，俱尽其道；仁义礼智，各得其宜。是非不杂，邪正分明，初念不改，正念常存。在尘出尘，住世离世。缓急先后、进退收放自如。彼我如一，身心不二。大道始末，以信为归结，酒色财气，皆以信验；喜怒哀乐，皆以信正；视听言动，皆以信印；品行高低，皆以信分；有无邪正，皆以信别；五行四象，皆以信攒。关于"信"，孔子认为，诚信是人安身立命之本，他告诫弟子道："人而无信，不知其可也。"③不管是政府对百姓，还是人与人的日常交往都要做到"言而有信"。"和"，即无大小，无内外，无边岸，无形色，即通，顺，悦，从容，徐缓，是神室之门户。天得之而四时顺，地得之而万物生，人得之而性命凝。孔子主张"和为贵"，他说："礼之用，和为贵。先王之道，斯为美；小大由之，

---

① 杨伯峻译注：《论语译注》，中华书局 1980 年版，第 2 页。
② 同上，第 143 页。
③ 同上，第 21 页。

有所不行，知和而和，不以礼节之，亦不可行也。"① "静"，即定，寂，不动，内安，无念，无欲，是神室之墙壁，可以稳定梁柱，坚固上下。这里的"静"非顽空寂灭之学，亦非参禅打坐忘物忘形之说，乃常应常静，身在事中，心在事外之意。真静即一意不生，一念不起，时时顾道，处处返照。"虚"，即空，无，宽，无形，无色，即去除杂念，变化气质，是神室之堂中。道至空虚，无形无色，四象五行，三元八卦，混而合一，浑沦太极，神室圆成。"灵"，即先发制人，义不及宾，追摄先天，央决后天，调和性情，外圆内方，被褐怀玉，心死神活，静观密察，炼己待时，窃夺造化，从无守有，不欺不瞒，常应常静，是神室之主人。修道者具此一法，可以动，可以静，可以刚，可以柔，诚信得中，和静得正，性命得了，神室有主。刘一明在洗心亭所作的《神室八法》是对修道者内在素质的要求，这里，他将以《论语》为核心的儒家伦理道德范畴的"仁""义""礼""诚""信""孝""悌"等概念融摄无余，并与阴阳、五行有机地结合起来。

此外，孔子特别注重一个人的道德践行，他主张"慎于言而敏于行"，反对"言过其行"。他要求学生"言必信，行必果"，平时考查学生不仅通过"听其言"，而且要"观其行"。在这一方面，刘一明也反复强调，修道是脚踏实地之大事，主张践行丹道。

（二）影响的原因分析

先秦时期的儒家思想经过汉代董仲舒"罢黜百家，独尊儒术"确立了其统治地位，中国古代便形成了以儒家思想为主的思想格局，儒道理论在产生与发展过程中自然而然地受到了其影响。

1. 刘一明入道前为应科举而学习《论语》等儒家经典

生活在乾嘉时期的刘一明，由于家资深厚，从小就被定向朝科举取官之路发展，故其自幼习儒，那时，科举考试的教材是四书五经及其注疏，刘一明志图功名，且为应科举而苦读致伤痨症；后来，他有入道之心后，其父恐其外游，遂捐国学，使务举业，刘一明假托求功名之事，游京都，潜访明人，如此五年有余。在这五年之中，虽然刘一明没有用心学习儒家经典，但《论语》等儒家经典及其注疏作为科举考试的内容应是刘一明耳熟能详的，其思想也不可避免地会对刘一明及其丹道论的建构产生一定的影响。

———————

① 杨伯峻译注：《论语译注》，中华书局1980年版，第5页。

2. 刘一明入道时《论语》思想对其悟道的启发

刘一明因应科举而苦读致伤，久治不愈，便想要赴西省亲，寻觅良医，调治沉疴，在西行路上，他遇到了几位道人，使他从一心慕道发展到坚定学道。他们告诫刘一明修道要先"尽人事"，要"礼下于人"，齐丈人还特别要求刘一明看《论语》以启发其悟道。

（1）龛谷老人：先尽人事。

龛谷老人是刘一明坚定学道之后第一位寻访的高师，他的思想深深地影响了刘一明，不仅包括刘一明对丹道的认识，也包括其丹道思想对儒家伦理思想的吸收。在刘一明的父亲寻觅到他后，他回至巩郡月余，又造访龛谷老人，对刘一明说："孝道不可亏！"老人看见刘一明担心自己性命难保，面有难色，又嘱咐刘一明说："我传给你保身之术，放心回去，先尽人事，再办己事。"这里，龛谷老人针对刘一明不听其父劝导的心理多次指出要修道先要"尽人事"和"修孝道"。"尽人事"便是遵从以《论语》为核心的儒家思想所提倡的仁义道德的"礼"制去为人与处世，其中包括对父母的孝的规定。

（2）齐丈人：礼下于人。

齐丈人是刘一明的父亲病故后他又访谒的一位高师，当刘一明向齐丈人求丹道要秘时，丈人指点说："只向自己作功夫，到不了佳境，若礼下于人，必有所得，其它真实，不难为我所有。"当刘一明不能解悟时，丈人取《论语》给刘一明看，直到刘一明忽有所悟。齐丈人指点刘一明要"礼下于人"，并用《论语》来启发刘一明解悟丹道的修炼首先是要解决做人的问题，即先要"炼己"来"筑基"。在其丹道修炼论中，刘一明解释"炼己"为：惩忿窒欲；心灰意冷；忘情绝念；富贵不淫，贫贱不移；不贪名利，不恋声色，损己利人，虚心请益；众善奉行，诸恶不作；志念不退，勇猛精进；主心一定，至死无二。"筑基"表现为：牢固阴精，不伤神气；全身放下，物我皆空；以天地为怀，以万物为体；幽隐不欺，暗室不亏；虎咒不怕，威武不屈；生死不顾，疾病不忧。[①]在十八段修道次第中，他将"炼己筑基"作为第二紧要之事，[②]

---

① （清）刘一明：《修真后辨》，《藏外道书》第8册，第514页。
② （清）刘一明：《尽心穷理》，《修真后辨》，《藏外道书》第8册，第516页。

更为明显的是，在《丹法二十四诀》①中，他将第二诀"炼己筑基"概括为"惩忿窒欲，克己复礼"。由此可见，刘一明承袭齐丈人将"炼己"作为"修道"的基础，而"炼己"包括的内容则是以《论语》为核心的儒家伦理思想所强调的人格特征，这些人格特征均是在"礼"制规定下表现出来的。

综上所述，刘一明丹道理论的建构吸收了以《论语》为代表的儒家伦理思想，因此，其丹道理论的特点之一便是儒道同理，因此，刘一明认为道教具有如同儒教一样的教化作用。

从归宿上来说，刘一明认为，儒道兼归于"道"。"道"，通天彻地，达古贯今，无始无终，无边无岸。故运四时者，曰天道；载万物者，曰地道；尽性至命者，曰圣道；日用常行者，曰人道。中华人性不一，风俗不同，圣人立教亦不同。三教圣人，其教不同，其意总欲引人入于至善无恶为要归。不仅如此，儒有精一之道，道有得一之道；儒有存心养性之学，道有修心炼性之学；儒有道义之门，道有众妙之门。溯源穷流，儒道为一家。从作用上来说，三教圣人，虽然其教义教理不同，但其意总欲引人入于至善无恶为要归。刘一明认为，道教非大忠大孝不度，非大贤大德不引，以性命为大事，以德行为要着，存诚去妄，弃假归真。老子观窍观妙，即孔子明德至诚；道之虚无自然，即儒之无声无臭。对于儒道，刘一明认为，随人情性，以适其志，从道者修性立命，从儒者齐家治国。②

陈撄宁就曾对刘一明评价道："要晓得悟元子各种著述，在道书中，可以称他是个乡愚谨愿者。他把别人家所用的旧名词一概排斥，换上他自己所造的新名词，实际亦不过尔尔。"③这正说明刘一明丹道思想是对前人思想的融摄与继承。

除了刘一明丹道论接受了以《论语》为核心的儒家伦理思想的影响，刘一明出儒入道的政治思想也与《论语》中表达的"隐"的思想一致。

刘一明丹道论是其整体思想的一部分，刘一明出儒入全真道，表面上是为了保全生命，实际上也是对当时社会制度的不满，尤其是对当时学校教育与科举制度对人身心摧残的不满，他以逃避的方式表示了对科举制度

①（清）刘一明：《丹法二十四诀》，《金丹四百字解》，《藏外道书》第8册，第577–579页。

②（清）刘一明：《三教辨》，《会心外集》，《藏外道书》第8册，第700–702页。

③ 洪建林编：《仙学解密——道家养生秘库》，大连出版社1991年版，第132页。

的不屑。刘一明以"隐"之姿态表明了自己的坚持，他从科举应"仕"的追逐隐退到保存其"性"与"命"大道的修炼，隐退到神教的教诲生涯中，但这种"隐"又含有一种不得不"隐"的无奈。他在《孔易注略》中解释"遁"就表现了这种无奈。他说："不是喜欢隐，隐者或限于时之不顺，或限于遇之不合，有不得不隐者，不得不隐而隐之不易乎？世不成乎？时有所乐，则出而行道；时有所忧，则退而违人，行之违之，时在则然，故时当隐则隐，确然有守而不可拔移其志。"①这与《论语》中孔子对"隐"的态度一样。孔子说："隐居以求其志，行义以达其道。"②也就是说，孔子的"隐"是保存其志的一种方式，以实现其"行义达道"为目的。这里的"隐"不是消极的，而是一种手段、方式。孔子是否出仕尚取决于政治生态的状况，"笃信好学，守死善道。危邦不入，乱邦不居。天下有道则见，无道则隐。邦有道，贫且贱焉，耻也。邦无道，富且贵焉，耻也"。③两个"耻"字点明了孔子进退的行为原则，而"守死善道"也表明了他的坚持。当他处于"有道"的政治世界时，应致力于实现，否则就是"耻"；当处于"无道"的政治世界时，应从中隐退。孔子之"隐"表明了其坚持与"无道"政治世界之间的紧张关系，"隐"是孔子处理此紧张关系的行动策略。④与孔子一样，刘一明"出世"之"隐"虽然无奈，但并不消极，也并不影响他"在世"之"和光"，他以混俗和光来践履自己的丹道。

二 王阳明心学对刘一明丹道论建构的影响⑤

刘一明在吸收前贤道教理论的基础上，建构了自己的丹道理论，其理论对王阳明良知论有较多的融摄，不仅包括对金丹的阐释，还包括金丹修炼的方法。

（一）影响的表现

刘一明在吸收前贤道教理论的基础上，建构了自己的丹道理论，其理

---

① （清）刘一明：《孔易注略》文言传初九。

② 杨伯峻译注：《论语译注·季氏篇第十六》，中华书局 1980 年版，第 177 页。

③ 杨伯峻译注：《论语译注·泰伯篇第八》，中华书局 1980 年版，第 82 页。

④ 王光松：《哲人与政治：从孔子与〈论语〉中四类人的关系看孔子的政治哲学》，《现代哲学》2006 年第 6 期。

⑤ 白娴棠：《刘一明金丹论对阳明良知论的融摄》，《宗教学研究》2015 年第 3 期。

论对王阳明良知论有较多的融摄，不仅包括对金丹的阐释，还包括金丹修炼的方法。

1. 何谓金丹：金丹即良知

金丹，是道教理论中的一个核心词语，唐代以前多指外丹，即用丹砂与铅、硫黄等原料烧炼而成的黄色药金，服食以后可以使人成仙、长生不老；唐宋以后多指内丹，即把人体作炉鼎，以体内的精、气、神为药物进行炼养，使精、气、神凝聚，最终结成圣胎，即可脱胎换骨而成仙。对"金丹"的阐释，刘一明承袭了道教的理论，同时，又融摄了阳明良知论。与王阳明一样，刘一明也从气、性、理、心等方面对金丹进行了阐释。

从本原、禀赋上来说，刘一明认为，"金丹"是人秉受于天，先天至阳之气凝结而成，是人之本性，即天赋之性。他甚至直接就用"良知良能"来解释"金丹"。他说："金丹，即人秉受于天，至善无恶，良知良能，圆成无亏之灵根。"[①]王阳明承袭了孟子、程子等人对"良知"的阐释，进一步阐释道：良知"就其禀赋处说便谓之性。孩提之童，无不知爱其亲，无不知敬其兄，只是这个灵能不为私欲遮隔，充拓得尽，便完；完是他本体，便与天地合德。自圣人以下，不能无蔽，故须格物以致其知"[②]。而且他也认为，性即是气，性之原是天。他说："若见得自性明白时，气即是性，性即是气，原无性气之可分也。"[③]二者都认为"性"是至善的。王阳明也认为，"性元无一毫之恶，故说'至善'"[④]刘一明与王阳明都认为，良知良能是人人具有的。刘一明认为此金丹"人人具足，个个圆成，处圣不增，处凡不减，乃仙佛之种子，圣贤之根本"。王阳明说："良知之在人心，无间于圣愚，天下古

---

① （清）刘一明：《悟真直指》卷一，《藏外道书》第 8 册，第 335 页。

② （明）王阳明：《传习录上》，《王阳明全集》卷一，上海古籍出版社 2011 年版，第 39 页。

③ （明）王阳明：《传习录中·启问道通书》，《王阳明全集》卷二，上海古籍出版社 2011 年版，第 69 页。

④ （明）王阳明：《传习录上》，《王阳明全集》卷一，上海古籍出版社 2011 年版，第 29 页。在"性之善恶"的认识上，王阳明说法不一：一说"至善无恶"，一说"无善无恶"。对此，王阳明解释道："性之本体，原是无善无恶的，发用上也原是可以为善、可以为不善的，其流弊也原是一定善、一定恶的"，"性无定体，论亦无定体，有自本体上说者，有自发用上说者，有自源头上说者，有自流弊处说者，总而言之，只是一个性，但所见有浅深尔。若执定一边，便不是了"。他又说，"无善无恶是心之礼，有善有恶是意之动，知善知恶是良知，为善去恶是格物"。继而，他将"无善无恶"解释为"至善"。可见，王阳明对于德性认识、德性意念、德性实践等方面的表现分别进行了说明。

今之所同也。"① 对此，他解释到，常人的良知与圣人一样，只要体认得自心的良知，那自己就是圣人，"圣人气象不在圣人而在我"②，也即人人皆可成圣人，然而，他又认为，人不会自然而然地出现善行，而应当以先验的道德之知"良知"为基础，不断地调整和端正自己的行为，从而实现"去恶为善"的道德实践活动。可见，从禀赋上来说，刘一明与王阳明对"良知"的解释并无二异。他们都认为，良知即气，即天赋之性，至善的，人人具有。需要特别指出的是，"天赋之性"不仅仅说明先天至阳之气禀受于天，更多指向了人之德性是天赋天资，且是至善的，是与天道合一的。不同的是，刘一明立足道教，将"金丹"赋予了更多的道德色彩，将"良知"神秘化、神圣化。

从性、理、心与良知的关系上来说，刘一明认为，若蕴含私欲的人心用事，人之道心便减少，天心不见，人之良知良能受到蒙蔽，若道心用事，天心复见，知能俱良，是谓金丹，具有"天理"。这里的"天理"是性情合、阴阳会、五行全时所体现的五德，即仁、义、礼、智、信。刘一明将阴阳、五行与五德结合起来。他认为，人通过修心，化去人心所有客气，纯是柔顺之灵知，则人心亦变为道心，道心之真知统率人心之灵知，真知与灵知相容，从而道心归于天心良心，知能俱良，修得金丹，具有"天理"。这与王阳明"心即理"的思想也是一致的。在王阳明看来，良知，就其主宰处说便谓之心，是"天理之昭明灵觉处"，是"心之虚灵明觉"，而"性是心之体"③，因此，他由"心即性，性即理"推断出天理"都在此心，心即理"④，也即心达到"虚灵不昧"之状态，便具众理。既然"心即性，性即理"，那么"尽心即是尽性"⑤ 便是顺理成章的。自然，人之德性的养成便落在自我尽心修心上了，将先天的、至善、不可控的德性转向后天、不善、可控的道德修行。相对于道德说教，刘一明与王阳明将道德形成从外在的、强制的道德规范转化为了人们内在的自觉要求。⑥

---

① （明）王阳明：《传习录中·答聂文蔚》，《王阳明全集》卷二，上海古籍出版社 2011 年版，第 90 页。

② （明）王阳明：《传习录中·启问道通书》，《王阳明全集》卷二，上海古籍出版社 2011 年版，第 66 页。

③ （明）王阳明：《传习录上》，《王阳明全集》卷一，上海古籍出版社 2011 年版，第 6 页。

④ 同上，第 3 页。

⑤ 同上，第 6 页。

⑥ 白娴棠：《刘一明金丹论对阳明良知论的融摄》，《宗教学研究》2015 年第 3 期。

2. 为何要复原本性：良知被蒙蔽

刘一明不仅在对金丹的解释上与王阳明并无二致，还在致良知的原因和工夫上也与王阳明的阐释大同小异。

在恢复良知的原因上，刘一明认为，金丹本来是"人人具足，个个圆成，处圣不增，处凡不减，乃仙佛之种子，圣贤之根本。但未经火煅炼则阳极必阴，圆极必亏，落于后天。知识开而私欲杂，气质发而天良昧，良知良能，俱变不良，无复纯白之体，故古圣人设金丹返还之道，使人人归家认祖，复我本来原有之物事耳"[①]。也就是说，人在经历"胎中面目—婴儿面目—孩儿面目—二八气足，阴阳分判—五行错乱"几个阶段的演变过程中，经历了从客气侵入到秉受气质之性发，外来习染之尘生，再到阴气侵入，渐长，阳气渐消至尽，一身纯阴，人先天的良知良能俱变不良。因此，人需要修道复原婴儿面目。

在此问题上，王阳明认为，人的良知本是"天植灵根，自生生不息"[②]，圣愚无差别，只是常人在后天因习染，良知被私欲、客气所蒙蔽而不能时时发见，暂明暂灭，因而会出现做事有不善之处，自贼其真知。他说："人心是天、渊。心之本体无所不该，原是一个天，只为私欲障碍，则天之本体失了。心之理无穷尽，原是一个渊。只为私欲窒塞，则渊之本体失了。如今念念致良知，将此障碍窒塞一齐去尽，则本体已复，便是天、渊了。"[③]……他说："后世良知之学不明，天下之人用其私智以相比轧，是以人各有心，而偏琐僻陋之见，狡伪阴邪之术，至于不可胜说；外假仁义之名，而内以行其自私自利之实，诡辞以阿俗，矫行以干誉：掩人之善而袭以为己长，讦人之私而窃以为己直，忿以相胜而犹谓之徇义，险以相倾而犹谓之疾恶，妒贤忌能而犹自以为公是非，恣情纵欲而犹自以为同好恶，相陵相贼，自其一家骨肉之亲，已不能无尔我胜负之意，彼此藩篱之形，而况于天下之大，民物之众，又何能一体而视之？则无怪于纷纷籍籍，而祸乱相寻于无穷矣！"[④]

对于为何需要复原良知良能问题的阐释，显而易见，刘一明与王阳明的

---

① （清）刘一明：《悟真直指》卷一，《藏外道书》第 8 册，第 335 页。

② （明）王阳明：《传习录下》，《王阳明全集》卷三，上海古籍出版社 2011 年版，第 115 页。

③ 同上，第 109 页。

④ （明）王阳明：《传习录中·答聂文蔚》，《王阳明全集》卷二，上海古籍出版社 2011 年版，第 90 页。

基点不同，刘一明作为道学家，对于良知良能俱变不良的原因的论述是基于对"道"的认识，具体而言，涉及了阴气、阳气、先天、后天、五行等及其相互关系，而王阳明作为儒家道德维护者，他将良知被蒙蔽的原因归于人的私欲。但是，对于此问题的阐述，二者还是存在共同点。第一，他们都认为，良知变不良与客气的侵入、人受后天习染有关系。第二，他们都认为，五德七情六欲皆是良知之发用。刘一明认为，金木水火土五行在先天，五行相生，聚为一气，发而为仁义礼智信之五德。虽然刘一明基于道教之道来论述良知良能，但是他还是将儒家提倡的仁义礼智信的道德引入了其金丹论中。在后天则五行相戕，发而为喜怒哀乐欲之五贼。五行相合，则五德备而阴阳混一；五行分散，则五贼兴而阴阳驳杂。五行一分，识神渐起，根尘渐发，真者退位，假者当权，孩儿面目亦失。王阳明也认为仁义礼智信和喜怒哀乐欲是良知之发用。他说："仁、义、礼、智也是表德。性一而已：自其形体也谓之天，主宰也谓之帝。流行也谓之命，赋于人也谓之性，主于身也谓之心。心之发也，遇父便谓之孝，遇君便谓之忠，自此以往，名至于无穷，只一性而已。……人只要在性上用功，看得一性字分明，即万理灿然。"[1] 对于人之"七情"，刘一明持否定态度。他认为，人的七情六欲之心为假心，是由识有知之人心产生，与人之道心良知相对。而王阳明却承认人的七情，他认为，喜、怒、哀、惧、爱、恶、欲七情是人心合有的，只要七情顺其自然之流行，"皆是良知之用，不可分别善恶，但不可有所着；七情有着，俱谓之欲，俱为良知之蔽；然才有着时，良知亦自会觉，觉即蔽去，复其体矣"[2]。

3. 如何复原：修道致良知

既然人先天的良知在后天受到蒙蔽不能发见，人就要下工夫恢复走失的良知。这工夫既包括对良知的认识，也包括对良知的实践。刘一明与王阳明都认为，尽管良知与金丹在后天走失，但是还是有一点灵光，人们在后天的修道修炼中可以借这一点灵光恢复走失的良知。这一点灵光、一点生机，便是人的一点良知、一缕先天之气。虽然借此一点灵光，良知良能不能遽然纯全，但由微而著，渐次可复于纯全。究竟如何恢复呢？在这一

---

① （明）王阳明：《传习录上》，《王阳明全集》卷一，上海古籍出版社 2011 年版，第 17–18 页。

② （明）王阳明：《传习录下》，《王阳明全集》卷三，上海古籍出版社 2011 年版，第 126 页。

问题上，刘一明仍循着王阳明致良知的路径来建构自己的金丹论。

（1）求诸于己

刘一明是全真教龙门派的传人，主张性命双修。他认为，至善中正之"良知良能"落于后天，知识开而私欲杂，气质发而天良昧，客气用事，正气退位，阳陷阴中，真为假蔽，良知有昧。良知良能，俱变不良，无复纯白之体，故古圣人设金丹返还之道，使人人归家认祖，复我本来原有之物事。这样先求他家不死之方以立命，后求我家原有之物以了性，最终性命俱了。这里的"我家原有之物"指的便是人自身的"一点灵光"。要了"性"，就需借"一点灵光"恢复走失的良知，这与王阳明的主张也是相同的。王阳明在"渐悟仙释之非"后构建自己的良知论。他认为，要恢复走失的良知，就需要从自身上寻找。他说："学问也要点化，但不如自家解化者，自一了百当。不然，亦点化许多不得。"① 虽然他认为致良知需要为师者的点拨，但他更强调修道者的主体性，即学道者自身的体悟参学。他说："此亦须你自家求，我亦无别法可道。"② 进一步他解释道："尔那一点良知，是尔自家底准则。尔意念着处，他是便知是，非便知非，更瞒他一些不得。尔只不要欺他，实实落落依着他做去，善便存，恶便去。他这里何等稳当快乐。此便是格物的真诀，致知的实功。"③ 因此，二者都认为，不管是志向的树立、品格的养成，还是心性的修炼，都需要从自我做起，方才可以恢复走失的良知。

（2）存心立志

对于修道者来说，刘一明认为，先要立志，尤其是"秉性愚蠢，不通文义之人"，以此"振发精神，抱一个不明道理、至死方休的念头"，"如此存心，自然诸尘不染，志气常存"④。王阳明也指出，学人们的毛病大抵志欠真切，他要初学者立志，"有个困勉的意在"，要立善之心，"善念发而知之，而充之。恶念发而知之，而遏之。知众充与遏者，志也"⑤。"只念念要存天理，即是立志。能不忘乎此，久则自然心中凝聚，犹道家所谓结圣胎也。"⑥ 他认

① （明）王阳明：《传习录下》，《王阳明全集》卷三，上海古籍出版社 2011 年版，第 129 页。

② 同上，第 124 页。

③ 同上，第 105 页。

④ （清）刘一明：《会心内集·穷理说》卷下，《藏外道书》第 8 册，第 660 页。

⑤ （明）王阳明：《传习录上》，《王阳明全集》卷一，上海古籍出版社 2011 年版，第 25 页。

⑥ 同上，第 13 页。

为，只要为善之志树立起来，便"如树之种，但勿助勿忘，只管培植将去，自然日夜滋长，生气日完，枝叶日茂。树初生时，便抽繁枝，亦须刊落，然后根干能大。初学时亦然，故立志贵专一。"①

（3）静坐省察

刘一明从道教修炼的角度，主张清静。他认为，"心清意静，良知良能，一灵真性，悬于虚空之中，寂然不动，感而遂通，常应常静，造化难移，万物难屈，我命由我不由天。"他甚至把"静"作为修心八法之一。"静"即定，寂，不动，内安，无念，无欲，是神室之墙壁，可以稳定梁柱，坚固上下。这里的"静"非顽空寂灭之学，亦非参禅打坐忘物忘形之说，乃常应常静，身在事中，心在事外之意。真静即一意不生，一念不起，时时顾道，处处返照。也即"不动"非身不动，更指向心不动；无念与无欲，指的是无私念和私欲。他反对"静处安身，万法皆空"之道。他说："愚人不知，或对镜演神，或默想顶门，或面壁忘形，出阴神之类者，非也。金丹脱化之神，乃为阳神，其一切静功所出之神，乃为阴神。"刘一明将"静"阐释为"定，寂，不动，内安，无念，无欲"的说法与王阳明大致相同。在自身经验体会的基础上，王阳明教导学生，初学时若心猿意马，拴缚不定，那是思虑多，姑且静坐以平息思虑，静坐久了，心意就会稍稍平定。但是他又说，为学不可执一偏，"只悬空静守，如槁木死灰，亦无用，须教他省察克治"，将好色好货好名等私欲搜寻出来，拔去病根，②否则临事便要倾倒。但是他又若只凭借静坐修道，会"渐有富静厌动之弊"③，他说："汝若以厌外物之心去求之静，是反养成一个骄惰之气了；汝若不厌外物，复于静处涵养，却好。"④王阳明从辩证的视角出发对"静"进行了阐释，他说，"静未尝不动，动未尝不静"；"无欲故静"；"静亦定，动亦定"；无念，即不起私念，"非本体之念则是私念"。

（4）功行并齐

刘一明始终在强调，修道乃真履实践、脚踏实地之大事。他说："你莫

---

① （明）王阳明：《传习录上》，《王阳明全集》卷一，上海古籍出版社 2011 年版，第 37 页。

② 同上，第 18 页。

③ 同上，第 15 页。

④ （明）王阳明：《传习录下》，《王阳明全集》卷三，上海古籍出版社 2011 年版，第 118 页。

得三心二意，必须要道德两用，功行并齐。大抵是德可服鬼神，易晓得天机。大抵是无行的魔障多生，难遇着真师。这些话休要轻看，莫要惊疑，能行持才是立根基。"① 关于"功"与"行"、"道"与"德"之间的关系，拙文《性命双修视域下刘一明的"道""德"论》② 进行集中的论述，在刘一明看来，修道是为己之事，是内功；而修德是为人之事，是外行，也即外面积德，内而修道。修道和修德的关系是"道德两用，内外相济"③，是体用关系，道为体，德为用。不管是修道之内功，还是修德之外行，都体现了刘一明丹道论具有很强的实践性。这一点与王阳明"事上磨练养本原"的思想也是一致的。王阳明反对死坐，强调"动"，这个"动"实际上指向的便是"事上磨练"，通过格物以培养人本有的良知善心，也即天理。他认为事上磨练的工夫也是"去人欲、存天理"的过程，是"间辨思索存省克治"的过程，是"去恶格不正以归于正"的过程。他认为，"如此格物，人人便做得，'人皆可以为尧、舜'，正在此也。"④ 他甚至认为，"凡人为学，终身只为这一事。自少至老，自朝至暮，不论有事无事，只是做得这一件，所谓'必有事焉'者也。"⑤ 可见，王阳明格物的过程便是人之道德完善的过程。如何能经由事上磨练而培养起人之善心，王阳明针对当时人们"学问思辨以穷天下之理，而不及笃行"的弊端提出"知行合一"，即人的行为与人的人意念、思想、认识合二为一。他说："一念发动处，便即是行了。"⑥ "知者行之始，行者知之成：圣学只一个功夫，知行不可分作两事。"⑦ "知之真切笃实处，即是行；行之明觉精察处，即是知：知行工夫本不可离。"⑧ 因此，人在为学时，若发现意念处有不善，"就将这不善的念克倒了，须要彻根彻底，不使那一

---

① （清）刘一明：《会心外集·答崔高齐（五曲）寄调五供养》卷上，《藏外道书》第8册，第685页。

② 白娴棠：《性命双修视域下刘一明的"道""德"论》，《宗教学研究》2012年第1期。

③ （清）刘一明：《修真九要·积德修行第二要》，《藏外道书》第8册，第529页。

④ （明）王阳明：《传习录下》，《王阳明全集》卷三，上海古籍出版社2011年版，第136页。

⑤ （明）王阳明：《传习录中·启问道通书》，《王阳明全集》卷二，上海古籍出版社2011年版，第66页。

⑥ （明）王阳明：《传习录下》，《王阳明全集》卷三，上海古籍出版社2011年版，第110页。

⑦ （明）王阳明：《传习录上》，《王阳明全集》卷一，上海：上海古籍出版社2011年版，第15页。

⑧ （明）王阳明：《传习录中·答顾东桥书》，《王阳明全集》卷二，上海古籍出版社2011年版，第47页。

念不善潜伏在胸中"。①

（5）穷理尽性

刘一明指出，修道先须穷理，穷性命之理和理之法，若一毫道理穷不彻，就一毫性命做不稳。他说："夫圣贤之学，穷理尽性至命之学也。其理精微，其义幽深，蓍龟难测，鬼神莫知，非一言半语可以了悟，苟非下数十年穷理死工夫，不能揣摸其一二。"②他主张学道者要穷丹经所蕴含的性命之理，一方面鉴于当时学道者对丹经有用无用之怀疑，他肯定了丹经所蕴含的性命之理，另一方面缘于当时学道者的境况。当时有的学人糊涂，不去辨别，不费心思，不下功夫，所以，对于丹经难悟难解；又有一等假道学者，得些顽空事业，死下功夫，数十年后见些假境界，有些小效验，说凶道吉，自以为成道；还有人问以丹经，茫然无知，不仅不知，而且毁谤；更有一等愚人，见人看经书，即便憎恶訾诮。面对这种学道境遇，刘一明主张学道者首先要穷理。刘一明又认为，性命之理，前人细明，而穷理之法，前人却罕言。为使人人明道，个个积功，刘一明从不同的角度，为修道者指出了多种方法，要修道者穷此理。并根据人之秉性清浊、学问深浅、志气锐弱、性根利钝等量力而行。这一点也与王阳明的主张相同。在致良知的方法上，王阳明也主张"穷理以尽性"。他说："心之体性也，性即理也。穷仁之理，真要仁极仁，穷义之理，真要义极义：仁义只是吾性，故穷理即是尽性。"③王阳明的"穷理"的途径不仅仅包括通过读书来穷理，还包括通过格物正心来穷理，也即存天理的过程就是穷理的过程。他说："'格物'如孟子'大人格君心'之'格'，是去其心之不正，以全其本体之正。但意念所在，即要去其不正以全其正，即无时无处不是存天理，即是穷理。天理即是'明德'，穷理即是'明明德'。"④王阳明指出，通过读书来穷理，不能只"在文义上穿求"，"须于心体上用功"，"这心体即所谓道心，体明即是道明"。他认为，读书时也要时时体认天理，克去强记之心、欲速之心、夸多斗靡之心等私意来调摄人的心性。

在致良知的过程中，刘一明与王阳明都指出，学道者要根据自己的秉

---

① （明）王阳明：《传习录下》，《王阳明全集》卷三，上海古籍出版社 2011 年版，第 110 页。

② （清）刘一明：《修真后辨》，《藏外道书》第 8 册，第 516 页。

③ （明）王阳明：《传习录上》，《王阳明全集》卷一，上海古籍出版社 2011 年版，第 38 页。

④ 同上，第 7 页。

性清浊、学问深浅、志气锐弱、性根利钝等量力而行。刘一明认为修道有上、中、下三法，修道者要量力而行。上等法乃自在法，顿悟圆通，一了百当；安而行之，天人合发。中等法乃权度法，随机应变，因事制宜；利而行之，内外相寄。下等法乃攻磨法，秉性鲁钝，识见不大；必须心地下功，全抛世事。刘一明认为，这三种方法，皆古来仙真口口相传之秘诀，教人量力而行；不能行上法者，行中法；不能行中法者，行下法，总以了性了命为归结。[①]王阳明主张，致良知功夫随人分限所及，他认为，利根之人，世亦难遇，"直从本源上悟入。人心本体原是明莹无滞的，原是个未发之中。利根之人一悟本体，即是功夫，人己内外，一齐俱透了。其次，不免有习心在，本体受蔽，故且教在意念上实落为善去恶。功夫熟后，渣滓去得尽时，本体亦明尽了。"[②]王阳明认为，中人上下皆可引入于道，只是根机不同的人理解"性"的路径不同而已。不管是利根还是常人，只要"各人尽着自己力量精神，只在此心纯天理上用功，即人人自有，个个圆成，便能大以成大，小以成小。不假外慕，无不具足。此便是实实落落，明善诚身的事"。此外，二者都指出，要注意循序渐进。刘一明认为，修道先须明其道，次要知其法。道法两用，性命双修，方是无上一乘之道，乃脚踏实地之道。脚踏实地之道，须要循序渐进，不得躐等而求；要在实地上下功夫，自卑登高，由浅及深，用渐进之功。王阳明也持同样的观点。他认为，在致良知的过程中，若能见善即迁，有过即改，就会"人欲日消，天理日明"[③]。他说："上智绝少，学者无超入圣人之理。一起一伏，一进一退，自是功夫节次。……依此良知，忍耐做去，不管人非笑，不管人毁谤，不管人荣辱，任他功夫有进有退，我只是这致良知的主宰不息，久久自然有得力处，一切外事亦自能不动。"[④]

（二）影响的原因分析

从以上对刘一明丹道论与王阳明良知论的比较中可以看出：不管是在词语的表达上还是修炼的路径上，刘一明丹道论的建构均受到了王阳明良知论的影响。陈撄宁就曾对刘一明评价道："要晓得悟元子各种著述，在道

---

① （清）刘一明：《修真辩难》，《藏外道书》第8册，第489页。

② （明）王阳明：《传习录下》，《王阳明全集》卷三，上海古籍出版社2011年版，第133页。

③ （明）王阳明：《传习录上》，《王阳明全集》卷一，上海古籍出版社2011年版，第31页。

④ （明）王阳明：《传习录下》，《王阳明全集》卷三，上海古籍出版社2011年版，第115页。

书中，可以称他是个乡愚谨愿者。他把别人家所用的旧名词一概排斥，换上他自己所造的新名词，实际亦不过尔尔。"①尽管"别人家"不一定专指王阳明，但是刘一明的丹道论融摄王阳明的良知论是显而易见的。其中原因，主要包括以下几种：

第一，刘一明与王阳明都曾学儒。刘一明"家资深厚，其从小已被定向为朝科举取官之路发展，故其自幼习儒，志图功名"。就是在他"一心幕道"后，其父亲恐其外游学道，还"遂捐国学，使务举业"，尽管刘一明"假托求功名之事，游京都，潜访明人"，但还是在国子监待了五年多。这些经历能够充分说明刘一明对儒家经典非常熟悉。王阳明也是从小上私塾，应科举，学习儒家经典，一心想成为圣人，而且他屡中乡试、会试和殿试，并最终担任朝廷官职。二者都曾学儒，一方面为他们提出"儒道相通"的观点奠定了认识上的基础，另一方面，知识分子的清高人格促使他们注重精神的独立，这为他们注重"性"的修炼提供了契机。这使得刘一明的丹道论易于融摄王阳明的良知论。

第二，刘一明与王阳明都曾学道。二者入道最直接的原因是欲借道教的养生之道解除身体病痛。尽管王阳明在"渐悟仙释之非"后没实现自己的目标而谴责《悟真篇》为"误真篇"，但在某种意义上，正说明了王阳明对道教的深刻理解。此外，王阳明建构良知论时，他也自觉或不自觉地吸收了道家道教的某些成分。②这为刘一明的丹道论融摄王阳明的良知论提供了便利。

第三，刘一明与王阳明都身处相同的社会境遇。二者虽处不同的历史朝代，但是却面临着相同的社会风尚：虚假道德盛行。王阳明认为，"后世大患，全是士夫以虚文相诳，略不知有诚心实意。流积成风，虽有忠信之质，亦且迷溺其间，不自知觉。是故以之为子则非孝，以之为臣则非忠。流毒扇祸，生民之乱，尚未知所抵极。今欲救之，惟有反朴还淳是对症之剂。故吾侪今日用功，务在鞭辟近里，删削繁文始得。然鞭辟近里，删削繁文，亦非草率可能，必须讲明致良知之学"，③"使天下之人皆知自致其良知，以

---

① 洪建林编：《仙学解密——道家养生秘库》，大连出版社 1991 年版，第 132 页。

② 参阅科布泽夫的《王阳明与道家哲学》（载《世界哲学》1988 年第 2 期）；朱晓鹏的《王阳明哲学与道家道教关系研究》（博士论文，华东师范大学，2009 年）；徐仪明的《道教内丹学与王阳明"致良知"说》（原载《中国哲学史》1994 年第 4 期）。

③ （明）王阳明：《寄邹谦之三》，《王阳明全集》卷六，上海古籍出版社 2011 年版，第 228 页。

相安相养，去其自私自利之蔽，一洗谗妒胜忿之习"。^① 在他看来，当时人们知行不一，虚假道德盛行，"风俗日恶而世道愈降"，"今之学者以仁义为不可学，性命之为无益"。^② 为改变世风士习，王阳明良知论致力于恢复自我良知德性，求得内在精神境界之提升。刘一明借鉴了王阳明心学理论，也是与当时的社会状况分不开的。乾嘉时期正处于社会转型期间，经济、政治生活方式的转变引发了社会心理、社会伦理等多种社会层次的文化冲突，使正统儒家思想一直所强调的伦理道德日渐崩溃，而呈现出"假道学"，人的内心找不到可以投靠的归宿。即使在以修炼心性为宗旨的佛道教界，也处处可见旁门邪道。刘一明以儒入道其实是对科举制和八股制反叛的结果，他对这种现象进行了批判，并为人们心性的修炼重新指出了一条路径，即进行自我"心性"的修炼，先穷理，从认识论上找寻人们思想与行为错乱的根源，然后，知之处便是行之处，从而达到知行合一，成为"性命双修"后的"新民"。这不是刘一明个人的心灵历史，而是从总体上把握了潜在于知识分子内心深层的文化心理。

刘一明的丹道论融摄了王阳明的良知论，他将先天的本属于儒家概念范畴的"良知良能"解释为道家概念范畴的"金丹"，使之宗教化，具有神圣性与超越性。同时，也赋予金丹修炼之道以伦理道德之起源，使得金丹修炼之"德"具有一种责无旁贷之感。一方面为自己的理论找到了理论切入点，另一方面，也为自己三教同理的主张提供了有力的证据，将道教的出世与儒家入世并行不悖地统一起来，使道教理论在当时被正统主流思想斥为异端的尴尬局面得到些许扭转，与世俗社会中惯常的儒家心理相契合。同时，也使金丹修炼世俗化，为心性修炼由抽象转向具体提供了可能，易于人们的理解与接受，为道教金丹理论的道德教化作用提供了理论基础，从而为改变当时儒家伦理的虚假性做出了自己的努力与尝试。正如沟口雄三所指出的"朱子学即道德之学民众化"，^③ 王阳明心学也具有民众化的特点，刘一明的道教思想伴随着理学与心学向更为广泛阶层扩大与渗透，也因此具有

---

① （明）王阳明：《传习录中·答聂文蔚》，《王阳明全集》卷二，上海古籍出版社 2011 年版，第 92 页。

② （明）王阳明：《文录四·别湛甘泉序》，《王阳明全集》卷七，第 257 页。

③ ［日］伊东贵之：《从"气质变化论"到"礼教"——中国近世儒教社会"秩序"形成的视点》，载［日］沟口雄三、小岛主编《中国的思维世界》，孙歌等译，江苏人民出版社 2006 年版，第 538 页。

"民众化"特点。或可认为刘一明道学思想是以"道学"诠释"道德之学"，将"道德之学"特殊化，进而弥补理学道德的失效与虚伪。清代中期的焦循（1763—1820 年）说："余谓紫阳之学，所以教天下之君子；阳明之学，所以教天下之小人。紫阳之学用之于太平宽裕，足以为良相，阳明之学用之于仓卒，苟且足以成大功。"① 融合紫阳与阳明之学的刘一明，可以说是既教君子，又教小人。

三 《参同契》与《悟真篇》对刘一明丹道论建构的影响

刘一明师从龛谷老人后，龛谷老人就教导他将薛道光所注的《参同契》、三子所注的《悟真篇》作为修真指南，这就表明刘一明的丹道思想在很大程度上受到了《参同契》和《悟真篇》的影响。

刘一明说："东汉魏伯阳真人，得长生阴真人之传，会悟圆通，了却大事。垂悯后生好道之流，准易道而作《参同契》，分上中下三篇。首叙御政之道，中叙养性之理，末叙伏食之方。罗列三条，贯通一理，别开门户，多设寓言，接引方来；以有象比无象，以有形示无形。其中药物火候，无一不备。书成之后，证诸青州从事景休徐公，徐公遂笺注三篇，发明《契》中奥妙。魏真人又传同郡淳于叔通；淳于氏又作《三相类》上下二篇，补塞《参同契》之遗脱，于是金丹之理尽出而无余蕴矣。如三翁者，皆觌面参证，心印成书，非他一切模仿猜疑可比。此又《参同》中之'参同'。后世万卷丹经皆本于此。所以人皆称为万古丹经之王。"② 这说明他对《参同契》十分推崇，因此在他得无名氏翁真人与上阳子陈真人对《参同契》的注释后，经比较而选择陈本为据再分节注释《参同契》。在注释中，刘一明或吸收《参同契》的某些思想，或给以自己的理解。因此，他称："其中一切比象喻言，悉皆破为粉碎。与大众细看直指，何者是炉鼎，何者是药物，何者是阴阳，何者是五行，何者是先天，何者是后天，何者是火候，何者是烹炼，何者是内外，何者是始终；朴实尽露。"③ 由此可知《参同契》对其"道"论

① （清）焦循：《雕菰集·良知》卷八，王云五主编：《丛书集成初编》，商务印书馆 1937 年版，第 123 页。

② （清）刘一明：《参同契直指序》，《参同直指》，《藏外道书》第 8 册，第 262 页。

③ 同上。

的影响。

关于张伯端《悟真篇》对其的影响，刘一明在《悟真直指叙》中直说道："余自闻龛谷香风，知此书为修道之理窟，成真之天梯，其性命根源火候次序，无一备。"他认为，《悟真篇》是"修真之道，穷理尽性至命之学也。故欲尽其性，必先穷其性之理；欲至其命，必先穷其命之理。能明其理，则真知确见，而不为假者所惑，可以尽性，可以至命。否则，不穷其理，是非罔辨，邪正不分，入于旁门曲径，着空执相，非是修真，乃是务假。务假之学，与道日远，适以自误其性命，乌能修持其性命？此紫阳仙翁《悟真篇》之所由作也。其篇探幽索隐，钩深致远，远取物，近取身，比象多端。"因此，他注释此篇，道破修道秘密，提醒修道者不要"执象泥文，妄猜私议，或目为闺丹，或认为烧炼，或疑为空寂，或涉于执相"。[①]因此，刘一明也受到《悟真篇》思想的影响。比如，先命后性的思想、混俗和光的思想等。

第三节　刘一明"道"论的修习过程

既然学道是可能的，那如何"修习"呢？又需注意些什么呢？

一　刘一明"道"论修习的程序与内容

关于修道的程序与要旨，刘一明既作了细致详尽的阐述，又作了分段概括，既有丹经惯用的艰涩难懂的术语，又有对此种术语的浅显解释，使修道者易于穷尽性命之理。下面对其几种修道的程序与要旨作一介绍。

（一）两段论

从有为与无为方面说，他将整个修道概括为两段功夫，即自有为而入无为，由修命而至修性；自无为而入无不立，由修性而至性命双修，也即始于有为之道，后求其无为之道，更求其有无不立之道。《悟真篇》云："始于有作无人见，及至无为众始知。但见无为为要妙，岂知有作是根基。"[②]刘一明受《悟真篇》的影响，也将修道化为两段，如图3-1所示。

---

① （清）刘一明：《悟真直指叙》，《悟真直指》，《藏外道书》第8册，第327页。
② （清）刘一明：《象言破疑》，《藏外道书》第8册，第198页。

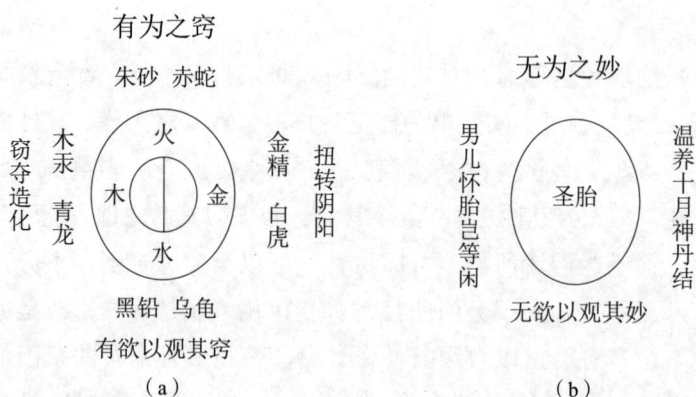

有为之窍

朱砂 赤蛇

木汞 青龙　　火　金　　金精 白虎　扭转阴阳

窃夺造化　　木　　　

　　　　　　　水

黑铅 乌龟

有欲以观其窍

（a）

无为之妙

男儿怀胎岂等闲　　圣胎　　温养十月神丹结

无欲以观其妙

（b）

图 3-1

（二）三段论

从还丹与大丹方面说，刘一明将修道程序划分为玉液还丹、金液大丹与纯阳无阴三段，[①] 也即凝结圣胎、十月胎圆与脱胎出神、打破虚空三段。

在《象言破疑》中，刘一明如此解释"凝结圣胎"（如图 3-2（a）所示），他说："圣胎者，圣人之胎，即无识无知，婴儿本面。道至无识无知，百神会集，万缘俱息，混混沌沌，入于恍惚杳冥之境，自有为而入无为矣。愚人不知，或运心液肾气相交于黄庭为圣胎，或神存中宫为圣胎，或运气后升前降，住于丹田为圣胎者，皆非也。圣胎无形无质，虽名为胎，而实无胎可见，所云胎者，不过形容真灵凝结不散耳。若以气血强凝成胎，是乃促死之鬼胎，非长生之圣胎也。"[②]

"凝结圣胎"之后，十月胎圆（如图 3-2（b）所示），刘一明认为：此"乃神全气足，根尘拔去，客气消化，阴尽阳纯之象；犹如妇人怀胎，十月方能成全。丹道以十月胎圆喻之者，取其圣胎凝结之后，必须防危虑险，沐浴温养，期必至于圆成无亏而后已，非以十月为定期也。愚人不知，疑于十月二字，或运气，或存想，或凝神，妄想结胎，以十月为定期者，非也。修真之道，自采药烹炼结丹结胎，以至道成脱化，要费无限功力，岂可

---

① （清）刘一明：《修真辩难》，《藏外道书》第 8 册，第 491 页。
② （清）刘一明：《象言破疑》，《藏外道书》第 8 册，第 200 页。

以十月为期？可知十月乃象言耳"。①

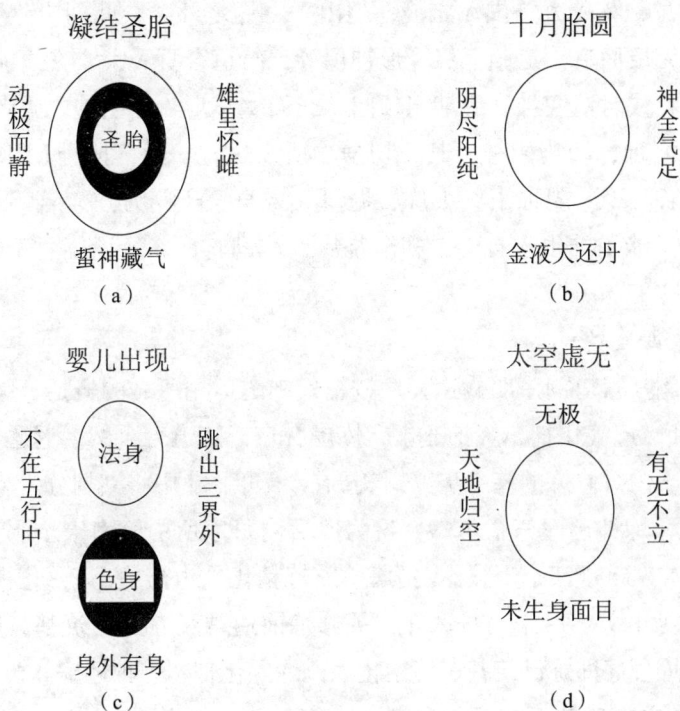

凝结圣胎　　　　　　　　十月胎圆

动极而静　　圣胎　　雄里怀雌　　　阴尽阳纯　　　　　神全气足

蜇神藏气　　　　　　　　金液大还丹

（a）　　　　　　　　　　（b）

婴儿出现　　　　　　　　太空虚无

　　　　　　　　　　　　　　无极

不在五行中　　法身　　跳出三界外　　天地归空　　　有无不立

　　　　　　色身

身外有身　　　　　　　　未生身面目

（c）　　　　　　　　　　（d）

图 3-2

对于"脱胎出神"（如图 3-2（c）所示），也即圣胎脱化、婴儿出现之谓，刘一明说："圣胎者，色身中又怀一法身也；脱化者，色身中又生出一法身也。因其色身中又生出一法身，如凡妇十月怀胎生出一婴儿，故以法身名婴儿。婴儿出现，身外有身，跳出三界之外，不在五行之中，躲过轮回，与天地同寿，与日月同庚矣。愚人不知，以坎中真阳为法身婴儿，或以肾中精气为法身婴儿者，非也。夫坎中婴儿，乃阴中之阳，法身婴儿，乃阴阳混化之真；至于肾气，乃肾中之邪火，绝无婴儿之义。"可见，这是对金丹"南宗"思想的吸收。②

对于"打破虚空"（如图 3-2（d）所示），也即纯阳无阴、太空虚无之谓，刘一明认为，圣胎凝结，再加十月温养之功，运天然真火，熏灸烹炼，由

---

① （清）刘一明：《象言破疑》，《藏外道书》第 8 册，第 201 页。

② 同上。

微而著，由嫩而坚，群阴剥尽，胎圆丹成，瓜熟蒂落，忽的打破混沌，进出清净法身，跳入太空虚无之境，超出乎三界之外矣。此即未生身以前面目，亦即无极面目。道归无极，形神俱妙，与道合真，大丈夫之能事毕矣。愚人不知，或对镜演神，或默想顶门，或面壁忘形，出阴神之类者，非也。金丹脱化之神，乃为阳神，其一切静功所出之神，乃为阴神；阳神万载长在，不生而不灭；阴神未经火炼，抛身又入身。千门万户，若不得金丹大道点化，虽能阴神出入自便，知前晓后，难逃轮回，所谓饶君千万劫，终是落空亡也。①

（三）四段论

这是闵一得对刘一明修道程序按精气神之运用所做的概括，闵一得说："炼精化气，炼气化神，炼神还虚，炼虚合道，炼道合自然，返还之次序如此。"②关于内丹修炼的基本步骤，陈抟在《无极图》中将其划分为炼精化炁、炼炁化神、炼神还虚三个步骤，这为以后内丹家所引。南宋余洞真在《悟玄篇》中首次将这三个步骤称之为三关：炼精化炁为初关，炼炁化神为中关，炼神还虚为上关。后来内丹家在三关修炼前通常又有炼己筑基。如伍守阳的内丹修炼程序即炼己筑基、炼精化炁、炼炁化神、炼神还虚。③

（四）十八段论

从修道层次与火候方面说，刘一明细述层次为：积德立行为第一，炼己筑基为第二，以铅制汞为第三，铅汞相投为第四，温养还丹为第五，大药生为第六，服食金丹为第七，凝结圣胎为第八，以汞投铅为第九，抽铅添汞为第十，防危虑险为十一，胎完止火为十二，九年面壁为十三，脱胎出神为十四，乳哺婴儿为十五，别安炉鼎为十六，神化不测为十七，打破虚空为十八，以上皆道之要着，圣功之全能。道的火候表现在：是有工程，有权变，有迟速，有急缓，有收放，有隐显，有方圆，有盈亏，有止足，等等作用。这表明他主张道法两用，性命双修，需要脚踏实地地真履实践，需要循序渐进地讲求功法。④

---

① （清）刘一明：《象言破疑》，《藏外道书》第 8 册，第 184 页。

② （清）闵一得：《栖云山悟元子修真辩难参证》，《藏外道书》第 10 册，第 232 页。

③ 丁常春：《伍守阳内丹思想研究》，博士论文，四川大学，2006 年，第 66 页。

④ （清）刘一明：《尽心穷理》，《修真后辨》，《藏外道书》第 8 册，第 516 页。

（五）二十四段论

刘一明用口诀形式将修道编为《丹法二十四诀》①，要人审明火候，并对其作了浅显易懂的解释。二十四诀为：①修补丹房：培养后天，坚强色身；②炼己筑基：惩忿窒欲，克己复礼；③立鼎安炉：刚以固其志，柔以用其功；④采取药物：假中寻真，砂里淘金；⑤以铅制汞：真知不昧，灵知不飞；⑥黄婆调和：真意不散，阴阳自和；⑦铅汞相投：性去求情，情来归性；⑧运火锻炼：振发正气，扫除邪气；⑨还丹凝结：刚柔相当，性情如一；⑩沐浴温养：念莫教起，意不使散；⑪丹元成熟：黑中有白，静极而动；⑫吞服金丹：收神入室，点化群阴；⑬移炉换鼎：本原到手，随时种栽；⑭凝结圣胎：百神俱集，五行混成；⑮朝屯暮蒙：知雄守雌，天然火炼；⑯温养胎胚：如鸡抱卵，似蚌含珠；⑰防危虑险：外无其身，内无其心；⑱十月胎圆：先天气纯，后天气化；⑲待时脱化：无私无为，不即不离；⑳婴儿出现：打破混沌，跳入虚无；㉑乳哺三年：光而不耀，明而不用；㉒出入自便：形神俱妙，与道合真；㉓面壁九年：有无俱不立，天地悉归空；㉔子又生孙：变化无穷，神妙不测。

（六）要素论

从要素上来说，刘一明概括为《学人二十四要》：②第一要堪破世事；第二要斩断牵缠；第三要穷究理义；第四要寻师访友；第五要立志长久；第六要除去嗔恨；第七要舍得色身；第八要不怕劳苦；第九要忍辱受垢；第十要饶人让人；第十一要轻财重命；第十二要物我同观；第十三要酒色不迷；第十四要饥寒顺受；第十五要生死任命；第十六要广行方便；第十七要不爱热闹；第十八要不傲不盈；第十九要不贪美味；第二十要不言是非；第二十一要聪明不用；第二十二要睡少功多；第二十三要不爱好物；第二十四要始终如一。这二十四要是就修道者所应具备的品格来说的。进而，他又将修道要素概括为《修真九要》：③勘破世事第一；积德修行第二；尽心穷理第三；访求真师第四；炼己筑基第五；和合阴阳第六；审明火候第七；外药了命第八；内药了性第九。这与金丹"南宗"白玉蟾真人的《道法九要》④有异有同。

---

① （清）刘一明：《丹法二十四诀》，《金丹四百字解》，《藏外道书》第 8 册，第 577—579 页。

② （清）刘一明：《学人二十四要》，《金丹四百字解》，《藏外道书》第 8 册，第 575—577 页。

③ （清）刘一明：《修真九要》，《藏外道书》第 8 册，第 528—537 页。

④ 白玉蟾：《道法九要》，《道法会元》第一卷，《道藏》第 28 册，第 677—679 页。其中载九要：立身第一；求师第二；守分第三；持戒第四；明道第五；行法第六；守一第七；济度第八；继袭第九。

　　以上几种修道的程序与要素论，虽在程序与要素上的划分不同，是依据不同的标准且有详有略地进行阐述的，但简略并不意味着某一程序或某一要素的缩略，而是得当的概括。

　　刘一明在《象言破疑》中将生人与修仙的程序用图示的方法进行了表示，如图 3-3 所示。

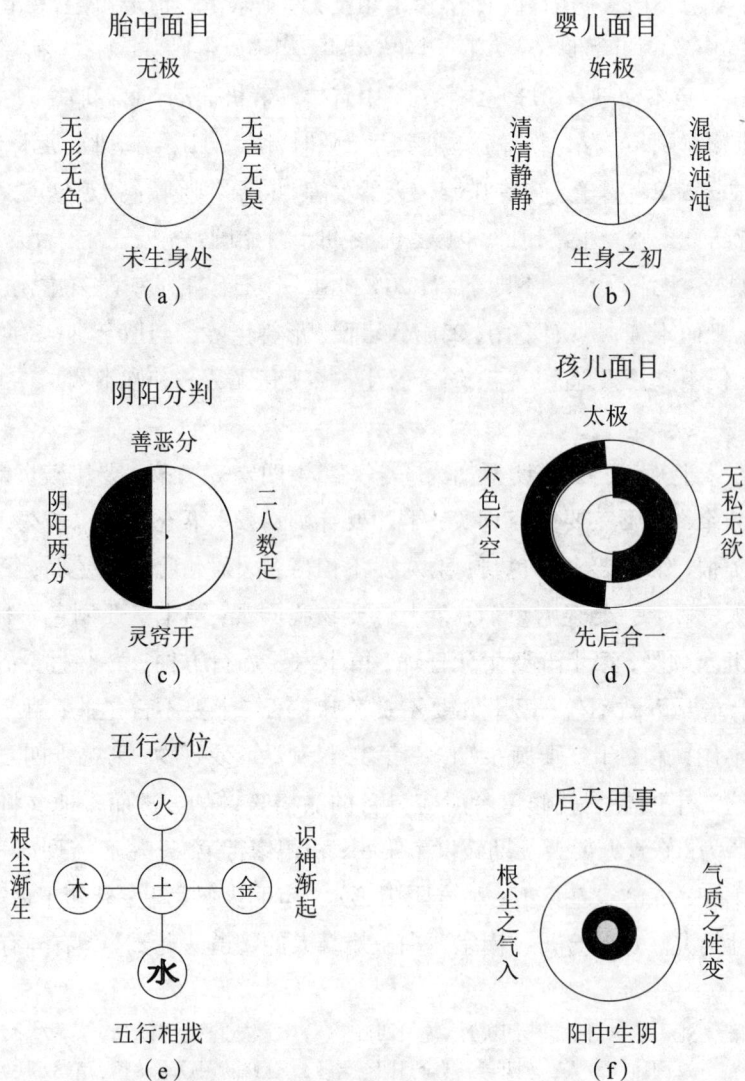

图 3-3

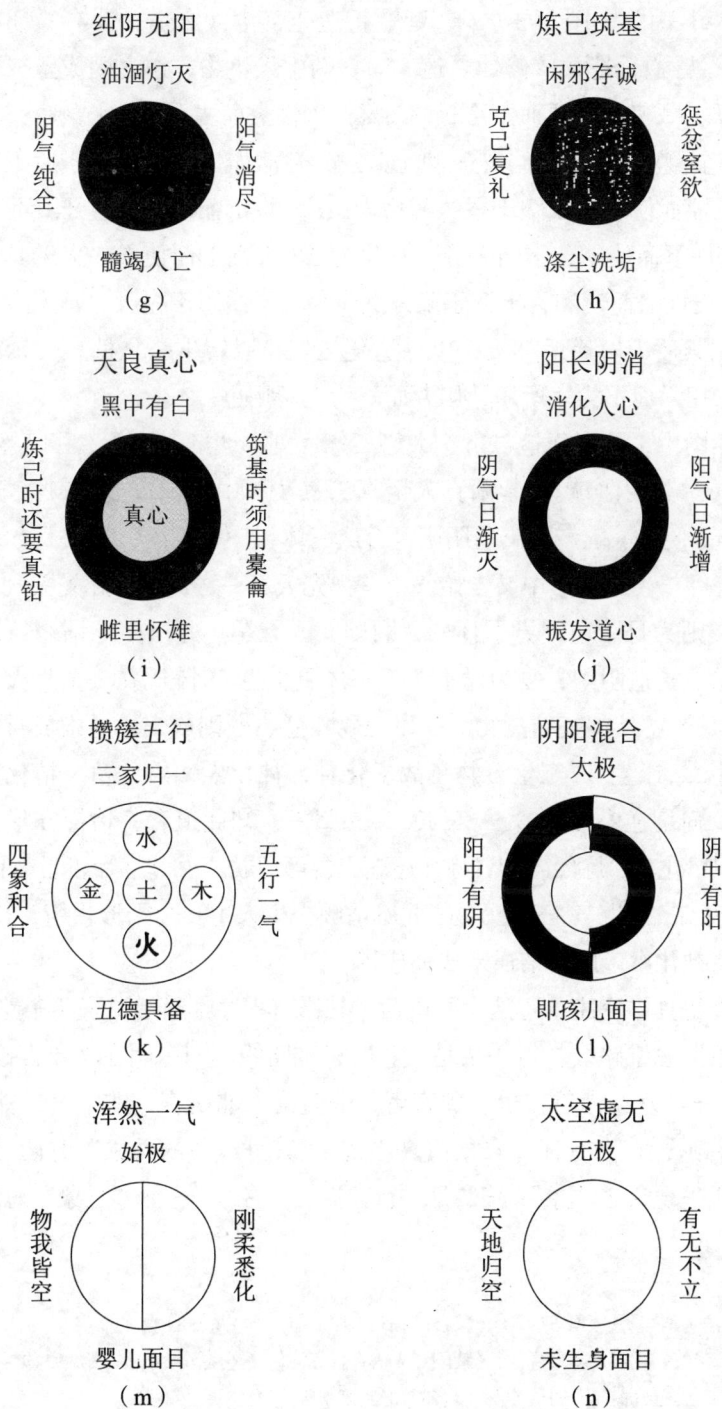

纯阴无阳

油涸灯灭

阴气纯全　　阳气消尽

髓竭人亡

（g）

炼己筑基

闲邪存诚

克己复礼　　惩忿窒欲

涤尘洗垢

（h）

天良真心

黑中有白

炼己时还要真铅　　真心　　筑基时须用橐籥

雌里怀雄

（i）

阳长阴消

消化人心

阴气日渐灭　　阳气日渐增

振发道心

（j）

攒簇五行

三家归一

四象和合　　水　金　土　木　火　五行一气

五德具备

（k）

阴阳混合

太极

阳中有阴　　阴中有阳

即孩儿面目

（l）

浑然一气

始极

物我皆空　　刚柔悉化

婴儿面目

（m）

太空虚无

无极

天地归空　　有无不立

未生身面目

（n）

图 3-3（续）

其中图 3-3（a）—图 3-3（g），皆顺行造化，生人之道；图 3-3（h）—图 3-3（n），皆逆行造化，修仙之道。顺之则生人生物，逆之则成圣成仙。何谓顺？肝木藏魂，性浮而主喜；心火藏神，性炎而主乐；肾水藏精，性流而主哀；肺金藏魄，性沉而主怒；脾土藏意，性滞而主欲。顺属于后天。何谓逆？木性浮而使沉，木归于根，喜化为仁；金性沉而使浮，金还其元，怒化为义；水性下而使上，水归于源，哀化为智；火性上而使下，火返其真，乐化成礼；土性滞而使和，土返于阳，欲化为信。逆属于先天。至人者，修其先天，化其后天。逆运其机，以夺造化之权，以转生杀之柄。其妙在乎抑阴扶阳，用六而不为六所用，用九而不为九所用也。①

十四图中，顺行逆运二事，大略可知。刘一明顺逆说承袭了《悟真篇》以及后人对其的注疏。《紫阳真人悟真篇三注》中，陈致虚注曰："道自虚无生一气，便从一气产阴阳。阴阳再合成三体，三体重生万物昌。"②说："道生一气，一气生形，形中又含始气，是为先天真一之气也。此先天气，顺则为人，逆则为丹。逆则男子怀胎，顺则女人有孕。此重生专谓修行，丹成阳神出胎，再造阴阳，复为已上章云三体重生也。"陈氏在《金丹大要》中又云："是皆不外神气精三物。是以三物相感，顺则成人，逆则成丹。何谓顺？一生二，二生三，三生万物。故虚化神，神化炁，炁化精，精化形，形乃成人。何谓逆？万物含三，三归二，二归一。知此道者，怡神守形，养形炼精，积精化炁，炼炁合神，炼神还虚，金丹乃成。"③《性命圭旨》说："道生一，一生二，二生三，三生万物；此所谓顺去生人生。今则形化精，精化气，气化神，神化虚。此所谓逆来成仙成佛。"④

不管是具体论述，还是简要概括，其修道程序都显示出了两条路线：一条是"象"思维路线，另一条是"意"思维路线。刘一明在《象言破疑序》中说："丹经万卷皆象言也。象言者，非直言，非明言，非空言，非异言，乃有物有则，有指有证，取象演真之言。"其丹经中的"象"有两层意思，其一是所呈现象之"象"；其二是"行象"之"象"。这种"意象"思维源于

---

① （清）刘一明：《象言破疑》，《藏外道书》，第 8 册，第 176-184 页。

② 薛道光、陆墅、陈致虚注：《紫阳真人悟真篇三注》，《道藏》第 2 册，第 993 页。

③ （元）陈致虚：《金丹大要》，《藏外道书》第 9 册，第 21 页。

④ 《性命圭旨》，《藏外道书》第 9 册，第 523 页。

《易·系辞上》，其载："子曰：'书不尽言，言不尽意'。然则圣人之意，其不可见乎？子曰：'圣人立象以尽意，设卦以尽情伪，系辞焉以尽其言，变而通之以尽利，鼓之舞之以尽神'。"此言先圣之意，文、言不可尽，立象而可尽之。因此，刘一明对丹道的阐释，不断在"意"与"象"之间来回穿梭。

二　刘一明"道"论的注意事项

（一）关于"积德立行"

关于"积德"之说，刘一明显然受到了《悟真篇》"若非修行积阴德，动有群魔作障缘"的影响。于此，闵一得也同意刘一明所见，但他又认为还有刘一明未闻的"身世并益"之说，即"即身医世"①，可以不费一钱，不劳丝力，而有位育天地实验者，有志大道者，可无《悟真》所云之忧。这一点，能事《吕祖三尼医世说述》，遵其三尼医世功诀，即可实现。②

对于"行"，刘一明与闵一得的看法是有一定的区别的。"行"，对刘一明来说，也是其修道内容的一部分。刘一明注重自我之"行"在他处的体现，比如积极响应善信的信仰心理需求，多方修建宫观寺庙；利用自己医道为人们解决疾病困苦；修桥补路、扶危济困、设置义冢等。他认为，外行方便实际也是内在修行，也就是他所谓的内外兼修，这与其所主张的"混俗和光"是一致的。而闵一得之"行"更倾向于自身对道的"体认"之"修行"。可以说，二者对"德"之实现方式的认识是不同的，刘一明侧重由外而内的发展路线，而闵一得侧重向内的发展路线。实际上，这仍然是古代道德的"内铄论"与"外铄论"的问题。以孟子为代表的"内铄论"认为，人的道德是经过个体的内省来获得并发展的；以荀子为代表的"外铄论"认为，人的道德是经过学习向外而获得并发展的。虽然，刘一明的"由外而内"的

---

①　闵一得"以身医世"说认为："人禀天地之气，故通天地之气，且能运天地之气。人气为天地二气之枢纽"；"作善则百祥随之，作不善则百殃随之，皆自然之道也。而致殃至祥之柄，乃自人操之而天随之，是则可见人有转移造化之为矣；转移在人，而藉有转之移之人，一气转而人心皆转，人心转而天心亦转矣！""匹夫衔冤，三年不雨，凶乃尔，吉亦然也。"其法："用志不分，乃凝于神"，"以之医世，出神入化，近则一家一村，远则一县一郡，推其极，则四大部洲，无不调摄于此方寸之中。消其灾沴，则无水火、刀兵、虫蝗、疫疬；正其趋向，则俗无不化，人无不新，民安物阜，熙熙然如登春台。小用之则小效，大用之则大效。道如是也，而用之则存乎其人"。

②　（清）闵一得：《栖云山悟元子修真辩难参证》，《藏外道书》第 10 册，第 249 页。

发展路线与古代德育的"外铄论"有一点相似，但还是不同的。古代的"外铄论"是从外获得关于道德的知识，而内化为自我的道德行为，刘一明的"由外而内"是通过自我道德行为的外显，来成就自我整体的人格形象。而闵一得向内的发展路线与古代德育的内铄论也不是完全相同的，他认为个体自我的修道体认之"心"可以与"气"感应，从而"即身医世"，使自我与自然、世界达到大治。也就是，通过个体的修"心"以修行，从而达到治理自我与世界的目的。由此，对于修道，刘一明与闵一得的侧重点有所不同，刘一明注重的是穷理、明理而成道；闵一得注重的是个体的修行而成道，这与二者的身体素质、师承关系、知识素养与经历等有很大的关系。

闵一得也赞同刘一明所述"积德立行"。他说，上德下德之人，皆先持行，如是三年，宿业可赎，然后从事医世，大功可得。可见，闵一得的"持行"是为了赎"宿业"，从而"医世"。①

在论及积德与修道之间的关系时，闵一得认为"积德"是医世大道，乃是即身以医世，身安而世治。为此，须开得玄关，②方可下手。盖其所事，不外性命，而有德功并臻之验，是丹道之无上上乘。其中作用，以头为天，以绛阙为都会，以坤腹为闾阎。诀中至诀：意迎无极真气，降注腹心，透脊达背，以得心清气恬、遍体充和为宗旨，不计岁月，日行三次，功验可见。闵一得认为此宗是无上大乘心学，按中庸大道，事清则迎乾，事和则迎坤，以此二气，可致中和。闵一得称此为寓德于道之实学。由此也可窥出，闵一得的丹道理论也融入了儒家的中庸之道。③

刘一明认为，"道"在虚空，又说在人类中、市朝中。他认为，"道"在虚空，是就"道体"而言，"道"在人类中、市朝中，是就"道用"而言。

---

① （清）闵一得：《栖云山悟元子修真辩难参证》，《藏外道书》第 10 册。
② 玄关一窍：刘一明也解释为元关一窍，喻之曰生杀舍、元牝门、龙虎坛、龟蛇窍、戊己门、生死关、刑德门、阴阳户、众妙门、希夷府、仙佛地、性命窍、元神室、虚无穴、威音国等异名，乃生天生地生人之孔窍，成圣成佛成仙之家乡。安炉立鼎在此，采药烹炼在此，结丹在此，脱丹在此，有为在此，无为在此，始终功用总在此。但此窍在四大不着之处，在寂寥虚无之境。有意求之不可，无心守之不得。见刘一明：《修真后辨》，《藏外道书》第 8 册，第 507–508 页。同一解释还可见刘一明：《修真辩难》，《藏外道书》第 8 册，第 473 页；刘一明：《象言破疑》，《藏外道书》第 8 册，第 188 页。
③ （清）闵一得：《栖云山悟元子修真辩难参证》，《藏外道书》第 10 册，第 249–250 页。

刘一明反对"静处安身，万法皆空"之道。对此，闵一得认为，处市居朝，大修行人，隐有大作用。但处市为"德"，而居朝为"行"；德无行不德，德而有行，"道"乃成也。闵一德认为刘一明所言之"道"是另有"道用"。闵一得承鸡足真人，称其"道"为律宗世修常道，他说："德乃无上大德，行乃无极大行；不费一钱，不劳丝力，立而行之；杂处俦人广众之中，绝无同异。人故无得而拟议者，自朝至暮，中惟处市不处，如入虚寂；不朝居朝，如包六合；有时而德行相济，随愿并成；有时而专修一德，德足乃修其行；有时而专修一行，行就乃完其愿。古哲行之，个中妙行，不外《三尼医世》，而神事黄帝《阴符》、文昌《阴隲》。究其入手要诀，出自《清静妙经》。人不得而知，己惟尽心以行。"①

虽然刘一明主张积德修行，但他又认为，刑德生杀，四者相需。因为"刑所以成德，德所以用刑；杀所以卫生，生所以救杀。倘只刑而不德，杀而不生，则刑杀过刻，必至和气有伤；倘只德而否刑，生而无杀，则生德无威，必至客邪潜入。是生杀两用，刑德并行，斯无意外之患，不测之忧。夫刑杀者，所以化阴气；生德者，所以保阳气；阳气盛而阴气自退，阴气消而阳气自固"。②

尽管常常将"修行"与"修道"相提并论，但在某种意义上，"行"并不能等同于"道"，"道"与"行"的关系，也可以以体用关系来表示，"道"为体，"行"为用。那么，关于"道"与"德"，修道与修德之间的关系如何呢？论述如下。

（二）关于"道"与"德"

这里的"道德"不是现代意义上的"道德"一词，而是两个词，即"道"与"德"，"道"即"修道"之"道"，修道即修行，这里的"行"，是修道者的内行、内功，其表现为：苦己利人、勤打尘劳、施德不望报，有怨不结雠，有功而不伐，有难而不惧，见义必为者即是。"德"，也与现代意义上之"道德"有所区别，现代意义上的"道德"指一个人的品行，是不可量化的，而刘一明"积德"之"德"指人的善行，是可以量化的，善行越多，积德越多，功德越大，乃至无量功德，几乎接近于"道"。关于"德"的具体表现，刘一明举例，比如，恤老怜贫、惜孤悯寡、施药舍茶、修桥补路、

---

① （清）闵一得：《栖云山悟元子修真辩难参证》，《藏外道书》第10册，第259页。
② （清）刘一明：《红花绿叶》，《悟道录》下卷，《藏外道书》第8册，第617-618页。

扶危救困、轻财重义、广行方便者即是。他认为，修道是为己之事，是内功；而修德是为人之事，是外行。

关于修道与积德关系的认识，用刘一明的话来说，是"道德两用，内外相济"①，是体用关系，道为体，德为用。"道德两用"也即"道德相需"②"道德并行"；"内外相济"意即修道是为己之事，修德是为人之事，外面积德，内而修道。他说："内能治己，外能应物，内外相济，真履实践，是能生德矣，然虽能生德，而不知有德……无心之心，是谓道心，道心之德，不可见，不可闻，无形无迹，是谓元德，抱一而至有，元德由观徼而归观妙，后天悉化，复于先天，即阴魄亦变而为阳神，何营营之有，载魄抱一之功妙矣哉，六乎字有自问自审之义，若能自问自审，不能而必期于能，六事俱能，内则严以治己，外则虚以应世，内外合道，只有一心，并无二心，心即道，道即心，放之则弥六合，卷之则退，藏于密观徼而入妙抱一之功毕矣。"③他认为，以德佐道，以道全德。任何离德之道，皆是异端邪说，旁门外道。道之不可无德，犹阳之不可无阴。学道之人，若不先积德，鬼神所恶，常有内魔蔽窍，不能深入。修道之士，若不先种德，天地不喜，动有外魔阻挡，不能前进。不论学道修道，以立德为先，逢凶化吉，遇险而安，决定成道。盖道有尽而德无尽。古来仙真，成道以后，犹在尘世积功累行，必待三千功满，八百行完，方受天诏。自古抱道之士，未有不修德者。道如花，德如叶；花以叶扶持，道以德成全；花叶不离，道德相需。

进而，刘一明将"道"等同于"德"，而谓为"德即是道，道即是德"。他说："道之为物，惟恍惟惚，恍惚窈冥之中有物、有象、有精、有信，即是孔窍之德，德藏孔窍不见不闻，德即是道，道即是德，自古及今，道名不去，德名亦不去，道德相需，故能阅众甫而生万物。是谓元之又元，众妙之门也。"④而所谓"元德"，即"元窍之德，即众妙之门，道生物，其畜之，长之，成之，熟之，养之，覆之，似皆是德，然虽是德，不可见，不可知，故谓元德，元德不可名，强而名之，亦自然而已"。⑤

① （清）刘一明：《修真九要·积德修行第二要》，《藏外道书》第 8 册，第 529 页。
② （清）刘一明：《红花绿叶》，《悟道录》下卷，《藏外道书》第 8 册，第 617 页。
③ （清）刘一明：《道德经会义》第十章，榆中栖云山藏版，嘉庆八年。
④ （清）刘一明：《孔德之容章》，《道德经要义》，榆中栖云山藏版，嘉庆八年。
⑤ （清）刘一明：《道生之章》，《道德经要义》，榆中栖云山藏版，嘉庆八年。

　　但是，刘一明又认为，修道与修德又存在先后顺序，顺序的先后取决于修道者之智与德。刘一明据"先天之气"的"全"与"亏"将人分为上德之人与下德之人，先天全则为上德，即是体全德备，乾阳未伤之人，也即先天之阳未伤，不是后天之身未破。先天亏则为下德，即是自阳极阴生之后，先天已散，五行各分，四象不和，诸般宝物皆失。这里，刘一明将"先天之气"与"德"直接联系起来，使"先天气"带有"德"的色彩，同时，也使"德"带有先天性，这与他的"良知良能"论是契合的。他认为，古之圣人，必先修道，而后修德；古之贤人，必先修德，而后修道。因为圣人属于上智上德之人；贤人属于中人下德之人。圣人，一了百当，直趋道岸，修道易，故先修道而后修德，以德全道；贤人，必须有为，修道难，故先修德，而后修道，以德扶道。学道之人，上智之人，万中一二；中下之人，不可枚数。而中下之人，根基浅，见识小，孽苦大，根尘深，必先积德；德重能服鬼神，能动天地，能感人物；以之学道，则道易学；以之行道，则道易成。又因道是德之体；德是道之用。德之极处，即谓元德，元德深远而不可测，就几乎接近道了，故学道行道易。能积德，能立行，愈久愈力，德服鬼神，品超庸俗，高人一见，决定入目，大道有望。无德无行，鬼神不容。动有魔障阻挡，患难疾病，半途而废，势所必有。所以，一般修道者一定要先修德。德重则以之学道，而德易学；以之修道，而道易修，尤其因天喜而魔障自化。即是修道之后，也还是一定要修德。因为修道为己之事，修德为人之事。修道有尽，而修德无尽。故神仙道成之后，必三千功满，八百行完，物我两忘，亲冤一等；量同天地，包罗万物，道德兼该，始合本愿。到此时，内外皆空，有无不立，形神俱妙，虎兕不能伤，刀兵不能加，无常火宅不能牵。宝符下召，稳驾鸾车凤辇，白日飞升，功成名遂。修道、修德的先后顺序与修性、修命的先后顺序是一致的，先易后难，循序渐进。

　　进而，刘一明对当时的部分学道者进行了批判。当时有些学道者，不积一德，不立一行，偶然听得一言半语，不辨是非邪正，就贸然下手，妄想成仙；不要说不能得真，即使得其真，自古及今，还没有无功无行之仙人；何况大道非大忠大孝不传，非大贤大德不授，真师明鉴万里？更有一等糊涂愚人，不知脚踏实地勤行功行；即遇真师，又不敬心求教，谎言诡语，妄想哄人泄露天机，乘间偷取；又用不得长久，三朝两日即求传授，求之不得，即便远去；反出怨言，毁谤多端；如此居心，东奔西走，枉自费了麻鞋，碌碌一生，终无所成。在刘一明看来，修道者不仅需要自己修德修行，结聚无数天缘，还需要祖上积德深厚，才能无阻无挡，顺顺序序，了此大事。倘祖上无德，自己宿根不深，虽能勇往直前；或限于事之未就，而数已尽；或阻于功之方用，而魔障早来；往往有法无财，有道无力，抱道而亡者甚多。然虽未成道，而来去分明，与凡人大不相同。亦有半功而亡，亦有未半而亡。半功而亡者，再世必系生知。未半而亡者，再世亦必志道。故学道者，须要知得自己有宿根，不可自暴自弃。这里，与刘一明"轮回"观念一致，因轮回之故，人是有宿根的。①

所以，刘一明认为修道非真实大丈夫不能修，非天纵之上智不能行，此为圣贤脚踏实地之事业，而非若佛教中下二乘，空空无为，执心为道之虚学。

刘一明对于"修道"与"积德"关系的阐述，最为直接地受到了《悟真篇》的影响，虽然，金丹"北宗"也讲求"德"对于"道"的辅助作用。这与"南宗"对修道之人不出家修炼要求有关，在尘修炼，先尽人事，必然要遵循儒家的伦理道德规范，这已被人们认为是天经地义之事，修道的规范只会更加强化，而非对"德"的削弱。同时，刘一明对"德"的强调，可能也与当时形成的"假道学"有关。乾嘉时期正处于社会转型时期，人们的道德是非观念也处于混乱不定的状态，一方面，是官方理学道德的强调；另一方面，却是社会虚假道德的盛行，这从《儒林外史》所描述的社会中即可看出。可以说，刘一明对"德"的强调，也是对当时社会风气的一种纠偏。他以"道"的"修成"为依托，使"德行"的养成比世俗社会毫无约束的道德口令更具可行性与操作性。尤其他认为修道之人的德行到了"元德"的程度，便与"道"没有什么差别了。这一观点，进一步对人们的德行的提升提供了外在的约束力。也许，本就应该通过内外因素的相互作用才会促进道德的形成。内在的意识是主要的，但外在的因素（非仅指法律的约束，还包括信仰，比如鬼神）也是不可缺少的。当代，道德失效之原因是否与缺乏外在因素的约束有关，值得人们深思。

在谈到"修道"与"积德"的关系时，尽管刘一明强调"心"的自觉而能动的认识作用，提出"悟道"即"成道"的论题，但是他还是主张不排除外在的"格物"，即"穷经学理"。同时，他也为人的修道积德与否找到

---

① （清）刘一明：《修真辩难》，《藏外道书》第8册，第492页。

了外在的监督者，即鬼神。刘一明认为，"鬼神虽是阴神，出入自便，然而宅室不固，犹有抛身入身之患"。① 似乎人的所作所为都被鬼神所记录，他可以因不喜而"暗降灾殃，促其寿数"②，也可以"暗中扶持，逢凶化吉，遇危得安"③；似乎鬼神特别留意人修道"积德"，若"无德无行，鬼神不容。动有魔障阻挡，患难疾病，半途而废，势所必有"④；若人积德，德重可以"服鬼神"；若不先积德，则鬼神不喜，动有魔障蔽窍，不能深入，大道不成。⑤所以，人修道者"必以修德为先。德重则以之学道，而德易学；以之修道，而道易修，特以天喜而魔障自化"⑥，要做到"与天地合德，与日月合明，与四时合序，与鬼神合吉凶"，这样，才会"造化不能拘，万物不能伤"。

刘一明的鬼神观念是为其"修道积德"的主张服务的，也是与其"轮回观"一脉相承的。积德与否决定鬼神对你的态度；善恶多少，决定你轮回的转向。可以说，"鬼神"与"轮回"是刘一明为修道者设置的一种外在的监督。当然，这不是首属刘一明，而是已经成为民间的一种普遍观念，是一种不被称为信仰的信仰。

有人从社会心理学和行为心理学视角去解释"积德修行"，认为"积德修行"首先是一种利他的行为，甚至会损害个人利益，这种施恩而不求报的行为本身是对利己价值观的极大冲击。而这种一贯的行为方式会从意识层面逐渐深入到无意识层面，会从根本上改变人的行为方式和思维习惯。久而久之，行为人的心理和价值观会逐步发生根本变化，逐渐从内心深处形成一种心理习惯，即是有人而无我，苦己而利人。而这正是炼己所要达到的目的。⑦

（三）关于"人力胜天"

刘一明认为，人力之所以能胜天，是因为人修得的道是先天虚无之一气，为生天生地生物之本。圣功在虚无中着脚，故能天不违我。他举例说，

---

① （清）刘一明：《悟真直指》卷一，《藏外道书》第 8 册，第 335 页。

② （清）刘一明：《积德修行第二要》，《修真九要》，《藏外道书》第 8 册，第 529 页。

③ （清）刘一明：《结缘说》，《会心内集》卷下，《藏外道书》第 8 册，第 661 页。

④ （清）刘一明：《悟真直指》卷二，《藏外道书》第 8 册，第 374 页。

⑤ （清）刘一明：《丹法二十四诀》，《金丹四百字解》，《藏外道书》第 8 册，第 579 页。

⑥ （清）刘一明：《悟真直指》卷二，《藏外道书》第 8 册，第 374 页。

⑦ 赵相彬：《刘一明内丹思想研究》，硕士学位论文，华东师范大学，2008 年，第 32 页。

有命犯孤寡夭折穷困之人，或行一大德，立一大行，孤寡者反多子孙，夭折者反而长寿，穷困者反而富贵。道之胜天如同德能胜天。究竟人是怎么胜天的呢？刘一明未作说明，闵一得补充分析道：人之所以能胜天，皆因人感而应。气无存心者，致运盛衰，感有偏胜。气不任其咎。至人知之，立身于无，审心于虚。世人心感不可测，而天气之应，自必动现于虚际。至人乃于机兆兆时，或生或杀，必有端倪，静审必得；乃为挽回于兆初，当迎当遏，绝不费力。世未知之，而道冥全。是犹人寂省心，念起必觉；乃于兆际，或听或否，皆听自主，何待念行始为拂遏哉？盖以身乃气，念动则气应，其捷如响。推之天人，应感之速，亦如是者。应感而回，是之为胜。[①]这里的"天人应感"，实指心感气应，从修道的角度来说，就是德能胜天，道能胜天，最后归结到人力可以胜天。这种"天人应感"不同于董仲舒所谈的"天人感应"说。

闵一得还认为，"人能胜天"是"人的天职"。刘一明与闵一得都认为，尽管人人秉天地阴阳五行之气而生，但人能胜天而不为阴阳所拘。这是因为圣人可以凭借包罗天地之道，在天地之外逆运，故能"我命由我而不由天"。与刘一明所不同的是，闵一得认为刘一明的说法乃为"权说"。他认为，天、地与人都出自太极，且同秉一道，只是天地以无心为体，人以有心为用，而造化以无心寄之天地，以有心寄于人，因为人处天地之中，故凡造化之挽回，世运之升降，天地总其成而已。盖此升降，乃顺气化。世有盛衰，运失其道。运道之权，权在乎人，不在天地。人能法道，道法自然者，人能静体气机之来，不及者补之，有过者损之。凡夫刚、柔、强、懦、温、凉、燥、润、滞、放，等等机来，总以致得中和，无有偏胜，则生杀当而进退宜。以之理运则运亨，以之理丹则丹结，斯不负道付人掌之职。天地赖以位，万物赖以育；以有是理，故人亦得称才而与天地并列为三。学人知有此理，则心心体道，不稍杂私，一如先哲，不小其身，不负其心。以此有心，造物付以治进而有之，非为一己而有也，乃是太极所有，而出藏于我，故有谓"人为天地心"。世运之盛衰，人实使之，天地不与。人有此职，是以一夫不获，若挞之于市朝，儒宗述之；渡尽众生，佛道任之；盖以实有是职是任。因此，闵一得认为刘一明之说是后天权变说法，非经论。从古哲人秉心受职可见此"心"即天

①（清）闵一得：《栖云山悟元子修真辩难参证》，《藏外道书》第10册，第248—249页。

地元气中之元一；其大无外，其小无内；在道曰道心，在儒曰天心，在佛曰佛心；原非指生血肉团之心。至于人定胜天之"天"，是后天非先天。所谓"道逆行"，非"逆其道"，是指逆返归元。这里，闵一得把"著丹书，授真诀，导人修真是犹教孝教忠"看作是"天授"的"人补天医世"之职，只因"地天无心，心寄予人"。①

（四）感动与感应

在修道过程中，刘一明首先且一再强调修道者的修德，以感动真师，从而给以提携。而闵一得在于"感应"。他说：玄门所重，在于感应。真感则真应，幻感则幻应。感应从类，其理如是。若然，彼家我家，亦各具有真幻二气者。古哲事空事寂者，志在克己以全真。至道真源，不在气机之隐现，而在隐现莫测。心不之摇，念不之动，乃为全真。以真感真，玄关乃开。开真，则所现所隐亦真。隐现既真，则取炼还返无妄，而得效亦真。盖此玄关一窍，上包过去，下包未来。个中真妄，各随类感。随感随应，神祇无得暂阻。有此要妙，古哲鉴之，是以致功玄。② 这也显示了刘一明与闵一得修道着眼点的差异。刘一明侧重于"心性"的修炼，精神的塑造，重视自身人格的外显作用；闵一得则侧重于"身与命"的修炼，身与气的感应，重视自身体质的变化作用，即身安而世治。虽然二者的着眼点不同，但是其目的是一样的，即通过教化别人与自我教化而达到治世的目的。

第四节　刘一明"道"论的修习原则与方法

"道"的内容与程序决定了修习道的原则与方法。在修习"道"的过程中，刘一明遵循一定的原则，运用一定的方法进行"道"的修炼。

一　修习"道"论的原则

（一）性命双修

性命双修，从强调"性"与"命"的角度，可以看成修道内容，从强

---

① （清）闵一得：《栖云山悟元子修真辩难参证》，《藏外道书》第 10 册，第 248 页。

② （清）闵一得：《栖云山悟元子修真辩难参证》，《藏外道书》第 10 册，第 293 页。

调"双"的角度，可看成修道原则。刘一明在《敲爻歌直解》中说："修性不修命，不能成道，修命不修性，亦不能成道，若欲成道，非性命双修不可。修命之学，以术延命，复先天化后天，长生之道，固元矣；修性之学，以道全形，破虚空超三界，无生之道，亦元矣。性命双修，道法两用，内外相济，既得长生，又能无生，形神俱妙，与道合真，了命了性，不生不灭，元之又元矣。"① 他认为性命功夫不可偏废，否则大道难成，因为修性和修命各自的具体作用是不同的。修命是长生之道，但精神超脱，自性圆满并未实现，修性方能实现真正自由，无生无死。他说："修命者，超凡之事，修性者，入圣之事。超凡，所以脱幻身，入圣，所以脱法身。"② 这段话很清楚地表明了两种修为所达到的不同效果。

对于"性命"必须"双修"的根本原因，刘一明做出了自己的解释。他认为，性者命之寄，命者性之存，性命原是一家。③ 性命之所以要双修是因为人之性命统一，性不离命，命不离性。性命即神气，神依气存，气赖神运，神气和合，阴阳协调，方能保全性命。他又认为，性为阴，命为阳。金液大丹，乃取真阴真阳同类，两弦之气，和合而成。若修命而不修性，或修性而不修命，是孤阴寡阳，大丹不结，所以，性命必须双修。④

至于"修性"与"修命"的先后问题，全真教的创立者王重阳主张先性后命，金丹"南宗"代表张伯端主张先命后性。刘一明没有一概而论，而是据修道者的禀气与性根来决定修命与修性的先后，"禀气清，性根利"的人，先修性后修命；"禀气浊，性根钝"的人，先修命后修性。⑤ 他称先性后命的功法为以道全形的上品自在法，称先命后性的功法为中下品法，即权度法与攻磨法。对于占绝大多数的普通人而言，就必须遵循中下品的普通法门了，也就是张伯端的先命后性的修炼方法。由此可见，刘一明在性命修炼上的观点是较为辩证全面的。

（二）尽心穷理

在《金丹图》中，刘一明指出："性命相合，阴阳混一，是谓金丹。金

---

① （清）刘一明：《敲爻歌直解》，《藏外道书》第 8 册，第 433 页。
② 同上，第 432 页。
③ （清）刘一明：《修真辩难》卷上，《藏外道书》第 8 册，第 481 页。
④ （清）刘一明：《悟真直指》卷三，《藏外道书》第 8 册，第 379 页。
⑤ （清）刘一明：《修真辩难》卷上，《藏外道书》第 8 册，第 482 页。

丹者，性命之别名。不知性命，焉能修持性命？不识金丹，焉能凝结金丹？故穷理工夫，最为先着。"① 在此，他认为，修道先须穷理。若一毫道理穷不彻，就一毫性命做不稳。知得一分，做得一分；知得十分，做得十分。他认为，古来祖师作丹经子书，流传世间，就是想要人人成道，个个了真。若丹经无用，则祖师不宜多事，传于后世，既传后世，则祖师性命大道，即在其中。倘若古人丹经虚假，后人口说是真，则是后人成道者大胜于古人。他举例，前代各家祖师明理之后，有数月而大成者，有三二年而大成者，甚至十数年成道，即谓成之晚。前代祖师成道之后，处处开坛，方方演教。由此得出，古人法言道语不可不穷以明。

刘一明主张"穷理"还缘于当时学道者的境况。当时有的学人糊涂，不去辨别，不费心思，不下功夫，所以，对于丹经难悟难解；又有一等假道学者，得些顽空事业，死下功夫，数十年后见些假境界，有些小效验，说凶道吉，自以为成道；还有人问以丹经，茫然无知，不仅不知，而且毁谤；更有一等愚人，见人看经书，即便憎恶訾诮。面对这种学道境遇，刘一明主张学道者首先要穷理。

但刘一明又认为，性命之理，前人细明，而穷理之法，前人却罕言。为使人人明道，个个积功，刘一明立二法，要修道者量力而行，因人生秉性，清浊不一，学问深浅不等，若执一法而行，则聪明有学问者可知，愚钝无学问者难晓矣。

对于秉性聪明、字义通达之人，刘一明认为，这种人不可不看经书。因为古人著书传世，言不空发，字不妄下。一言一字，大有妙义。然经书混杂，真假难辨，常常有好事者，托古人名号，凭心著作，惑乱正道。久而久之，以讹传讹，不知谁是谁非。所以，须看经书，须要看人共知共晓之经书，如《道德经》《阴符经》《南华经》《参同契》《悟真篇》等书。千真万真，须拣取一部看之，不可乱看，亦不可先看注解。当细看正文，盖注解内邪正相杂，多有不得真传，以意猜度，妄评妄解者。若不识真假，一入圈套，终身难出，不如不看。看书之法，须要先将正文熟读万遍，再逐节辨别实理。一句一字，不可轻放。不可在话头上读念，亦莫在一身上下，有形有象处揣摸，亦莫在幻身精气神上着意。须要离过此身，更不要向身外猜疑。因为性命根源，

---

① （清）刘一明：《周易阐真·金丹图》，中国中医药出版社1990年版，第34页。

在未生身以前；夺造化，在生身受气之初。古人多一言双关，须要费无穷心思，以有象参无象，以有形体无形，依法日日穷究，时时穷究，刻刻穷究，功夫不缺，日久猛勇的钻破元关，始知太极阴阳五行四象八卦，皆我天赋实理；铅汞砂银龙虎龟蛇药物炉鼎，皆我现成物料。再遇真正明师，整纲提领，成仙了道，其事最易。

至于秉性愚蠢，不通文义之人，刘一明认为须当先立志气，振发精神，使诸尘不染，志气常存，再打并消夜炼睡。不分昼夜，穷来穷去，一直穷去，穷到莫可穷处，认得身外身。之后，再遇明师口授金丹大道，点化凡躯。①

（三）功行并齐

刘一明一直在强调，修道乃真履实践、脚踏实地之大事。他说："你莫得三心二意，必须要道德两用，功行并齐。大抵是德可服鬼神，易晓得天机。大抵是无行的魔障多生，难遇着真师。这些话休要轻看，莫要惊疑，能行持才是立根基。"②实际上，功行并行与道德两用蕴意相同。关于修行与积德的关系、道与德之关系，前文已详细论及。

（四）混俗和光

刘一明认为，道是先天虚无之一气，所以百姓日用而不知。实际上，行住坐卧俱是道。在人类中正好修持，于市朝中最好作为。于此，闵一得参证道：处市居朝，大修行人，隐有大作用。但处市为德，而居朝为行；德无行不德。但他又认为，既然是出家人，就得有出家人的样子，应该穿道袍，要有道人的职责，否则就算不上"道人"。刘一明认为，通邑大都，混俗和光，所以使人不识，而得以潜修密炼。不应世事，行九年面壁之功，以期超脱。混俗和光，正为夺造化，了生死，得丹前，在俗脱俗，在尘出尘。得大丹凝结，绝俗脱尘。若不行九年面壁，万难粉碎虚空，以其所结之丹，真中有假。对于刘一明绝俗脱尘之后不应世事的"九年面壁"功，闵一得持有不同的看法，他认为刘一明之所以会有如此想法，是其对于太上心宗尚未彻底洞悉。闵一得从护法角度对"混俗"进行了批判，他说："内既事玄，自应道服。"他认为，修道不一定要混俗和光，不一定要面壁九年，行九年

---

① （清）刘一明：《穷理说》，《会心内集》卷下，《藏外道书》第 8 册，第 658-661 页。

② （清）刘一明：《答崔高齐（五曲）寄调五供养》，《会心外集》卷上，《藏外道书》第 8 册，第 685 页。

面壁，以其所结之丹，真中有假耳，其病在求速效。太上心宗，大丹道法，进一步淘洗一步，步步命学，返至自然。但必自炼心入手，乃能步步返元，造至虚无可虚，寂无可寂，先天乃现。如是虚寂，造至自然，玄关乃开。关开，始能左右逢源，天宝始从此得。如是圆结，故能聚则成形，散则成气，无须加行面壁。①

刘一明虽然主张混俗和光，但是，他又认为，入世间法并不是人修道的最好方法，只是人在世间，入世间法便是不可避免的。与此相对的是，他认为，"隐"也是保存自我的一种方法，有不得不"隐"的情况，且不得不"隐"更为不易。可见，刘一明始终未能摆脱内心的矛盾，"隐"是现实中的矛盾无法调和的一种选择，"混俗"是作为道人，不能纯"隐"而生无奈的一种表达。

（五）量力而行

刘一明认为，性命之学，其理精微，其义幽深，蓍龟难测，鬼神莫知，非一言半语可以了悟，苟非下数十年穷理死工夫，不能揣摩其一二；非积德立行，勇猛精进，一意不回，不能感动乎真师。因此，他要学者据力量大小，志气锐弱，性根利钝，来选择方法进行修道。

刘一明认为修道有上、中、下三法，修道者要量力而行。所谓的三法即上等法乃自在法；中等法乃权度法；下等法乃攻磨法。自在法者，顿悟圆通，一了百当；净倮倮，赤洒洒，圆陀陀，光灼灼，行住坐卧不离这个；如明镜止水，无物不照，无物能瞒；从容中道，安而行之，天人合发也。权度法者，后天中返先天，顺道中行逆道；以真化假，借假全真；随机应变，因事制宜，利而行之，内外相寄也。攻磨法者，秉性鲁钝，识见不大；必须心地下功，全抛世事；苦其心志，劳其筋骨，饿其体肤，千磨百炼，择善固执；苦人之所不能苦，受人之所不能受；人一能之己百之，人十能之己千之；从一切艰难苦恼处狠力作造，忽的露出本来面目，从此直下实落功夫；与上中之法同一揆辙，此勉强而行之，以己求人。刘一明认为，这三种方法，皆古来仙真口口相传之秘诀，教人量力而行；不能行上法者，行中法；不能行中法者，行下法，总以了性了命为归结。②

---

① （清）闵一得：《栖云山悟元子修真辩难参证》，《藏外道书》第 10 册，第 237-238 页。

② （清）刘一明：《修真辩难》，《藏外道书》第 8 册，第 489 页。

（六）循序渐进

刘一明认为，修道先须明其道，次要知其法，即他说的"穷理尽性"。道法两用，性命双修，方是无上一乘之道，乃脚踏实地之道。脚踏实地之道，须要循序渐进，不得躐等而求。何谓循序渐进？就是修道要按照程序，一步一步进行修炼，积德立行为第一，炼己筑基为第二，以铅制汞为第三，铅汞相投为第四，温养还丹为第五，大药发生为第六，服食金丹为第七，凝结圣胎为第八，以汞投铅为第九，抽铅添汞为第十，防危虑险为十一，胎完止火为十二，九年面壁为十三，脱胎出神为十四，乳哺婴儿为十五，别安炉鼎为十六，神化不测为十七，打破虚空为十八。刘一明认为，修道程序皆修道之要领、圣功之全能，他告诫修道者，要在实地上下功夫，自卑登高，由浅及深，用渐进之功。他在《百字碑注·序》中也谈道："不奇而奇，不异而异，学者能于祖师法言，极深研几，循序渐进，未有不深造而自得者。"①

（七）求师自参②

刘一明特别重视从师的重要性。他主张"师传"与"自悟"二者皆备，他说："命须师传性自悟。"他认为，性命之道，乃窃阴阳、夺造化、转生杀、扭气机、先天而天弗违之道，鬼神不能测，蓍龟莫能占，得之者立跻圣位，直登彼岸，是天下第一件大事，是天下第一件难事，苟非圣师附耳低言，如何知之？独是旁门三千六百，丹法七十二品，以邪害正，以假乱真，谁为盲师，谁为明师，甚难辨别。然辨别亦易。惟采先天之气为要着。但先天之气，无形无象，视之不见，听之不闻，抟之不得，如之何而修炼？如之何而返还？丹经子书，未尝不言此气也，未尝不言修炼也，未尝不言返还也。但极力言之而言不象，极力论之而论不及。必借真师口传心授，方能认得药物，明得火候，一往直前，无阻无挡。否则不求师诀，徒依丹经话头，稍分枝叶，自谓大彻大悟，而即任意做作，不着于空，即执于相，将在何处而结灵胎乎？此真师口诀不可不急求也。若不求师，自负聪明，强猜私议，则会耽负性命。

但是，刘一明又认为，从师又需要察看所从师之言行，进行辨别其是盲师还是明师。盲师自以为是，无而为有，虚而为盈，不肯自思己错，更将错路教人。或有指男女为阴阳者，或有以经粟为黍珠者，或有以炉火为

---

① （清）刘一明：《百字碑注·序》，《藏外道书》第 8 册，第 435 页。

② （清）刘一明：《修真九要·访求真师第四要》，《藏外道书》第 8 册，第 531–532 页。

外丹者，或有炼心肾为内丹者，或有以存想为凝神者，或有行子午为抽添者，或有转辘轳为周天者，或有认顽空为无为者，或有以运气为有为者，或有以忘形为修静者，或有以炼睡为退阴者，或有服硫黄为进阳者，或有辟五谷求延年者，诸如此类，不可胜数。此等之辈，功德不言，节操不立，身衲衣而腰钱囊，头簪冠而心蛇蝎，见富贵而留心，遇困苦而忘道，饮酒啖肉，不顾十方血汗，丧名败教，那知万劫沉沦，行步时只在钱财上用功夫，举动处尽于衣食上费心思，一头一拜，即收为徒，一茶一饭，即便传道，借圣贤之门户，而自欺欺世，窃仙佛之法言，而捏怪作妖，只知一身饱暖，那管他人死活。而高人明师，自命不凡，独弦绝调，不滥交，不谄世，不同党，不要名，不恃才，不谋利，不欺人，不怪诞，一言一语，俱有益于世道，一行一止，大有裨于圣教，贪、嗔、痴、爱而俱无，意、必、固、我而悉化，品节清高，人人所不能及，胸襟脱洒，个个所不能到。同时，刘一明教人以其师密授试金石一方来识别人之高低身份。若遇修行之人，以酒色财气试之，而不能动者，必非凡品，更以《悟真》《参同》诘之，而随口应者，即是明师。可见，其从师的主张继承了其师的教导。

刘一明强调"从师"，但并不意味着修道之人要事事依赖老师，还需要自己参读经书进行体悟。他认为，老师只能革其面，而不能革其心，能与人规矩，而不能使人巧。老师所授者，不过指其真药真火，大关大窍。至于用之巧妙，行之急缓，成之迟速，在学者力量大小，志气锐弱，性根利钝。所以，学道者不得置契论经歌于不读，专求于师；亦不可以契论经歌为自悟，而不求师，而是契论经歌亦要读，明师亦要求。读契论经歌，可以辨邪正真假，扩充识见，访求明师，所以印证其所辨所见之理耳。自参与求师，缺一不可。

二 修习"道"论的方法

刘一明基于人性论的基础，根据不同的划分标准将修道方法分别划分为二法与三法，修道二法是按照修道的最终结果来划分的，修道三法是按照修道的具体做法来划分的，可以说，两种方法殊途同归。

（一）修道二法

按照修道的最终结果来划分，刘一明认为修道有二法：一是以道全形，二是以术延命，这两种方法又是依据先天气的多少而界定的。上德者以道全其形，抱元守一，行无为之道，即可了事，且不以察求。下德者以术延其命，由勉抵安，行有为之道，方能还元，且其用不休。上德者之所以不察求，是因为其天真未伤，客气未入。若顿悟本性，无修无证，直超彼岸，察求之功无所用。下德之所以其用不休，是因为其天真已亏，知识已开，虽能顿悟本性，不能斩然驯顺，必用渐修之道，增减之功。增而又增，减而又减，直至无可增减。义精仁熟，方到休息之处，此是不休之用所由贵之原因。上德下德，身份不一，故其用亦异。若下德者到义精仁熟时，亦与上德者同归一途。所谓或安而行之，或利而行之，或勉强而行之，及其成功，都是一样的。①

（二）修道三法

刘一明认为修道有上、中、下三法，在人量力而行。所谓的三法即上等法乃自在法；中等法乃权度法；下等法乃攻磨法。自在法者，顿悟圆通，一了百当；净倮倮，赤洒洒，圆陀陀，光灼灼，行住坐卧不离这个；如明镜止水，无物不照，无物能瞒；从容中道，安而行之，天人合发也。权度法者，后天中返先天，顺道中行逆道；以真化假，借假全真；随机应变，因事制宜，利而行之，内外相寄也。攻磨法者，秉性鲁钝，识见不大；必须心地下功，全抛世事；苦其心志，劳其筋骨，饿其体肤，千磨百炼，择善固执；苦人之所不能苦，受人之所不能受；人一能之己百之，人十能之己千之；从一切艰难苦恼处狠力作造，忽的露出本来面目，从此直下实落功夫；与上中之法同一揆辙，此勉强而行之，以己求人。三法，皆古来仙真口口相传之秘诀，教人量力而行；不能行上法者，行中法；不能行中法者，行下法，总以了性了命为归结。②刘一明修道三法也可能承袭了金丹"南宗"的三乘法。钟离权所述《秘传正阳真人灵宝毕法》，分内丹为由浅入深的三乘法，即小乘安乐延年法、中乘长生不死法与大乘超凡入圣法。③陈楠承其说而改进之，把内丹分为上中下三品，分别适应于上中下三种根机。上士可学上品天仙之道，"以身为铅，以心为汞，以定为水，以慧为火，在片饷之间，可以凝结，十月成胎"，"本无卦爻，亦无斤两，其法简易，故以心传之，甚易成也"，

---

① （清）刘一明：《参同直指》中篇，《藏外道书》第8册，第281页。

② （清）刘一明：《修真辩难》，《藏外道书》第8册，第489页。

③ 《秘传正阳真人灵宝毕法》，《道藏》第28册，第349-364页。

"以精神魂魄意为药材，以行住坐卧为火候，以清静自然为运用"，此法能变化飞升，这最上一乘，乃金丹"南宗"所力倡。中士可学中品水仙之道，"其法以气为铅，以神为汞，以午为火，以子为水，在百日之间，可以混合，三年成象。虽有卦爻，却无斤两，其法要妙，故以口传之，必可成也"，"以肝心脾胃肾为药材，以年月日时为火候，以抱元守一为运用"，其法则能出入隐显中；庶士可学下品地仙炼丹之法，其法"以精为铅，以血为汞，以肾为水，以心为火，在一年之间，可以融结，九年成功"，"既有卦爻，又有斤两，其法繁难，故以文字传之，恐难成也"，"以精血髓气液为药材，以闭咽搐摩为火候，以存想升降为运用"，其法只能留形住世。①

刘一明还说，道门中有三乘之法，上乘者，长生久视，成仙了道；中乘者，开坛演教，度化群迷；下乘者，苦己利人，随处方便。三乘量力行去，各有结果。他劝同道中人，务上乘者，须先看丹经子书，细心搜寻实理。盖丹经子书皆祖师心法命脉，道之真伪，法之是非，有为无为，外道正道，无一不说。细玩经书之理，辨明是非邪正，明师盲师，一见便知；纵然不得大道，亦不至误入旁门，枉费功夫矣。若宿根深厚，再加修德立功，一念不回，终遇真人提挈，明道成道，可以有望。务中乘者，屏除杂念，弃绝俗事，志念纯真，大经小忏，日夜诵习，必至无经不会，无书不解，更要诵古人之言，行古人之行，方能感动十方神明默佑；不可仅记话头，以应故事；更不可借经图利，以谋衣食。特以十方所信服者，信服其品行高超，举止端正，故开坛演教，一言一语，人皆喜听。又要慈悲一切，物我同观。若诵习经书，日久到得得意忘言处，必有所悟，再遇高人指点，大道可冀。务下乘者，当方便为先，攻苦为要；修桥补路，施药舍茶，忍辱受垢，性情和平，忿怒不起，名利不贪，世事不染，随缘度日，衣食任命，生死交天，大小功行，随力行去，不怕辛苦，始终如一，百折不回，死心塌地；久久行持，功行到日，苦尽甜来，自有高人接引，得闻香风，大道可冀。刘一明认为，虽曰三乘之道，功成则一，切勿自暴自弃，有误前程。②

由上文可知，当时道教界普遍存在着修道三法的说法，而且这三种方法是循序渐进的，下乘法简易方便，人人可以从事。这也成就了当时道教

---

① 《修仙辨惑论》，《杂著指玄篇》卷四，《修真十书》，《道藏》第 4 册，第 617 页。

② （清）刘一明：《修道辩》，《会心内集》补疑，《藏外道书》第 8 册，第 668-670 页。

民众化的一个特点。这与当时社会的政治、经济以及文化相关联。入教人数之多，且层次不一的状况也决定了道教修炼方法的层次性。实际上，刘一明的修道三法可以概括为修道二法，上等法即是以道全形之事，中等法与下等法即是以术延命之事。

不管用哪一种方法进行修持，都需要修道者在修炼的程序上有法可依，而且需要修道者在素质上有所提升。

本章结论

陈撄宁说："要晓得湖州金盖山闵小艮一派，是调和派。他与'阴阳栽接'和'清净孤修'常立于反对地位，便另辟一条门径，将二者合二为一：虽讲清净，而不是孤修；虽说阴阳，而不是栽接；既非《参同》《悟真》之法，亦非冲虚、华阳①之法（即只讲清净独修，不说阴阳栽接），更非悟元子《道书十二种》之法。"②虽然，刘一明与闵一得的方法不同，但可以说"虽讲清净，而不是孤修；虽说阴阳，而不是栽接"却是他们的共同点，其所说的"阴阳"，不是身中阴阳，而是来自虚空。这也就是胡孚琛先生所说"虚空阴阳"的原因。王永平承袭胡孚琛先生将刘一明的修道方法称为虚空阴阳人元丹法，③俗称虚无派，把虚空阴阳丹法与自身阴阳丹法、阴阳男女双修丹法并

---

① 伍守阳：明代后期著名内丹家，原名阳，字端阳，自号"冲虚子"。曾师事张静虚、李虚庵、曹还阳龙门派支系。其著作有《天仙正理直论》《仙佛合宗语录》以及"门仁贤问答"。柳华阳：江西洪都（南昌）人，生于清雍正十三年（1735年），卒年不详。其著作有《金仙正论》《慧命经》。其继承发展了伍守阳的丹道理论，故合称伍柳派。

② 洪建林编：《仙学解密——道家养生秘库》，大连出版社1991年版，第132页。

③ 按"丹有三元"，即人元丹法、天元丹法与地元丹法来说，陈撄宁认为，天元丹法，重在服食，不重点化。地元丹法，既能点化，又可以进一步炼成服食，而上接天元。黄白术，仅能到点化程度而已，不能再往前进。人元丹法，要用同类阴阳，虽有铅银砂汞等名词，其实与五金八石毫无关系。但他又说，外丹黄白术，炼到一二年后，九转功成，只能点化，而不能服食，此种名为地元。由地元再求进步，炼满九年或十二年，此种名为天元神丹，可以服食。他又认为，天元丹法，即清净派；人元双修，即夫妇同修同证。参阅洪建林编《仙学解密——道家养生秘库》，大连出版社1991年版，第331—335页。

列一起，共三家四派丹法进行研究。[①] 这与传统道教书上主要记载的两派三家的丹法有些不同，即：自身阴阳丹法（清静派丹法），以北派龙门派的伍、柳派为代表；同类阴阳丹法（阴阳派丹法），同类阴阳丹法又包括彼家丹法（男女双修）和龙虎丹法（三家相见法）。前者以东派陆西星为代表；后者以张三丰为代表。[②]

　　对于刘一明修道丹法所受的影响，刘宁在其《刘一明修道思想研究》中有所提及，认为刘一明是受了伍守阳内丹思想的影响。他认为，刘一明承袭了伍守阳人道三变论，以及人道三变与逆则成仙的三关修炼相对应思想，并有所发挥。丁常春在其《伍守阳内丹思想研究》中也谈到了这一点，他认为，刘一明亦承袭了伍守阳"炼己"贯穿丹道始终。[③]

①　胡孚琛：《丹道法诀十二讲》，社会科学文献出版社 2009 年版，第 6 页。

②　王永平：《清代刘一明的道学思想》，博士论文，中国社会科学院研究生院，2002 年，第 3 页。

③　丁常春：《伍守阳内丹思想研究》，博士论文，四川大学，2006 年，第 161 页。

第四章　刘一明的教化之论

信仰不仅仅是理论层面的，表现在日常的言行中，则是对信仰的实践。刘一明采用论辩、阐释、讲解、注解等多种方法，以杂记、书信、传记、诗词、歌赋、曲行、赞辨、铭联等多种形式，行医、著书、修道、课徒、设坛演教，这是对其信仰的坚持与传播。在此，笔者将其理论称为教化论。

在《三教辨》[①]中，刘一明从"道"与"教"的含义演变两方面对三教一家之理进行了阐述，从此，可以理解刘一明道教"教化"的蕴意，然其"教"是以其"道"为内容的教化。显然，这体现了"信仰"与"教化"的关系。

从归宿上来说，刘一明认为，三教兼归于"道"。"道"，通天彻地，达古贯今，无始无终，无边无岸。故运四时者，曰天道；载万物者，曰地道；尽性至命者，曰圣道；日用常行者，曰人道。《中庸》曰："率性之谓道。"接着，刘一明对"道"进行了考察，盘古初分，人与鸟兽同居，草衣木食，不知有道，亦不知有教。天不秘宝，河出图，伏羲则之，画八卦以泄天地阴阳造化之道，而道之名从此开始。到黄帝制文字，立伦常之道教人，而"教"之名自此开始。继而，尧舜禹汤文武周公体其道，行其教，用以治世。当时虽有其教，但无定名。至周末孔子应水精而生，周游列国，欲行其道，最终不得其愿。遂著六经传世，以觉方来，遂有儒教之名。是儒即道，道即儒；儒外无道，道外无儒。道者，人之径路；儒者，人之需用。需用者即道。需用之道，即常行之道。故曰："道也者，不可须臾离也。"然则孔子虽是儒中圣人，其实是道中圣人。圣人之道，圣人之教，有出世、入世二法，使出世者修性立命，使入世者齐家治国。所以孔子可以仕则仕，可以止则止，可以久则久，可以速则速。孟子饱仁义而不愿膏粱之味，修天爵而不愿人之文绣。后世抱道之士，岩居穴处，不图名利，或称有道之士，遂有"道

---

① （清）刘一明：《三教辨》，《会心外集》，《藏外道书》第8册，第700-702页。

士"之名。其间有欣慕古人高风,廉洁持身,高尚其志,渐有"道教"之称。其实"道教"之名非老子自立之,是后人逐渐给予的嘉称。世人以老子为"道教"之宗,因为老子之道没有可配对的。释氏之教,亦西域圣人之教。其教随方而设,因人而用。闻之西域人,性好杀,风俗粗陋。佛法以慈悲低下为主,以方便施舍为要,以因果报应为教,与儒之省方观民,设教之意同。中华人性不一,风俗不同,圣人立教亦不同。三教圣人,其教不同,其意总欲引人入于至善无恶为要归。不仅如此,儒有精一之道,道有得一之道,释有归一之道;儒有存心养性之学,道有修心炼性之学,释有明心见性之学;儒有道义之门,道有众妙之门,释有方便之门。溯源穷流,三教兼为一家。

从作用上来说,三教圣人,虽然其教义教理不同,但其意总欲引人入于至善无恶为要归。从"道"与"教"的含义上来说,"道"为"体","教"为用。从体上来说,三教兼为一家。对于佛老正教,刘一明认为,非大忠大孝不度,非大贤大德不引。以性命为大事,以德行为要着,存诚去妄,弃假归真。老子观窍观妙,佛氏真空妙相,即孔子明德至诚;道之虚无自然,释之无住无相,即儒之无声无臭。此为二教之同。对于儒道,刘一明认为,随人情性,以适其志,从道者修性立命,从儒者齐家治国。对他来说,他不喜欢在名利场中,纡紫怀金,舍真认假,认为此不是至圣身心性命之学,于是他选择遁名晦迹,静养太和,以全大造之功。

从刘一明的论述来看,"道",是圣人之道,"教",是圣人之教,而且他把道教的教育教化称为"无为之教",这种教化是以神道设教的方式进行的。他说:"可知无为之有益,无为而无不为也,无为之益,自然之益也,自然之益,乃不可言之教也,教非教人,是教己之义,即修道之谓教之教,亦即观妙观徼之功,教施无教,因要至柔不坚,离一切法,故谓之教,即无为无不为之义,教至无为自然,复于始母,圣基已立,其益无穷。所为得一毕万者也,凡天下有言,言为之益,皆为道之糟粕,虽曰有益而实无益,希能及此不言之教,无为之益,修道者可不以柔为先乎?"[①]他还说:"圣人以神道设教而天下服,虽曰有为其实无为,夫天下之人各形其形者也,然形不同而神则同,可以神交,不可以形交,神交者,以德感化,无为无执,形交者,以迹相求,有为有执,神不可为,为者败之,神不可执,执者失

---

① (清)刘一明:《道德经会义》第四十三章,榆中栖云山藏版,嘉庆八年。

之。……圣人因人而教，不为不执，顺其人自然本质而已。其可为者，不过使其去本质之甚者不至于偏去本质之奢者，不至于假，去本质之泰者，不至于过，未尝逆其自然本质，而于本质之外，别有所为者也。我随本质而教人，人守本质而顺我，无甚无奢无泰，不知其所以然而然，同一神道，同一朴矣，非天下至神至圣，与始母同功用者，而能为神器乎？"①

在上一章中，本书从学道者学的角度，对刘一明所学道之内容、学道之程序及学道所应遵循的原则与方法进行了讨论。下文将从教师教化的角度讨论教的内容、原则与方法。由于"学"与"教"的主体不同，学与教的方法与原则自然会有所不同，但"学"与"教"又是教化活动的两个方面，所学的内容与所教的内容是一致的，所以，在教化的内容上，我们仅简略提及。

第一节　教化的对象与教化目的

对"道"的解悟，刘一明不敢私自拥有，遂将其公之于世，以教化世人。

一　教化的对象

刘一明在成道之后，即有意收徒化道，传授其丹道理论。自然，其教化的直接对象主要是教内弟子，又因其主张混俗和光，其践履之行为扩大至民间，比如，修桥梁，为人看病，建义冢等积德之行为，这样也间接地对民间的百姓产生了潜移默化的影响，在某种意义上，间接的教化又反过来扩大了其信仰论的影响。这也体现了其信仰与教化之间的关系。

刘一明认为，"人人具足良知良能，个个圆成，处圣不增，处凡不减，乃仙佛之种子，圣贤之根本"，②他又继承了王阳明的心学理论，认为明道即成道，使得成道这一高深莫测之操作在人们心中化作了对"道"的认识，从而使得人人修道成为可能。但是刘一明又认为，六根不全之废疾人不适合修道，原因是，道为天地所贵，窃阴阳，夺造化，是大圣人之事。而废疾

---

① （清）刘一明：《道德经会义》第二十九章，榆中栖云山藏版，嘉庆八年。
② （清）刘一明：《悟真直指》卷一，《藏外道书》第8册，第335页。

之人，形有所限，气有所塞，没有能力做此惊天动地之事。若付大道，必将有用之宝，置于无用之地，决遭天谴，故不敢授。对于六根不全而行大功大行之人，可以以性理小乘，使其修来去之路，至于金丹大道，决不敢授。

总之，刘一明的教化对象，不仅仅包括云集在其左右的弟子，还包括与之接触、受其影响的普通民众，具体说，可以包括自我、道门弟子、善士、和尚、儒生、商贾、官吏等，体现了其教化对象的"三家"性。

二　教化目的

由于教化对象不同，教化的目的也是不同的，即使对同是教内弟子的道学教育，根据个人资质的不同，刘一明还是主张设定不同的教育目的。

对于教内弟子，学道成仙是其主要的宗旨。但在所成"仙"上，刘一明将其分为五等，即天仙、地仙、列仙、鬼仙与人仙。不过，这是根据不同的修炼方法与程序所能成就的"仙"来划分的，五仙各有各的成就方法与步骤。刘一明说："炼九还七返金液大丹，了命了性，成金刚不坏之体，千百亿化身，隐显不测者，天仙之道，即万劫一传之道。从后天中返先天，还无返本，归根复命，凝神聚气，留形住世，长生不死者，地仙之道也。受三甲符箓，炼上清三洞妙法，飞云走雾，避三灾八难，来去无碍者，列仙之道，南宫护身之道也。修真空之性，极往知来，出阴神而尸解，不落恶趣者，鬼仙之道，即以道全形之道也。降伏身心，保养精气，住世而无苦恼者，人仙之道，乃培植后天之道也。此五等仙，惟地仙再进一步，行无为之道，即可到天仙之位。其余皆有劫数，欲证天仙，尚有许多层次隔碍，无金丹之道点化，万难有成。"[1] 然而，刘一明在《悟真直指》中又指出："脱生死之道即学仙之道，而仙又是分鬼仙、地仙与天仙三等。了性而出阴神者，鬼仙；了命而留形住世者，地仙；性命俱了，身外有身，形神俱妙，与道合真，为天仙。学天仙，即学金丹大道。"他又认为，所成几等仙是有层级性的，天仙是在地仙的基础上成就的，没有成就地仙，是不能成就天仙的。

关于成仙的种类，闵一得承先师太虚翁之说法："修行人，能得太极交生之物为圣胎，谓之天仙；得自地天生之物为圣胎，谓之地仙；得自虚空真阴真阳之元作圣胎，谓之神仙；得自生龙活虎空虚交生之物为胎者，谓之人

---

[1] （清）刘一明：《修真辩难》，《藏外道书》第 8 册，第 489 页。

仙。更知加迎太极之一，以点化之，是谓水仙，变化莫测，稍亚天仙，非仅不坏已也。"同样，他在对于刘一明"筑基"论述时所做的评析中谈到，谓刘一明"筑基"说失于"看书与穷理"，认为"惟从虚寂两字入手"，而且"天水地人神鬼六种仙眷，皆于此出"。[1] 明显地，闵一得在此谓有六种仙眷。即使是二者同提出的"五仙"，其名称与所修之"道"都是不一的。闵一得认为自己丹诀成就的是"天仙"，而刘一明的功法成就的只能是"地仙"，即便如此，也须打开"玄关一窍"。

第二节 教化的内容

刘一明对不同人根据不同的教育目的施以不同的内容进行教化。笔者将之分为教内教化与民众教化。虽然，对于民众的教化不是专门性的，而是刘一明因其德行对民众形成的潜移默化的影响，但这种影响也是不应忽略的。

一 教内教化

教内教化主要是对入道信教弟子的教化，采用宫观式的教育方式；教育的内容主要是道论，即教化的内容就是信仰之"道"。在教育弟子的同时，刘一明也在进行自我教育，不断地反省，并身体力行。现将其主要的教化内容分述如下：

（一）性命双修

关于刘一明为何要修"性""命"，为何要性命"双"修，修性与修命的顺序，以及性命双修的注意事项，前文均已论述，兹不赘述。

（二）三教一家

在刘一明的道学思想中，处处可显示出"三教一家"。他认为，从本体上来说，道即生物先天祖气，在儒名曰太极，在释名曰圆觉，在道则名曰金丹，此不贰一气之道，自古为圣为贤、成仙作佛，皆不能外此，儒曰精一，释曰归一，道曰得一，是皆以一为道。从方法上来说，圣人之追摄法，从

---

① （清）闵一得：《栖云山悟元子修真辩难参证》，《藏外道书》第 10 册，第 256 页。

虚空中结就九还七返，超凡入圣，在儒为"中庸之道"，在释为"一乘之道"，在道则为"金丹之道"。从修道的结果上来说，先穷性命之理，后了性命之功，性命俱了，浑然天理，复见本来面目，在儒谓之明善复初；在道谓之还原返本。再加向上功夫，阴阳混化，无声无臭。在儒谓义精仁熟，至诚如神；在道为九还七返，形神俱妙。金丹之道尽，性命之功毕。

刘一明在《三教辨》[①]中从"道"与"教"的含义演变两方面对于三教一家之理进行了集中、具体的阐述。这也是刘一明信仰与教化紧密关系的集中表现。前文对此已作分析，此不重复。

说到"异端"，刘一明认为，三教门中兼有"异端"，非佛、道即为异端。所谓"异端"，对儒教来说，读孔子之书，违孔子之言，不忠不孝，丧德失行，即儒教之异端；对入老子之门之人，背老子之言，无节无操，素隐行怪，即道教之异端；对归释教之人，忘释氏之法，不重性命，苟图衣食，即释教之异端。在他看来，如果不推其源而只视其流，妄劈立教之古人，这是没有道理的。所以，对"倨然"而坐之客之"谔然"质问，问其为何儒士入道，刘一明"笑而不答"。对客之"释道为异端"之论，他"默然"无语。对客之诘问，问其为何不以学"取其名而展其才"，他"从容而答"道：兰虽有香，因香而煎膏；朱虽有色，因色而消形。鹦鹉以舌利而入笼，孔雀以尾文而受拘，獐兽以脐香而被害，狐狸以皮贵而丧生，龟以灵而剥壳，蚌以珠而剖腹，蚋以尾而受义。何贵何重，何危何害，道理分明。面对刘一明的"三教一家"与"佛道异端"之辨，客"哑然而去"。

从刘一明的"从容回答"中，我们可窥出其"遁名晦迹，静养太和"以保全生命之用心。如此用心，与当时文字狱与科举制度对人生命的戕害不无关系。

刘一明继承了全真教三教一家、三教同理的主张，不仅在其理论中融摄儒佛理论，注解佛教典籍《心经》与《金刚经》，而且在其实践中平等对待三教。乾隆五十八年重建三大士殿，金状神像。嘉庆七年补修三教洞，又重修鱼篮菩萨殿，改塑神像。

特别要提及的是刘一明解注佛教经典的特点之一，即以道解佛，由此，也可看出其佛道一理的主张。在此，以《心经解蕴》中刘一明对"心""道

---

① （清）刘一明：《三教辨》，《会心外集》，《藏外道书》第 8 册，第 700-702 页。

心"，以及"人心"的分析为例，说明之。

刘一明在对玄奘所译的《摩诃般若波罗蜜多心经》所作的《心经解蕴》中解释"心"时说：

> 心之一字，最难言传，亦难笔肖，凡物居中者谓之心，心字篆文
> ⊍，象形也，楷书心，取其意也。篆文象形者，左丿右丶，阴阳之象也，
> 中⊍，一气居中，生气之象也，阴阳相合，中含一气，一气即心也。楷
> 书取义者一钩乚，三点丶丶丶，三点取精气神之义，一钩取一气之义，
> 精气神三者而混一，即心也，然则中者，一气浑然也，一气浑然，不偏
> 不倚，不上不下，不高不低，不前不后，即是中，即是心，所谓涅槃妙
> 心，所谓妙觉真心，乃法身不二之佛心，非色身知识之人心，佛心同
> 虚空相，包罗万象，超乎万象，圆通无碍，如一轮明月当空，无处不照。
> 人心如灯烛，真光不大，照近不照远，止可照有形，不能照无形，一
> 遇邪□，立时消灭，世间呆汉，不认佛心，祇认人心，所以，身为心移，
> 性为心昧，命为心丧，终落空亡，昔达摩初祖如来直指人以明心见性，
> 成佛是直指明此涅槃之心，而不着于人心，即是明佛心，佛心空空洞洞，
> 绝无一丝毫，即此无丝毫之心，便是如来本性，是以谓明心见性，心
> 之空洞处即是性，性之妙觉处即是心，性其体也，心其用也，心性不
> 相离，体用不相背，心即性，性即心，明心见性，心性即佛，佛即心性，
> 经名，单提心字者，明心也，能明心见性，而性自见，非明心是一层功
> 夫，见性又是一层功夫，明心见性，心明性见，即是摩诃般若波罗蜜多，
> 心明即是大智慧，性现即是到彼岸，是心其大无外，其小无内，大不
> 见其有余，小不见其不足，真空而妙有而真空，成佛成菩萨者离不的
> 他，经内数十言无非发挥此一字之秘知得此一字之秘，则是见真正般
> 若智慧至大矣，盖智慧出于佛心，佛心如宝珠，智慧如光芒，宝珠生
> 光华，光华含宝珠，佛性出智慧，智慧养佛心，两者一而二，二而一也，
> 有此真佛心大智慧，直到极乐彼岸，绝不费力，故经名曰摩诃般若波
> 罗蜜多心经，经者，道也，道为人人所通行者，人人通行，是为经常
> 之道，经以心名是心中之道，心中有道，可知道即心，心即道，道外
> 无心，心外无道，亦即心即佛，佛即心，心外无佛，佛外无心，由是
> 知摩诃般若大智慧不离心，波罗蜜多到彼岸亦不离心，认得此心非心，

则心为真心，经为真经，真经在心，无容外寻，行住坐卧，不离这个，可以成菩萨可以成佛矣，噫。这个心悟之者立跻圣位，迷之者万劫沉沦，识得真正心者，有几人哉？[①]

从以上解释可见，刘一明以道教惯用的"阴阳""气""精、气、神"与"中和"解"道"的词语来解释《心经》之"心"，即佛心。他认为，"一气浑然，不偏不倚，不上不下，不高不低，不前不后，即是中，即是心"，即是"涅槃妙心""妙觉真心"，乃法身不二之佛心，且"佛心同虚空相，包罗万象，超乎万象，圆通无碍，如一轮明月当空，无处不照。人心如灯烛，真光不大，照近不照远，止可照有形，不能照无形，一遇邪□，立时消灭"。可见，刘一明之"佛心"同于"道心"，成佛亦同于成道，且也将"佛心"与"人心"相对，认为"佛性佛心，本自圆明，本自具足，故不生亦不灭，固不垢亦不净，固不增亦不减，生灭垢净增减，诸法因人心而有，妄念起谓生，妄念消谓灭，尘缘染谓垢，尘缘化谓净，私欲多谓增，私欲寡谓减"[②]，要修佛人"明此涅槃之心，而不着于人心"，这样"便是如来本性，是以谓明心见性，心之空洞处即是性，性之妙觉处即是心，性其体也，心其用也，心性不相离，体用不相背，心即性，性即心，明心见性，心性即佛，佛即心性"。在此，刘一明同样认为，成佛要经过修"心"而见"性"，从而"明心见性，心明性见，即是摩诃般若波罗蜜多，心明即是大智慧，性现即是到彼岸，是心其大无外，其小无内，大不见其有余，小不见其不足，真空而妙有而真空，成佛成菩萨者离不的他"，由此他推出，"道即心，心即道，道外无心，心外无道，亦即心即佛，佛即心，心外无佛，佛外无心"，若再推论下去，即可得出"道即佛"。需要指出的是，这里刘一明所谓的"道"，并不指向"道教"之"道"，而是指普遍意义上的"经常之道"，尽管"道教"之"道"也属此意，也尽管在"道"的蕴意上，"道教"之"道"同于"佛教"之"道"。

那么，在"性"的蕴意上又如何呢？

在《心经解蕴》中，刘一明说："夫佛说，摩诃般若大智慧即非大智慧，乃不可见不可测之智慧，佛说波罗蜜多到彼岸即非到彼岸，乃无头无尾，无

---

① （清）刘一明：《心经解蕴》，嘉庆八年，第7页。
② （清）刘一明：《心经解蕴》，嘉庆八年，第13—14页。

背无面之彼岸，这个智慧，这个彼岸，思之不得，议之不及，不可思议。……盖般若智慧非一切有识有知之智慧，乃不识不知之智慧，非智慧而似乎智慧。……大智慧者，乃自然智慧，无容勉强，即圆明本性之光辉，此光辉无边无际，大则充满乾坤，小则细入毫毛，大地大河载不得他，三千大千世界，容不得他，万象森罗，碍不得他，言有却无，无声无臭，言无却通幽达明，所谓正法眼藏者是也。"①

对照可见，在刘一明看来，《心经》中的"摩诃般若"即同于道经中所谓的"天赋之性"，即良知良能，具众理而应万事，不识不知，圆坨坨，光灼灼，净倮倮，赤洒洒。

既知"心"与"性"，那又如何修得摩诃般若大智慧，到得波罗蜜多彼岸呢？在《心经解蕴》中，刘一明将修佛次第概括为：观自在与行深功，也即知行两用。他说："经首先提出观自在菩萨以为通经纲领，可知般若波罗蜜多咒由观自在菩萨行深行之通经。"②

对于"观自在"，刘一明解释为："观者，非眼目之视看，乃神明觉照，暗中省察之谓，自者，自己也。"③他又解释"菩萨"为"觉有情，言觉照一切万有之妄情，而归于无情也，妄情既无，不着幻假，无物无我，无我俱泯，真性常存，是大慈悲，是真妙相"，因此，他认为，观自在菩萨，"非用谋虑之智也，乃自然真空般若智慧也，真空不生不灭，不垢不净，不增不减，本自圆明，当人现有，不假外求"。④有观自在菩萨，即有般若智慧，即心境常静，自己常在，故彼岸易到；无般若智慧是心境不净，自己不在，故彼岸难到。难易之别，只在心境静不静，自己在不在耳。

至于如何"有观自在菩萨"，刘一明认为，要"色空混一""色空两忘"，不要"离色以求空，或拒绝人事，或□坐守静，或灰心止念，或闭目观空，或持咒拴心等等"，⑤欲妄想成佛，否则，无般若智慧，无自在菩萨，也就无舍利子真空佛性。

对于"行深功"，刘一明解释为："言行深者，即功力之行，如华严所

①（清）刘一明：《心经解蕴》，嘉庆八年，第3—4页。

② 同上，第25页。

③ 同上，第8页。

④ 同上，第17页。

⑤ 同上，第12页。

说十种波罗蜜，一坛波罗摩，二尸波罗蜜，三忍辱波罗蜜，四精进波罗蜜，五禅波罗蜜，六般若波罗蜜，七方便波罗蜜，八愿波罗蜜，九力波罗蜜，十智波罗蜜，又疏钞所云一布施，二持戒，三忍辱，四精进，五禅定，六智慧，七慈八悲九方便，十不退，能于此十种波罗蜜时时留心，刻刻在意，行持不废，愈久愈力，是为真行，功力若深时，自然般若智慧渐大长明不昧，邪正显然，是非立判，自然见的此岸是死地，彼岸是活地，自然难去此岸，而登彼岸，既到彼岸，脱去泥水之秽地，立于平坦之净境，心明性现，我心即是佛心，我性即是佛性。"①

这样，通过"观自在菩萨"与"行深般若波罗蜜多"，就能"照见五蕴皆空度一切苦厄"，就能"得阿耨多罗三藐三菩提"而入于无上正等正觉之"涅槃"境地，而"光辉遍满世界，无处不通，成金刚不坏之物，阴阳造化不能拘，水火刀兵不能伤，虎兕鬼怪不能近，一切尘世苦恼灾患不能及"。②脱的彼岸，人法两忘，物我俱空，为十方世界全身圆陀陀，光灼灼，净倮倮，赤洒洒，居于大罗寂寥之境，不生不灭，更无可上之事。③

这里，刘一明所解的"观自在"与"行深功"也相当于其道经中"穷理尽性"与"功行并行"的思想，即他所说的"知行两用"。

以上从"心性"的角度，证明了刘一明"佛道一家"之理。因此，他说：从本体上来说，道即生物先天祖气，在儒名曰：太极，在释名曰：圆觉，在道则名曰：金丹，此不贰一气之道，自古为圣为贤、成仙作佛，皆不能外此，儒曰精一，释曰归一，道曰得一，是皆以一为道。从方法上来说，圣人之追摄法，从虚空中结就九还七返，超凡入圣，在儒为"中庸之道"，在释为"一乘之道"，在道则为"金丹之道"。从修道的结果上来说，先穷性命之理，后了性命之功，性命俱了，浑然天理，复见本来面目，在儒谓之明善复初；在道谓之还原返本。再加向上功夫，阴阳混化，无声无臭。在儒谓义精仁熟。至诚如神；在道为九还七返，形神俱妙。金丹之道尽，性命之功毕。

（三）尽心穷理

刘一明一再强调"尽心穷理"。他说："道理要深思，思深默会之。十

---

① （清）刘一明：《心经解蕴》，嘉庆八年，第9—10页。

② 同上，第19页。

③ 同上，第20页。

分功在己，一点始求师。"①从修道者的角度来说，可以说，"尽心穷理"是一项修道原则；从教育者来说，可将其看作是一项内容。《易》曰："原始反终，故知死生之说。"《孟子》曰："始条理者，智之事；终条理者，圣之事。"据此，刘一明推论，圣贤大道，有始有终，有本有末。知其始，明其终，究其本，穷其末，方能从头至尾，大彻大悟，有往有利。倘一事不明，即一事有迷；知之不真，即行之不通。学者必须穷其理，而后可以行其理，致知力行，缺一不可。

那究竟穷何理？刘一明认为，首先，要穷天地造化之道。造化之道，有体有用，有始有终，其间阴阳迭运，消长互更，变化无端；然其最要处，总在一气；一气总不外乎虚无。这个枢纽子，非色非空，非有非无，不可有心求，又不可无心得，难描难画，难思难议，顺之则生人生物，逆之则成仙成佛；性命于此寄，生死于此出；悟之者立跻圣位，迷之者万劫沉沦。穷理者即穷此理也。穷透此理，方能行得此理。

其次，穷此理火候、工程、权变、迟速、急缓、收放、隐显、方圆、盈亏、止足等作用。先须明其道，次要知其法；道法两用，性命双修，方是无上一乘之道。一乘之道，乃脚踏实地之道。脚踏实地之道，须要循序渐进，不得躐等而求。但世上学人，认假不认真，不肯尽心穷理，轻视性命。未曾入门，便要升堂；未尽人事，便想仙道；自己不出一力，便要他人真宝；略不如意，稍着苦恼，即便退步，半途而废，委之无缘。

最后，穷尽性至命之理。圣贤之学，其理精微，其义幽深，蓍龟难测，鬼神莫知，非一言半语可以了悟，苟非下数十年穷理死工夫，不能揣摸其一二；非积德立行，勇猛精进，一意不回，不能感动乎真师。要人立不朽志，存长久心，除妄想念，重性命事，穷造化理，死心塌地，一层层剥进，剥去一层进一层，直剥到道之骨髓处，方见的大地尘沙，尽是珍宝，信步走去，头头是道，大彻大悟，通前达后，一往直前，性命俱了，大道即成。②

关于为何穷理，如何穷理的问题，前已分析，兹不赘述。

---

① （清）刘一明：《穷理》，《会心外集》卷上，《藏外道书》第8册，第672页。
② （清）刘一明：《修真后辨》，《藏外道书》第8册，第516页。

（四）人格教育

关于人格教育的内容，主要以《通关文》①和《神室八法》②为例进行考察。

刘一明认为，"学道者如牛毛，而闻道者如麟角"的原故皆因学人一身偏病，满腔邪气，所以感不动师友，以致空过岁月，枉劳跋涉。因此，他主张在修道过程中，应通各种关，"先学个弃病好人"，自卑登高，由近达远，庶乎明师得遇，良友得逢，大道可闻。据《通关文》记载，有五十关：色欲关、恩爱关、荣贵关、财利关、穷困关、色身关、傲气关、嫉妒关、暴躁关、口舌关、瞋恨关、人我关、冷热关、懒惰关、才智关、任性关、患难关、诡诈关、猜议关、悬虚关、妄想关、生死关、自满关、畏难关、轻慢关、懦弱关、不久关、暴弃关、累债关、高大关、妆饰关、假知关、阴恶关、贪酒关、怕苦关、不信关、无主关、速效关、粗心关、虚度关、退志关、夸扬关、幻景关、耻辱关、因果关、书魔关、着空关、执相关、闺丹关、炉火关。这五十关，既包括对人、对物，也包括对事、对理所应有的态度，是对修道者所具人格素质的要求。只有在此人格素质的基础上，才能从事修性命之大道。

如果说"五十关"是对人、事、物、理所应有的态度，那么，刘一明在洗心亭所作的《神室八法》就是对修道者内在素质的要求。刘一明遇龛谷仙留之后，懂得"性命必用法以修之，阴阳必用法以调之，造化必用法以夺之，四象必用法以合之，五行必用法以攒之。有为无为，各有法则"。而所谓的"法"，据《神室八法》记载有：刚、柔、诚、信、和、静、虚、灵。"神室"指"心"，那"神室八法"就是用来修心的。刘一明把刚、柔、诚、信、和、静、虚、灵分别比作一室的柱、木、基、椽瓦、门户、墙壁、堂中、主人。有的版本，又在八法前加上了"孝""悌"，这是对儒家伦理道德的融摄。

因为刘一明认为修道不局限于闭门静思修道，要混俗和光，依世间法修出世间。所以修道要过的"关"自然是多方面的，也是客观存在的，且需要切实面对。或者可以这样理解，因为刘一明认为修道，即修性命之道，既修命，也修性，命包括生理的、体质的、物质性的东西，性包括心理、意识、态度、人格、意志、价值观等精神性的东西，因此，对于修道的态度、

---

① （清）刘一明：《通关文》，《藏外道书》第 8 册，第 208-260 页。

② （清）刘一明：《神室八法》，《藏外道书》第 8 册，第 518-526 页。

方法，自然而然也应分别对待。皋兰后学秦维在《通关文》跋《读素朴老人通关文一书而欢》中写道："老人成就学人之意，无微不至。曩著三易注略诸书，诠明大道，昭揭渊微，专言造诣之事。其功细而密，其言浑而大。至于九要八法诸书，教人去邪以入善。虽词义加显，而犹未悉数其入门之碍，窃见学人妄想情念，积习浓厚，不能尽除。所以行之不力，遂为转移。"① 由此可见，刘一明提携学人之无微不至。

（五）伦理教育

尽管刘一明主张看破世事，斩断牵缠，但他还是极重视伦理教育。这与其接受儒家思想的教育有关，也与龛谷老人与齐丈人对其"孝道不可亏"与"先尽人事"的教导有关。在他的《神室八法》中，首要阐述的就是"孝"与"悌"。这是对修道者而言必须具备的。

此外，刘一明也表达了对"杀生"的态度，他在《叹医人杀生灵治病者》中说道："蠢动含灵皆是命，何须杀物医人病。世间药料有千般，存点天良积德行。"② 他认为，蠢动含灵皆是命，人不应该杀生以成人。这表现了他的生态伦理观。

（六）日常行为教育

刘一明建立丛林，设坛演教，以戒律的方式对弟子实施了日常行为教育。他融儒家礼义和道门规矩为一体。道徒如有犯戒律者，按律或用香烛断眉，或用荆条杖脊，或摘去道巾赶出庙门……对于未犯道门戒律，但有违儒家礼教的，刘一明同样严加管教。嘉庆十年（1805年），兴隆山道观复兴后，刘一明在此建立了十方丛林，以洗心亭、朝元观为受戒期场，发《开期放戒清规榜》，订立《兴隆山道士律条》，刻石铭告道众……戒□□□□□，□□者断眉摘巾；戒□□□□□□□，初犯者，责四十摘巾；戒夺人财物，犯者责四十，再犯者摘巾；戒不得嗦拨是非，初犯者责四十，再犯者摘巾；戒不得赌博耍钱，初犯者责四十，再犯者摘巾；戒不得假装瞒人，受人供养，犯者责四十；戒不得蛊哄幼童出家，犯者责四十；戒不得收俗家年幼女童，犯者责四十；戒不得吃酒生事，犯者责四十；戒不得出外唱道情③，犯

---

① 秦维：《读素朴老人通关文一书而欢》，《通关文》，《藏外道书》第 8 册，第 260 页。

② （清）刘一明：《会心外集》，《藏外道书》第 8 册，第 678 页。

③ 道情：曲艺类别，以道教故事为题材，宣扬出世思想。

者责四十；戒不得欺大压小，犯者责四十；戒不得无故如俗家闲坐，犯者责四十；戒不得偷师出游，犯者不得入，欲入者责四十。[①]

当然，刘一明对弟子的教化内容，远不止这些。他以"宗师"之风范为其弟子树立了榜样。

二 民众教化

刘一明自开坛演教，就把著述教化作为自己的职责。作为道教演教者，其教化的对象自然主要是宫观学道者，但并不乏对世俗人士的民众教化，主要是针对善人，包括官员、儒生、将军、商贾等人，对这些世俗人士也多采用社会教化方式，即榜样、说服、讲理等方法，以及行医等途径；从修道的角度来教化的，教育的内容比较广泛，包括人格、伦理等。比如，对追逐功名者，他说："人为功名朝日忙，我因富贵隐山场。清闲急迫两般事，到底谁强谁不强。"[②]对有忧事的官员，他感叹道："高官厚禄足荣身，那晓身荣是辱因。何若山人尝米饭，高眠石室不生尘。"[③]对精性命术，大隐宦途，意欲告老静养，且言年迈以办事不及为忧的苏将军，刘一明劝道："大隐居朝好炼丹，修真借假运神机。休言爵位为疣赘，梅福南昌驾彩鸾。铅汞原非身外物，虎龙只在心中求。淮南识得家园宝，闹处偷闲养白牛。还丹已得可居山，命宝坚牢始入圜。从事青州修药物，光明正大扣元关。摆弄皮囊尽枉然，修真只是炼先天。逢场作戏东方朔，大火炉中种出莲。居官最好积阴功，借位施行有顺风。大寿从来凭大德，旌阳拔宅上天宫。非色非空黍米悬，黄芽白雪满山川。随心采取皆灵药，试问当年马自然。富贵场中寻命宝，声名路上觅真铅。稚川不是风尘物，种得仙桃寿万年。老来情性返孩童，正好专心下苦功。鲍倩怀资人莫测，方圆应物炼真空。"[④]

不管是对学道者的教化，还是对世俗人士的教化，教化的内容大多是让人们借世法而修道，依人道而全天道。

---

① 张文玲：《道学家刘一明》，甘肃人民出版社1997年版，第50页。
② （清）刘一明：《会心外集》，《藏外道书》第8册，第678页。
③ 同上。
④ 同上，第677页。

第三节　教化方法与教化原则

教化内容的实施，是需要采用某种方法、按照一定原则进行的。现将刘一明教化弟子与民众的方法、原则分析如下：

一　教化方法

刘一明教化方法，是身传言教，行不言之教。他"由悟入忘"，对学生的"三问"，采取了"三不答"的方式，闵一得对此的理解是：三问而三不答，答在其中。是明明一幅阳动寂采，无上玄况图象也。二千五百人曰师。师无动摇，师无声臭，有一以视之。一者谁？子中之悟元子。要知一子之启，启自门内者也。厥口有三：曰天、曰地、曰人。三而一则得，一而三则失，故此三问三不答。对于学生的再次追问，刘一明熟视良久，从容而告"这不是你们所能懂得的"，是借问答从明妙义，以使学生明白应当自己静省的道理。①

刘一明对民众的教化除了通过修路补桥、买义冢等善举影响民众外，他还借助医道以结人缘，来混俗和光，教化民众。这是他施行教化的一个方法，既有实际效用，也具有榜样的作用。刘一明家庭有学医传统，加之，自己身患疾病使他对医学具有很深的造诣。他的《眼科启蒙》②、《沙胀全书》③、《杂疫症治》④、《瘟疫统治》⑤、《经验奇方》⑥、《经验杂方》⑦等医学著作是在总结了自己的医学经验的基础上写作而成的，至今这些著作仍在发挥着作用。

刘一明的医学观与普通的医学观念不同，他将医生分为神医与人医。他认为，神医是先天之学，可以转生杀、夺造化、和阴阳、调五行，后天中

---

① （清）刘一明：《修真辩难》，《藏外道书》第 8 册，第 470 页。

② 《眼科启蒙》：明代傅仁宇著，刘一明整理修订。

③ 《沙胀全书》：清代王养吾著，原名《晰微补化》，刘一明整理修订后改为此名。

④ 《杂疫症治》：清代刘奎著，嘉庆二十五年刘一明采集。

⑤ 《瘟疫统治》：清代刘奎著，刘一明采集。

⑥ 《经验奇方》：刘一明根据父亲和自己临床经验编写，其中也有民间验方。

⑦ 《经验杂方》：刘一明采集民间验方，结合自己实践编写。

培先天，假身内保真身。采大药三品，除历劫病根，神明默运，推己及人，所谓"有用用中无用，无功功里施功"。如神农、黄帝、岐伯、雷公、扁鹊、抱朴子、华佗、孙思邈等圣贤，皆有实学，先治己而后治人，所以药到疾除，邪气退而正气复，起死回生，得心应手也。而人医是后天之学，全在五脏上用功夫，草木上用心思，虽明得三关九窍、七表八里，只可医得应生之人，医不得应死之人，医得后起之病，医不得根本之病，复得后天之气，复不得先天之气，治得有形之病，治不得无形之病。如张仲景、叔和、河涧、李时珍等人，俱皆虚学，不能先治己而专治人，是舍己从人，顾外失内，所以有效有不效。刘一明高明的医术，也许使自己也感到吃惊，不知自己的医道是神医之道乎，还是人医之道。因为神医之道，则治己治人，无伤于彼，有益于我，人我共济，遂心运用，左之右之，无不宜之。[①] 也许"人医"至极便为"神医"。

此外，刘一明还通过论辩、阐释、讲解、评述、注疏等多种方法，以杂记、书信、传记、序言、诗词、歌赋、曲行、赞辨、铭联等多种形式，对道门弟子与民众进行教化。

二 教化原则

有些教化的内容也可被看作是教化的原则，有些教化的原则也是学习的原则，只是视角不同而已。

（一）因人立教

刘一明认为，六根不全之废疾人不适合修道。道为天地所贵，窃阴阳，夺造化，是大圣人之事。而废疾之人，形有所限，气有所塞，没有能力做此惊天动地之事。若付大道，必将有用之宝，置于无用之地，决遭天谴，故不敢授。对于六根不全，而行大功大行之人，可以以性理小乘，使其修来去之路，至于金丹大道，决不敢授。此中秘密，惟闻大道者，自知之。即使对六根全的人，也要因人立教。其中，既有学人的问题，又有老师的问题。大抵学人上智者少，中下者多。故祖师以性理度中人，以命理度上智，因人而立教。命理，乃九还七返金液大还丹之道，万劫一传。若非真正丈夫，抱金刚之志，负圣贤之姿者不能得。而真师亦不敢传，即强欲传之，暗中鬼

---

① （清）刘一明：《示李源昌书》，《会心外集》卷下，《藏外道书》第 8 册，第 702 页。

神阻挡。盖以其人非载道之物，传之匪人，泄天机也。若性理守中抱一之道，即中下之流，德行之士，不妨度引以全形。盖以性理，乃自有之天机，无窃取造化之说，不大关系。然非其人，不得妄传。亦有传授之师，仅知其性，而不知其命者。亦有学人仅得其性理，而不知其命理者，不可一概而论。

（二）求师自参

这既是学道者"学"的原则，也是教师"教"的原则。从教师教的视角讲，不仅要在必要的时候对学道者进行点拨，同时，也要求学道者自身的体悟参学。具体论述参见前文。

（三）德行兼备

这里所说的"行"，既包括修金丹之道之真履实践，也包括济度方便之行。刘一明不仅要求学道者在"行"方面勤勉苦修，而且要求学道者在人格上要修养，通过《通关文》与《神室八法》具体对弟子进行教化，他认为德以佐道，积德至"元德"，便可成道。具体论述，参见前文。

（四）混俗和光

刘一明主张混俗和光。他认为，混俗和光，是大隐市朝之作用。混俗者，混于俗中，使人不识；和光者，和而不同，在尘出尘。能混俗和光，外圆而能应物，内方而有主宰，依世法而修道法，显晦逆顺，无阻无挡，行道至易。愚人不知，或疑混俗和光是日间应事，夜间修静者，实际并非如此。果真如此，谓之从俗则可，谓之混俗则不可；谓之蔽光则可，谓之和光则不可。盖混俗和光之道，有夺天地造化之能，窃阴阳生杀之诀，岂容易而知，容易而行？于此可知有为无为，各有时节，各有作用，大有不同。[①]

在刘一明看来，依世间法修出世间，依人道而全天道，随机应变，广行方便，这也是其修道的一部分，混俗和光可以广结人缘，他以修路补桥、买义冢、行医救人等途径来混俗。这一方面可以"和光"，济人方便，另一方面，可以扩大刘一明道教思想对庶民生活的影响，从而使道教生活化、世俗化。这也是乾嘉道教发展趋势之一。

至于循序渐进、性命双修等原则，从"教"的方面来说，同样也应具备，只是视角不同而已，兹不另述。

---

① （清）刘一明：《象言破疑》，《藏外道书》第8册，第199页。

三　读书方法

刘一明讲究穷理尽心，自然就要涉及如何读经书。他认为，看经书，须要看人共知共晓者，如《道德经》《阴符经》《悟真篇》等书。千真万真，须拣取一部看之，不可乱看，亦不可先看注解。当细看正文，盖注解内邪正相杂，多有不得真传，以意猜度，妄评妄解者。若不识真假，一入圈套，终身难出，不如不看。看书之法，须要先将正文熟读万遍，再逐节辨别实理。一句一字，不可轻放。不可在话头上读念，亦莫在一身上下，有形有象处揣摸，亦莫在幻身精气神上着意。须要离过此身，更莫向身外猜疑。盖性命根源，在未生身以前；夺造化，在生身受气之初。古人多一言双关，须要费无穷心思，以有象参无象，以有形体无形，依法日日穷究，时时穷究，刻刻穷究，功夫不缺。对于愚钝之人，刘一明强调的是首先要立志，然后下苦功夫，直到遇真师指导，打破躯体为止。

刘一明以读《西游记》为例，写下了自己读书的体会，即《西游原旨读法》，共计四十五条。[①]他强调"读原著"，强调"自己"的"心得体会"，但并不反对参考他人意见，只不过是在自己获得心得后再去参看他人注释，以便检验自己的结论是否准确，他说："如有所会，再看他人注解，自己识见，则他人所解之臧否可辨，而我所悟之是非亦可知。如此用功，久必深造自得。"即使是这样，他也并不自以为是，固执己见，而是常将自己的体会、见解与名师一起探讨，目的是为了获得更有说服力更符合客观实际的结论，所以他又强调说：在自己"深造自得"之后，"亦不可自以为是，犹当求师印证，方能真知灼见，不至有似是而非之差"。他提醒读者注意书中的言外之意，弦外之音，要"行行着意，句句留心，一字不可轻放过去"。他提醒读者注意书中的比较法、导入法、双关意、比喻意以及正用、借用之别与同、异之处。

同样讲究"穷理"，南宋的朱熹也曾提出读书六法，即循序渐进，熟读精思，虚心涵泳，切己体察，着紧用力与居敬持志。相比较而言，朱熹的读书法倾向于对读书时人意志、品质、心态的指导，而刘一明则倾向于对

① （清）刘一明：《西游原旨读法》，《西游原旨》，董沛文主编，腾树军、张胜珍点校，宗教文化出版社 2015 年版，第 12—18 页。

人如何读书的具体指导。

本章结论

从刘一明的教化论可看出，他并不是消极地避世，而是积极地修身、齐家与治国。他说："善建善抱即建抱吾本来之真德也，能建抱俱善，真德不失，则身修，身既修，以之齐家，治国平天下而有余力矣。"[①] 可以说，刘一明的教化是其信仰论的功用，也可以说是其信仰论得以传播、发展的途径。从刘一明对"道教"一词的诠释上来看，"道"即为信仰论的内容，而"教"便是以道为内容实施的教化，以教化而"道"得以传播发展。因此，刘一明的教化论与其信仰论是紧密联系的，不是在信仰论之外又有一个教化论。信仰论侧重的是学道者如何学的问题，教化论侧重的是教道者如何教的问题。尽管二者侧重点有所不同，但在教与学的内容、原则上必然存在相同之处。据此，可以将刘一明的"信仰"与"教化"之间的关系归纳为以下几点：①信仰本身具有教化性；②通过教化，信仰得以形成、传播与发展；③信仰内容可以作为教化内容；④教化是信仰功用；⑤信仰也是一种教化方式，把某些教化内容作为信仰实施。[②]

---

① （清）刘一明：《善建者章》，《道德经要义》，榆中栖云山藏版，嘉庆八年，第21页。

② 白娴棠：《信仰与教化之间：元明清文昌神附祀庙学的原因》，《云南社会科学》2016年第6期。

第五章　信仰与教化："道教"之教育性

前一章，分析了刘一明对于"道""教"乃至"道教"一词的理解。在刘一明看来，"道"，不仅指儒道，还包括佛老二道，道是体；"教"，三教圣人，其教不同，其意总欲引人入于至善无恶为要归。具体到道教，是以出世的方法，以神道设教的方式进行教化，要以性命为大事，以德行为要着，存诚去妄，弃假归真。

实际上，"道教"的这种教育性不是刘一明所赋予的，它是伴随着"道""教"与"道教"一词内涵的发展与演变而具有的，且这种教育性也是贯穿始终的。

第一节　"道教"之"道"的教育性

之所以称"道教"之"道"，是基于中国"道"的语境与本书"道"之语境，突出强调"道教"之"道"，是因为在中国的语境中，"道"不是为道教所专有，此外，还有非道教之道，也即儒之道与释之道，以及它者之道。道，既属于哲学范畴，也属于思想史范畴，宗教意义上的道教形成后，它也属于宗教学范畴。

关于哲学范畴之"道"，在张立文主编的《道》[1]中，有较为详细的介绍，这里不再赘述。关于中国思想史范畴之"道"，傅勤家在《中国道教史》[2]中略有提及，认为因"道"之本义，"道"的含义在古代既有相通之处，也有本学派赋予的学派意义。他认为，"道教"之"道"，意即"道理"；《老子》中的"道可道，非常道；名可名，非常名。"上下两"道"字皆谓"道理"，

---

① 张立文主编：《道》，中国人民大学出版社 1987 年版 。
② 傅勤家：《中国道教史》，商务印书馆 1937 年版，第 28—33 页。

中间一"道"字则指言思拟议。因为世间道理，有为言思拟议所不能至，其蕴含之理至为精微，佛经所说的不可思议、不可说，亦指无上之道。又认为，只有儒家践实，故所言之道，与佛教道教之玄虚不同，但亦有难言之处。又因各教皆有其道，皆不能离道以立言。儒家代表作《中庸》中记载："天命之谓性，率性之谓道，修道之谓教"。朱熹作注云："命犹令也，性即理也。天以营养五行，化生万物，气以成形，而理亦赋焉。犹命令也。于是人物之生，因各得其所赋之理，以为健顺五常之德，所谓性也。道犹路也。人物各循其性之自然，则其日用事物之间，莫不各有当行之路，是则所谓道也。修品节之也，性道虽同，而气禀或异，故不能无过不及之差，圣人因人物之所当行者而品节之，以为法于天下，则谓之教，若礼乐行政之属，是也。"《中庸》又载："道也者，不可须臾离也，可离，非道也。"傅勤家认为，儒家所说如此，其他诸家莫不各有其所谓道者，自以为至高至真之道。

若按宗教学视角去解释道教之"道"，郭武教授的《道教基本信仰》①与陈兵教授的《道教之道》②则有具体论述。

郭武教授认为，在道教中，"道"有着多层含义。从哲学意义上讲，一是超越了时间、空间等物质属性的永恒存在。二是宇宙万物赖以产生、存在的根源和本体。也就是说，宇宙万物都由"道"而产生，并且都禀有"道"之属性。此外，在中国文字中，"道"的本义为"道路"，并可被引申为"原则"或"规律"等。而道教之"道"，同样也有宇宙万物运动变化所必须遵循的原则或规律之意，如所谓养生之道、治国之道，等等。作为原则或规律之"道"的内容，主要是"自然无为"——这里所谓"自然"，是指"自然而然"，而所谓"无为"，则是指顺应客观规律而为。不仅如此，郭武教授从宗教神学的角度讲到，"道"是至高无上的神，能化为"三清"——元始天尊、灵宝天尊、道德天尊，而人禀受了此"道"，因此，又常被视为人类个体之"性"或"神"。

对于道教之"道"，陈兵教授的论述更为详尽，他指出，道教之"道"渊源于先秦道家，以老庄哲学的道论为本，旁摄儒、佛等诸家之学。一方

---

① 郭武：《道教基本信仰》，赤松黄大仙网（http://www.huangdaxian.com）。

② 陈兵：《道教之道》，今日中国出版社1995年版，第1—10页。另见陈兵：《道教之道》，《哲学研究》1988年第1期。

面把"道"绝对化为神秘的东西；另一方面又把绝对不可说的"道"具体化。[①]
综观道教诸派各时期的道论，陈兵教授将对"道"的具体诠释归纳为以下
四种：

第一，从有神论的角度，以"道"为最高教主神，这是本来具有无神
论意义的道家之道的退化。

第二，从宇宙论的角度，发挥《老子》《淮南子》及汉代谶纬神学的天
地万物生成说，以道为气、元气、祖炁、混元一炁、真一之气者以及元气
本源、世界本源。

第三，从"道"的字义训诂出发，以"道"为理、通、导、由、道路等义。

第四，从唯心论的立场，以"道"为人的心、神或"元神""真心""真
性""本心"。这种解释多受佛教的影响。

综述郭武教授与陈兵教授宗教意义上的"道教"之"道"的蕴意可知，
虽然诸家对道教之"道"的具体诠释不尽相同，但都本于"道"的哲学本
体意义而引申发挥。之所以如此，是为道教信仰找到理论依据，并以"道"
为师，遵循"道"而达到长生的目的。这里，笔者无意再去就此诠释讨论。
但需要指出的是，不管是"道"的字义训诂，还是本体论意义上的，不管
是宇宙论意义上的，还是宗教学意义上的，"道"本身就具有教化的意蕴。

"道"的训诂字义，以"道"为理进行教导、教化；"道"之本体论、
宇宙论意义将宇宙与人联系起来，或天人合一，或天人同构，以天运行的
方式教化人。庄子曾说"以道为宗，以道为师"，意即"以道为教，以道为
遵循的原则"。"道"之宗教神学意义，以"道"为最高教主神，进行教化。
如《三洞经教部·三洞并序》[②]中记载：

> 然三洞所起，皆有本迹。《洞真》之教，以教主天宝君为迹，以混
> 洞太无元高上玉皇之气为本。《洞玄》之教，以教主灵宝君为迹，以赤
> 混太无元无上玉虚之气为本。洞神之教，以教主神宝君为迹，以冥寂
> 玄通元无上玉虚之气为本也。……
> 又三洞之元，本同道气，道气惟一，应用分三。皆以诱俗修仙，从

---

① 陈兵：《道教之道》，《哲学研究》1988 年第 1 期。
② 《三洞经教部·三洞并序》，《云笈七签》卷六，《中华道藏》第 29 册，第 63 页。

凡证道，皆渐差故别，有三名。其经题目：《洞神》即云洞神三皇，《洞玄》即云洞玄灵宝，《洞真》即杂题诸名，或言以教垂文，或以色声著体，并是难思知用，随方立名耳。

原夫经教所出，按《业报经》《应化经》并云："天尊曰：吾以道气，化育群方，从劫到劫，因时立化。吾以龙汉元年号无形天尊亦名天宝君，化正在玉清境，说洞真经十二部以教天中九圣，大乘之道也。……吾以延康元年号元始天尊亦名灵宝君，化正在上清境，说洞玄经十二部以教天中九真，中乘之道也。……吾以赤明之年号梵形天尊亦名神宝君，化正在太清境，说洞神经十二部以教天中九仙，小乘之道也。"

据此，元始天尊、灵宝天尊与道德天尊就是神化的实施教化之"道"的教主。

第二节 "道教"之"教"的教育性

对于道教之"教"，人们也许无须思考便会将其解释为"宗教"。因为我们已经知道"道教"是一种"宗教"，而在中国的诸种汉语词典中，"教"被并列解释为"教导""教育"与"宗教"，自然，道教之"教"被解释为"宗教"似乎是千真万确，而无须置疑的，也似乎"教育"的理性、科学性与"宗教"的"无理性""盲目性"是互相对立的，也似乎"教育"与"宗教"是两个互不相干的词语，自然，也似乎"教育思想"与"宗教思想"是毫无联系而分属于两个不同的领域（教育学与宗教学）的词语。因此，似乎并没有多少人对"宗教"之"教"、"道教"之"教"之蕴意进行追问。然而，究竟"道教"一词中之"教"的蕴意该如何解释呢？

从语言学的角度分析"教"字的构成，从攴，像以手持杖或执鞭；《说文解字》对"教"字的解释是"上所施下所效也"，即"教"的本义是既有"教导""教育""教训"之意，又有"模仿""效仿"之意，是由"教"与"仿"双方活动共同组成的，且二者都是主体，这不仅体现在作为动词的"教"的意义上，而且体现在作为名词的"教"的意义上。但在中国语境的实际运用中，"教"的含义皆以"教育""教导""教训"为主，而"效仿者"只能被动地接受，概因教育权最初是由在上的统治者所掌握。比如，

《论语·子路》中记载"以不教民战，是谓弃之"①；《老子》中记载"是以圣人处无为之事，行不言之教"②；《周礼·地官·州长》中记载"州长各掌其州之教治政令之法"③；《礼记·燕义》中记载"掌其戒令与其教治"④，不管是作为名词的"教"，还是作为动词的"教"，皆以"教育""教导""教训""教化"等意义为主。同样的情况也存在于宗教意义上道教的典籍中，如《太平经》中记载："今一师说教十弟子，其师说邪不实，十弟子复行，各为十人说，已百人伪说矣。"还载："本道常正，不邪伪欺人，人但座先人君王人师父，教化小小失正，失正言失自养之正道，遂相效学，后生者日益剧其故，为此积久传相教，俱不得其实，天下悉邪，不能相禁止，故灾变万种兴起，不可胜纪。"⑤其中"教"字，是名词性的"教导""教育"与"教化"。道教典籍中，"教化""教育"意义上之"教"字俯首皆是。就连"道教"一词之"教"也具有"以道进行教育、教化"之意，比如：《真诰》卷五中记载："所以天命谓性，率性谓道，修道谓教。今以道教，使性成真，则同于道矣。"⑥再如："今依准此论，斐夷繁冗，广引血来经，以事类之，名曰《道教义枢》，显至道之教方，标大义之枢要，勒成十卷，凡三十七条。"⑦又如："夫得大虚无自然之道者，不属天，但属道君耳，便能散形与道合能变化，听视无方，所在作为，欲得此道者，当行道教，化作功德，奉行经诚，平等其心，无所贪着，无亲无疏，一心等之，如天如地，不得杀生。"⑧分析这几处"道教"一词的蕴意，可见，"以道进行的教育、教化"可以"使性成真，则同于道"；可以"化作功德，奉行经诚，平等其心，无所贪着，无亲无疏，一心等之，如天如地，不得杀生"。

　　《云笈七签》卷三《道教本始部·道教序》中专门对"道教"之"教"

---

① 杨伯峻译注：《论语译注》，中华书局1980年版，第144页。

② 王云五主编：《老子今译今注及评介》，陈鼓应注译，台湾商务印书馆发行，"中华民国"五十九年，第52页。

③ 王云五主编：《周礼今译今注》，林尹注译，台湾商务印书馆发行，"中华民国"六十一年，第120页。

④ 张文修编著：《礼记》，燕山出版社1995年版，第153页。

⑤ 《太平经·五事解承负法第四十八》卷三十七，《道藏》第24册，第391—392页。

⑥ 陶弘景：《真诰》卷五，《道藏》第20册，第516页。

⑦ 孟安排集：《道教义枢》，《道藏》第24册，第804页。

⑧ 《云笈七签》卷十，《中华道藏》第29册，第94页。

进行了阐述，其载：

> 上古无教，教自三皇五帝以来有矣。教者，告也。有言、有理、有义、有授、有传。言则宣，教则告。因言而悟教明理，理明则忘言。既有能教、所教，必在能师、所师。是有自然之教、神明之教。此二教，无师资也。神明之教，义说则有，据理则无。正真之教、三皇五帝返俗之教、训世之教，宜分权实。且斯五教，启乎一真。自然教者，元气之前，淳朴未散，杳冥寂尔，显旷空洞，无师说法，无资受传，无终无始，无义无言，元气得之而变化，神明得之而造作，天地得之而覆载，日月得之而照临，上古之君得之而无为。无为，教之化也。神明之教者，朴散为神明。夫器莫大于天地，权莫大于神明。混元气而周运，叶至道而裁成，整圆清而立天，制方浊而为地，搏灵通而化世界，真和气而成人伦。阴阳莫测其端倪，神鬼不知其情状。正真之教者，无上虚皇为师，元始天尊传授。洎乎玄粹，祕于九天，正化敷于代圣，天上则天尊演化于三清众天，大弘真乘，开导仙阶；人间则伏羲受图，轩辕受符，高辛受天经，夏禹受洛书。四圣禀其神灵，五老现于河渚。故有三坟五典，常道之教也。返俗之教者，玄元大圣皇帝以理国理家。灵文真诀，大布人间；金简玉章，广弘天上。欲令天上天下，还淳返朴，契皇风也。训世之教者，夫子伤道德衰丧，阐仁义之道，化乎时俗，将礼智而救乱，则淳厚之风远矣。噫，立教者，圣人救世愍物之心也。悟教则同圣人心，同圣人心则权实双忘，言诠俱泯，方契不言之理，意象固无存焉。①

这里，将"教"分为自然之教、神明之教、正真之教、返俗之教、训世之教，不同的教之内容、方法不同，但"教"的本质是相同的，立教者，皆具有圣人救世愍物之心。

当然，宗教意义上的"道教"以其道教之"道"之内容与道教之"教"之方式、方法不同而形成不同派别，进而作为现代意义上宗教之一种。

---

① 《道教本始部·道教序》，《云笈七签》卷三，《中华道藏》第29册，第42页。

第三节 "道教"的含义及其教育意蕴

在中国古代文献中,"道教"在不同历史时期、不同的语境中,其意蕴的侧重点是不同的,但其教育意蕴是根本性的。下文将结合文献,对"道教"一词的内涵及其教育意蕴做一分析。

关于"道教"一词的演变与发展,福永光司先生曾在《何谓"道教"——"道教"一词考和道教神学同儒、墨、佛之关系》①中从中国古代思想史的角度考察了"道教"及其与儒、墨思想之间的相互关系。这里,仅就文献中出现的"道教"一词的含义及其教育意蕴做一分析。

福永光司先生指出,"道教"一词最早见于《墨子》,其《非儒篇》中记载:"儒者以为道教,是贱天下之人者也。"②其《耕柱篇》中记载,子墨子曰:"天下之所以生者,以大王之道教也,今誉大王是誉天下之所以生也。可誉而不可誉,非仁也。"③其中"道教"的意蕴,明显指"大王、先王之道的教化",正如福永光司先生认为的"尧和舜、夏禹王和殷汤王,周文王、武王等实行的政治教化的准则"。儒家把"先王之道的教化"称作"道教",《老子想尔注》十八章中记载:"真道藏,耶文出,世间常伪伎称道教,皆为大伪不可用。何谓耶文?其五经半入耶,其五经以外,众书传记,尸人所作,悉耶耳。"④《三国志·吴书·陆逊传》中记载:"光武中兴,群俊毕至,苟可以熙隆道教者,未必远近。"⑤牟子的《理惑论》有"孔子以五经为道教"的记载,唐代的《尚书正义·汤诰篇》中记载:"顺人有常之性,能安立其道教,则惟为君之道。"⑥据此可知,汉魏六朝以至于唐,是把儒家的五经之教

① [日]福永光司:《何谓"道教"——"道教"一词考和道教神学同儒、墨、佛之关系》,石衍丰译,《宗教学研究》1983年第3期。

② 吴毓江撰:《墨子校注》,孙启治点校,中华书局1993年版,第437页。

③ 吴毓江撰:《墨子校注》,孙启治点校,中华书局1993年版,第658页。

④ 饶宗颐:《老子想尔注校证》,上海古籍出版社1991年版,第22页。

⑤ (晋)陈寿撰:《三国志·吴书·陆逊传》卷五十八,(宋)裴松之注,中华书局1959年版,第1346页。

⑥ (汉)孔安国传:《尚书正义·汤诰篇》,(唐)孔颖达正义、黄怀信整理,上海古籍出版社2007年版,第296页。

即先王之道，称为"道教"，强调"道"的"教化"功能。为何如此呢？对于经、经学的教化功能，米靖的《经、经学与中国传统教育》[1]曾作过探讨，他认为，"经"与经学同时具有三种性质：知识体系、意识形态、价值载体。六经或五经（"六经"中"乐经"失传，因之实际上只存在"五经"）就其实际内容而言，则多为"史"；就其在古代的社会地位而言，是"载道之经"，并且成为统治思想与理论；而就其具体作用于社会的方式而言，则是"教科书"，是传统教育的主要内容。所以，将"儒家的五经"称为"道教"是顺理成章的。

正如"宗教""宗师"等词，"道教"一词的语用范畴逐渐扩大。福永光司先生指出，最初，中国把从印度传来的佛教称为"道教"，这在《佛说无量寿经》与《菩萨璎珞经》中有所显示。此时的"道教"一词，其意义是"以道进行教化"，而"道"的内容已不是中国古代"先王的五经之道"，而是印度"佛陀的菩提之道"，虽然，印度佛陀的菩提之道是神道，但"菩提之道"之"教"还不是现代神学意义上的宗教。

现代神学意义上的"道教"意蕴是如何演变而来的呢？

西晋葛洪的《神仙传·彭祖传》中记载："少能弃世独往山居穴处者，以顺道教之，终不能行，是非仁人之意也。"其中，"以顺道教之"指"以正心、爱精养神、服气炼形，万神自守之道进行教导"。[2]葛洪的《抱朴子内篇·明本篇》中记载："道者，儒之本也，儒者道之末，……儒者博而寡要……唯道家之教，使人精神专一，动合无形，包儒墨之善，总名法之要，与时迁移，应物变化，指约而易明，事少而功多，务在全大宗之朴，守真正之源者也。"[3]这里突出强调了"道家之教"的作用。由此可见，在西晋末东晋初之际，人们自觉地把道家老庄之"道"之"教"乃至把长生不老的神仙道之"教"称为"道教"，"道"，虽有时也具有神性，但"道教"还不是现代神学意义上的"道教"，而此时的"教"之意蕴仍是"教育、教化"。

对于明确使用宗教意义上的"道教"一词，福永光司先生认为其出现在梁陶弘景编著的《真诰·翼真检第一》中，其中有"崇信道教"的记载，

---

① 米靖：《经、经学与中国传统教育》，《教育研究》2008 年第 8 期。

② （晋）葛洪：《彭祖传》，《神仙传》，《中华道藏》第 45 册，第 20 页。

③ （晋）葛洪：《明本篇》，《抱朴子内篇》卷十，《道藏》第 28 册，第 206 页。

这表明了神学意义上的"道教"一词的明确使用。此外，南齐道士顾欢（420—482 年）在《夷夏论》中反驳袁粲道："今佛既东流，道亦西迈。故知世有精粗。教有文质，然则道教执本以领末，佛教救末以存本。"① 还有记载"佛教文而博，道教质而精。精非粗人所信，博非精人所能。佛言华而引，道言实而抑"；又如，北魏寇谦之接受太上老君"宣吾新科，清整道教，除去三张伪法，租米钱税，及男女和气之术"② 的教诫。福永光司先生认为，齐梁（479—557 年）以后，道教作为一种宗教在中国得到了广泛信奉。在此研究的基础上，福永光司先生对于宗教意义上的"道教"作了一个诠释："道教是以中国古代原始的咒术信仰为基础，在其开始形成时，采纳了儒家的祭祀、仪礼思想，老庄的形而上学，特别是佛教的业报轮回和解脱，乃至普度众生的教理、礼仪等而形成的复合体。至隋唐时代，作为中国土生土长的宗教，其组织结构，仪礼、神学等体系基本形成。"③

关于"道教"一词，无论是从普遍意义还是宗教意义而言，其含义皆有教育意蕴，据此，笔者从教育的视角尝试给"道教"④ 一词作一诠释："道教"一词经过不断的演变与发展，在内容上，由强调儒家、墨家先王之道与佛教、道教之道的教化作用，发展到融儒家的祭祀、仪礼思想、老庄的形而上学、佛教的因果轮回思想，乃至普度众生的教理、礼仪等于一体的而具有其组织、仪礼、神学等的宗教，其是以神道的方式发挥其教化作用的。

不仅"道教"具有教育意蕴，而且扩至"道教"所属之"宗教"也不无具有教育意蕴。

按照"宗"字本义"宗庙""祖庙"与引申义"家族""同一家族的""祖先""派别""主旨，根本""尊奉，向往"等意，以及"教"字的本义与引申义组合而成的"宗教"一词的意义应该是"宗族的教育、教化"或"以……教育、教化为宗"之意。事实也的确如此，在《古今合璧事类备要·后集》

---

① （清）严可均辑：《全齐文 全陈文》，商务印书馆 1999 年版，第 227 页。

② （北齐）魏收：《魏书》第 8 册，卷一百一一四，中华书局 1974 年版，第 3051 页。

③ ［日］福永光司：《何谓"道教"——"道教"一词考和道教神学同儒、墨、佛之关系》，石衍丰译，《宗教学研究》1983 年第 3 期。

④ James Legge 对中国"三教"，即儒教、道教与佛教的理解，认为三个短语本身只是意味着"三种教导"。参阅［加］威尔弗雷德·坎特韦尔·史密斯：《宗教的意义与总结》，董江阳译，中国人民大学出版社 2005 年版，第 167 页。

卷四十七中，有"外宗教"一项，说从汉到唐，朝廷上曾设有管理皇亲国戚们子弟教育的官职，称"宗师"。北宋成为一个机构，称"敦宗院"，其中的教授称"宗教"。到了南宋，则只称"宗教"。宋潘自牧撰《记纂渊海》也有"宗教"一项，其中在叙述了该官的历史沿革后道："中兴后，唯置宗教。"①据《宋史》记载："子俦召赴都堂审察，改宗教郎。"②但在校勘记中解释，"宗教郎"应是"宣教郎"③；《宋史》中同时也记载，著名理学家吕祖谦，"复中博学宏词科，谓南外宗教。"④"南外宗教"是职官的简称，清代学者俞樾在《茶香室丛钞》卷十八《居官箴言》中指出："宋无名氏《爱日斋丛钞》云：'王实之迈以南外宗教，为之箴。'王实之曾为南外睦宗院教授，此云'南外宗教'，在当时固共知之，传至后世，或不得其解矣。"可见这里的"南外宗教"是指管理或从事宗族教育、教化的人，与"宗师"意义大略相同。这种意义，可说是按照"宗"与"教"两字字义组合的原初意义。

由于中国古代思想的争鸣与发展，意料之中，如同"宗师"一词的演变与发展，"宗教"一词的发展也冲出了儒家的范畴，而进入了与儒家相对的道教、佛教的语言范畴中。意料之外，"宗教"一词意蕴的发展却远远地超出了人们的理解，以致晚清政府与西方沟通和交流时，出现了词语范畴的大相径庭。中国代表理解"宗教"是"孔教"，意即中国是以儒家的礼为教、为宗的，而西方的"宗教"却指基督教信仰。陈熙远先生在《"宗教"——一个中国近代文化史上的关键词》⑤中对"宗教"一词在中国的出现、发展与演变作了论述。他指出，中国官方从政治的角度考虑是以"儒教"为"教"的，民间则是以"三教"即"儒释道"为"教"的。就像于1893年世界哥伦比亚博览会期间举行的首次世界宗教大会上，当时清廷驻美参赞彭光誉即

---

① （宋）潘自牧撰：《记纂渊海》卷三十四。

② （元）脱脱撰：《列传三》，《宋史》第 25 册，卷二百四十四，中华书局 1977 年版，第 8687 页。

③ 按《宋史》一百六十九卷《职官志》无"宗教郎"而有"宣教郎"，《繫年要录》卷五十四《朝野杂记》甲卷载，秀安僖五条作"左宣教郎"，此处省去"左"字，"宗"应改作"宣"，中华书局 1977 年版，第 8692 页。

④ （元）脱脱撰：《列传一九三·儒林四》，《宋史》第 37 册，卷四百三十四，中华书局 1977 年版，第 12872 页。

⑤ 陈熙远：《"宗教"——一个中国近代文化史上的关键词》，《新史学》十三卷四期，2002 年，第 37~64 页。

以儒教代表身份应邀赴会阐述"孔子之教"。当时，彭光誉也指出了中国的"儒教"与世界性的"宗教"在议题上有根本的歧异，他发现中国传统意义上的"教"与"religion"的内涵存在着关键性的差异。然为何会把差别如此大的两种意蕴置于一起进行交流呢？无非是二者存在差异的同时还有相通之处，要么是儒家的礼教具有宗教信仰的神圣性，要么是宗教信仰具有儒家礼教般的教育性，要么是两种情况同时具有。若指向"宗教"具有教育性，那么所谓的内涵的关键性差异，则只在于教育、教化的内容与方式、方法的不同而已，前者多采用世俗性的内容与方式、方法，后者则采用超世俗的、神圣的内容与方式、方法。

在中国的语境中，"宗教"一词除却具有"管理或从事宗族教育、教化的人"的意义之外，其还指佛教、道教，甚至基督教与被视为"邪异"的"组织"。关于"宗教"一词含义的演变与发展，李申教授在《"宗教"不是外来语》①中以《四库全书》为检索对象，对"宗教"一词所指进行了梳理与分析，他认为，文献中的"宗教"一词，多指佛教或者道教，且与"宗教"一词的本意大相径庭。这里笔者禁不住要想，佛教与道教为何要以"宗教"代称本身呢？恐怕这也与"宗教"的本义或引申义与佛教、道教的意蕴以及二教的冲突有关。由"宗"之引申义引申出"宗教"的引申义，也即"以……教育教化为宗"，进而形成"宗派""教派"，显见，此"宗教"亦具教育意蕴。对此，王德亮在《"宗教"一词的由来与演变》中指出，所谓"宗教"，即为诠表佛教的特殊要义而使用的各种语言文字。他还说，在汉传佛教中，称由佛弟子所创立且拥有信众的佛教支派为"宗"；而以佛祖释迦牟尼的学说为"教"，合称"宗教"，并有"自证为宗、化他名教"之说。②按照王德亮的说法，"宗教"一词的意蕴也不是与其最初的教育意蕴大相径庭。

需要注意的是，同是在宋代谢维新撰的《古今合璧事类备要》中，"宗教"一词的蕴意已分属于两个不同的范畴，一个是世俗教育、教化范畴，另一个是神学范畴，且神学范畴语意的运用是借鉴世俗教育、教化范畴的语意。对于"宗教"在其中所指为"世俗教育"的情况，前面已作说明。对于"宗教"的神学范畴所指，在其《前集》卷四十八《释教门·禅法》一节，

---

① 李申：《"宗教"不是外来语》，《世界宗教文化》2007 年第 4 期。
② 王德亮：《"宗教"一词的由来与演变》，《知识窗》2006 年第 11 期。

有"宗教"一条。其释义道：

> 《宗教录》融会宗教之言日，不离荃蹄而求解脱，不执文字而迷本空。依教则华严，即示一心广大之文。依宗则达么，直显众生心性之旨。则知与禅体一而名二。圭峰日，经是佛语，禅是佛意。诸佛心口必不相违。陈了翁记。

这里，正如李申教授指出的，"宗教"实际又主要是指禅宗，这也显示出禅宗在佛教中的地位。

到了清代，"宗教"一词的应用范围进一步扩大，可以指代基督教。张之洞在《劝学篇》中也使用了"宗教"一词，他说："外国各学堂，每日必诵耶稣经，示宗教也。"此处"宗教"一词，已是现代神学意义上之"宗教"，指向"基督教"，但其是外国学堂必诵之经，也可见其"教育、教化"之意蕴。科举制废除后，国家制定了新的教育制度《教务刚要》，其中有"读经"一项，说明道："外国学堂有宗教一门，中国之经书即是中国之宗教。"① 此处两个"宗教"形同意异，前者专指"基督教"，而后者指"以儒家为代表的经书"，但二者作为"学堂之课程"，其教育意蕴又是主要的。据《清史稿》记载，劳乃宣为制定刑律事上书，其中说道："中国宗教尊孔，以纲常礼教为重。"② 这里，也以"宗教"代指"纲常所发挥的教化作用"。此时"宗教"一词，虽与"世俗教育、教化"有关，但已不再与"宗族教育、教化"有关了，"宗教"也不再是一官职的名称，而且，其世俗性已大大削弱，已经出现其世俗性与神圣性的争鸣，但其教育性仍存。国家为实行宪政要制定选举法，其中除指出数种人没有选举和被选举权以外，还指出数种人不宜被选举为议员，其中第四条，是"僧、道及宗教师"③，此处以"宗教师"指称"从事僧、道教育、教化之人"，可见，"宗教"意蕴已明显带有确指"神圣性教化"

---

① （民国）赵尔巽等撰：《志八十二·选举二·学校二》，《清史稿》第 12 册，一〇七卷，中华书局 1977 年版，第 3137 页。

② （民国）赵尔巽等撰：《志一百十七·刑法一》，《清史稿》第 15 册，一四二卷，中华书局，第 4190 页。

③ （民国）赵尔巽等撰：《志八十八·选举八·新选举》，《清史稿》第 12 册，一一二卷，中华书局，第 3258 页。

的意蕴,且这种意蕴的应用范围也已较为广泛。

综上所述,"宗教"不是一个外来词,其意蕴时有不同,不管作为"教育、教化的机构""从事教育、教化的人",还是普遍指代佛教、道教,乃至基督教,甚至称儒家经书,其都蕴含有"教育、教化"之意。"宗教"一词的发展演变过程也显示了儒佛道三教之间的冲突与融合。

本章结论

从刘一明对"道""教"与"道教"的解释引发出对"道教"教育意蕴的探讨,并得出在中国语境中,道教之"道"与"教""道教""宗教"这些词语的内涵都具有教育意蕴,而且这种教育意蕴是由世俗界扩至神圣界,这也显示出了信仰与教化之间关系的普遍性。进一步可以总结出信仰与教化之间的关系:通过信仰与信仰的传播促进社会教化的发展;信仰内容本身就是一种教化;教化是信仰传播的途径与手段。①

---

① 白娴棠:《信仰与教化之间:元明清文昌神附祀庙学的原因》,《云南社会科学》2016 年第 6 期。

结　论
——刘一明道学思想的特点

在此，我们将刘一明的信仰论与教化论概括为"道学"，即刘一明信仰之"道"的内容、传播发展及其功用。

因为刘一明是乾嘉时期全真教龙门派第十一代传人，所以他的道学思想具有全真教龙门派的特点；又因为他处于特定的历史阶段，社会的政治、经济、文化教育及诸因素影响下的社会风气、个人的特殊经历及师承关系等无不影响着他的道学思想，或直接或间接，或显或潜，所以，他的道学思想又具有时代性与个体性。

据以上诸因素，总结刘一明道学思想的特点及其形成的原因，归纳如下：

（1）主张三教一家。

刘一明承龛谷老人与仙留丈人以丘处机为祖，自然在教派上归属全真教龙门派。因此，他也不遗余力地继承了全真教三教一家的主张。在丹道论的建构上，刘一明不仅吸收了以《论语》为核心的儒家伦理思想，也吸收了王阳明的良知论；而且接受了某些佛教思想的影响，并运用道教视野对佛教经典进行阐释。他对佛教经典《心经》与《金刚经》作了注解，并分别命名为《心经解蕴》与《金刚经解目》，[①] 他对佛经的理解深深地留下了道教思想的烙痕，可以说，"以道解佛"是其注解佛经的一个特点。也可由此深入理解刘一明对"三教一家"的阐述。[②]

---

①　刘一明《心经解蕴》与《金刚经解目》这两本著作，一直只见著录，未见公开出版，后由甘肃省兰州市榆中县孙永乐先生提供复印件，蒋门马先生于2009年制作成电子书，在"白云深处人家网站"（www.byscrj.cn）提供免费下载。刘一明在《心经解蕴》的自序中提《心经解蕴》于"嘉庆八年岁次癸亥重阳节"完成，在《金刚经解目》的自序中提《金刚经解目》于"嘉庆二十一年岁次丙子中秋"完成，榆中栖云山藏版。

②　以道解佛：刘一明注解佛经的特点——以《心经解蕴》为例考察，《弘道》2012年第1期。

不管是从"道"的形成上来看，还是从"道"的"归一"上来看，抑或是从"教"的作用上来看，其三教一家之理显而易见。前已论述，不再重复。

至于刘一明何以主张"三教一家"，原因可能有两点：其一，全真道教发展到清代，承前已吸收了儒释二教许多理论，三教具有同理；其二，在乾嘉时期，道教的社会地位在三教中是最低的，他主张"三教一家"，也许是出于能被儒释承认而不被看作"异端"的心理，进而使全真道教得到传播与发展。

（2）主张性命双修。

王重阳主张性命双修。他说："性命是修行之根本。"① 还说："人了达性命者，便是真修行之法也。"② 他认为，修行要借助修命，但不要执着于凡躯，还要注重修性。对此，丘处机继承了王重阳性命双修的理论。在《磻溪集》中，他说："返观性命阴阳理，始识虚无造化功。"③ 在署名为丘处机的《大丹直指》④ 中说："金丹之秘，在于一性一命。性者，天也。常潜于顶。命者，地也。常潜于脐；顶者，性根也。脐者，命蒂也。"⑤ 不仅如此，他还主张性体命用，修性重于修命。他在《全真清规·长春真人规榜》中说道："见性为体，养命为用。"⑥ 在《邱祖语录》中，他说："吾宗前三节，皆为功夫，命功也。后六节，乃无为妙道，性学也。三分命工，七分性学。"⑦ 他还说："吾宗唯贵见性，水火配合其次也。大要以息心凝神为初机，以明性见空为实地，以忘识化障为作用，回视龙虎铅汞，皆法相而不可拘执。反此便为外道，非吾徒也。"⑧ 为此，二者都主张功行双践。王重阳说："真功真行，真性昭著。"⑨ 又说："功行双全，占逍遥、出尘看玩。"⑩ 其真功，指的是性命双修的内炼

---

① 王重阳：《重阳立教十五论》，《道藏》第 32 册，第 154 页。

② 王重阳：《重阳真人金关玉锁诀》，《道藏》第 25 册，第 800-801 页。

③ 丘处机：《季冬八日大雪》，《磻溪集》卷一，《道藏》第 25 册，第 815 页。

④ 对于《大丹直指》的作者，学界有异议。戈国龙在《〈大丹直指〉非丘处机作品考》（《世界宗教研究》，2008 年第 3 期）中进行了考证。

⑤ 《大丹直指》卷下，《道藏》第 4 册，第 402 页。

⑥ 陆道和编集：《全真清规·长春真人规榜》，《道藏》第 32 册，第 160 页。

⑦ 《邱祖语录》，《邱祖全书》，见赵卫东辑校：《丘处机集》，齐鲁书社 2005 年版，第 150 页。

⑧ 同上，第 153 页。

⑨ 王重阳：《豆叶黄》，《重阳全真集》卷五，《道藏》第 25 册，第 722 页。

⑩ 王重阳：《换骨骸》，《重阳全真集》卷三，《道藏》第 25 册，第 709 页。

功夫，真行，指的是济世度人的外在实践。丘处机继承王重阳，并提出内日用与外日用相结合的修炼理论。他在《长春丘真人寄西州道友书》中说道："舍己从人，克己复礼，乃外日用。饶人忍辱，绝尽思虑，物物心休，乃内日用也。"又说："先人后己，以己方人，乃外日用。清静做修行，乃内日用。又曰：常令一心澄湛，十二时中时时觉悟，性上不昧，心定气和，乃真内日用。修仁蕴德，苦己利他，乃真外日用。"①他认为，修真慕道，须凭积行累功，若不苦志虔心，难以超凡入圣。又说："大抵外修福行，内固精神，内外功深，则仙阶可进，洞天可游矣。"②

　　刘一明承袭归属为全真教龙门派的龛谷老人与齐丈人，也主张性命双修，且也认为要借助色身修法身。他又在《会心内集》中指出："先修命，后修性，性命双修仙佛径。只修性理不修命，万劫阴灵难入圣；只了命基不了性，空有家财无主柄。"③在修性与修命的先后问题上，他主张对不同根器、德行的人在修性与修命的先后上应区别对待，不应一概而论。刘一明在《参同契经文直指》中说道："未修性之先，须急修命；既了命之后，又当修性。未有不修命而超凡，未有不修性而入圣。"④刘一明之所以说先命后性，是因为他认为大多数人是中下之人，而对上人，他认为还是要先修性后修命。为此，他也主张功行双践。关于刘一明性命双修与功行双践的理论，前面以作论述，兹不重复。

　　（3）师承"北宗"法脉，但在教理上又多对"南宗"有所吸收。

　　刘一明师承龛谷老人与仙留丈人，称丘处机为祖师，自然归属"北宗"。然而，在教理上，他又继承与发展了"南宗"的思想，比如，"性命双修"，对大多数中下人来说，要先修命后修性；再比如，同主张"混俗和光"，但二者"混俗"的形态是不同的。金丹"南宗"张伯端至陈楠四代，皆非职业道士。张伯端为幕僚，石泰以缝纫为业。薛道光原为僧人，得丹诀后弃僧还俗，亦以缝纫为业。陈楠以箍桶为业。"南宗"倡大隐混俗，从理论上讲是受了当时禅宗"事事无碍"说的影响及理学的冲击，也与两宋符箓派

---

① 丘处机：《长春丘真人寄西州道友书》，《真仙直指语录》，《道藏》第 32 册，第 473 页。
② 同上，第 436 页。
③ （清）刘一明：《会心内集·真要歌》，《藏外道书》第 8 册，第 652 页。
④ （清）刘一明：《参同契经文直指》中篇，《藏外道书》第 8 册，第 278 页。

道士多有家室有关。倘若把金丹"南宗"的"混俗"称为"在尘出尘"，那么刘一明的"混俗"便是"出尘在尘"，意即他是真正的出家道士，他抛弃了父母与妻子而专心于金丹大道，尽管在他设坛传教之前居无定所，到处云游，但他以"出尘"为起点的"混俗"还是不同于金丹"南宗"以"在尘"为起点的"混俗"。刘一明的"在尘"而致的"和光"可被看作是其修行的一部分，"和光"了，便"积德"了；"积德"可以辅道，积至"元德"，也便接近"道"了。此外，"混俗"也是清代道教民众化、世俗化的一种表现，也可能境不得已，与当时国家的宗教政策有关。对此，他受到同时代同是全真教龙门派第十一代传人闵一得的指责，认为这是修道的一种权宜之计。

为何会出现以"北宗为名，而以南宗为实"的情况？原因可能有以下几点：①全真道教在元代的显赫影响导致了"南宗"名义上的归附。②清代度牒制的实行满足不了因经济结构的巨大变化引发的社会诸结构变化而致的人们的心理动荡而寻求信仰解救的心理，而主张混俗和光的"南宗"契合了当时人们的心理需求。自然，多方面地接受"南宗"的思想成为可能。

（4）受《论语》影响，又对王阳明思想有所借鉴。

可以说，刘一明是通过《论语》悟道的，在其形成"道"的过程中，既受《论语》的影响，又对王阳明心学有所继承。这些在文中已详细谈及，兹不另述。

（5）虽称道法两用，实际重理轻法。

刘一明试图调和朱熹与王阳明的理论之间的矛盾，一方面，继承朱熹的理学思想，另一方面，又继承了王阳明的心学思想。他继承了朱熹的穷理尽性之说，主张阅读经书，甚至与朱熹一样写下了指导人如何解读经书的《西游原旨读法》；同时，他又强调人"心"的重要作用，认为"悟道"即"行道"，主张知行合一。其知行合一论或多或少将道之身体力行的修持消解于对"理"的解悟之中，从而削弱了其"法"之论。在这一点上，闵一得也认为他丹道失在尽心穷理上，这是与闵一得注重实际丹道修炼所不同的。

（6）刘一明的教化论是其道学论的组成部分。

教化既是对弟子、民众举止行为的规范，也是传承与发扬道教的一种途径；教化的内容即是信仰之道，既包括道之思想，也包括道之实践。刘一明的教化论与其信仰论是紧密联系的，不是在信仰论之外又有一个教化论。

刘一明的"信仰"与"教化"之间的关系归纳为以下几点：信仰本身具有教化性；通过教化，信仰得以形成、传播与发展；信仰内容可以作为教化内容；教化是信仰功用；信仰也是一种教化方式，把某些教化内容作为信仰实施。

综上所述，刘一明融儒佛于道，兼金丹南北二宗，继承并发展了全真教龙门派的思想，使得其在教内外均有较高赞誉。闵一得在《栖云山悟元子修真辩难参证》中高度评价道："《修真辩难》全部阐发古哲欲发未发处，数不胜数，有功玄教之作。……悟元子取此篇作全部关束，深得古人著书宗旨。……余学问较之悟元子，岂仅小巫大巫已哉！是余真实语，笔以告夫同志云。"① 南怀瑾在他所著《禅海蠡测》"禅宗与丹道"一章中论述明清丹道发展状况时说道："清代学者颇多，而以乾嘉道学著者刘悟元、朱云阳二人为其翘楚，刘朱道学，皆出入于禅，尤以刘悟元之说理修炼，纯主清净，力排方士诸说，参合佛理要旨，于丹道法中，又别创一格。"② 王沐对其评价道："全真功法至刘一明，已将儒释道功法精华冶于一炉，加以革新，非旧日龙门派功法所能望其项背。"③ 这些都可以从侧面说明刘一明不愧是道教史上著名的道教理论家。

但刘一明作为一位道教理论家，在弘扬丹道理论之余，也难免有诸多偏颇之处，而导致牵强附会之弊。就总体而言，刘一明不愧是一代丹道大家，他广泛吸纳各家学说，并加以分析地继承和发展，对道教内丹理论的完善和道教思想的丰富做出了自己的贡献。

本书以信仰与教化为切入点对乾嘉时期刘一明的道学思想进行了研究，他的道学思想与实践虽不一定能代表当时全国整体道教思想与实践的方向，但总是多元之一，必定具有共时性。从刘一明的道学思想与实践及其形成的背景可以看出，乾嘉时期的道教信仰的状况既与道教发展的历史与现实有关，也与国家的宗教政策有关，可以说道教发展的历史与现实是国家实施宗教政策的依据，而宗教政策的实施又在一定程度上规范与限制道教的发展。乾嘉时期道教的民众化便是宗教政策实施的结果。

---

① （清）闵一得：《栖云山悟元子修真辩难参证》，《藏外道书》第 10 册，第 293 页。

② 南怀瑾：《禅海蠡测》，《南怀瑾选集》第五卷，复旦大学出版社 2003 年版，第 150 页。

③ 王沐编：《修真辩难序》，《道教无牌丹法精选》第五集，中医古籍出版社 1989 年版，第 2 页。

参考文献

一 道教典籍

（东汉）于吉：《太平经》，《道藏》，文物出版社，上海书店、天津古籍出版社 1988 年影印本（以下《道藏》皆为此版本）第 24 册。

（晋）葛洪：《神仙传》，《中华道藏》，华夏出版社 2004 年，（以下《中华道藏》皆为此版本）第 45 册。

（晋）葛洪：《抱朴子》，《道藏》第 28 册。

（南朝）陶弘景：《真诰》卷五，《中华道藏》第 2 册。

（唐）孟安排集：《道教义枢》，《道藏》第 24 册。

（唐）朱法满：《要修科仪戒律钞》，《道藏》第 6 册。

（唐）钟离权：《秘传正阳真人灵宝毕法》，《道藏》第 28 册。

（宋）路时中：《无上玄元三天玉堂大法》，《道藏》第 4 册。

（宋）刘温舒：《素问入式运气论奥》，《道藏》第 21 册。

（宋）张君房：《云笈七签》，《中华道藏》第 29 册。

（北宋）张伯端：《悟真篇》，《道藏》第 2 册。

（南宋）薛道光、陆墅、（元）陈致虚注：《紫阳真人悟真篇三注》，《道藏》第 2 册。

（南宋）王契真纂：《上清灵宝大法》，《道藏》第 30 册。

（南宋）金允中：《上清灵宝大法》，《道藏》第 31 册。

（南宋）金允中：《上清灵宝大法》，《中华道藏》第 34 册。

（金）王重阳：《重阳立教十五论》，《道藏》第 32 册。

（金）王重阳：《重阳真人金关玉锁诀》，《道藏》第 25 册。

（金）王重阳：《重阳全真集》，《道藏》第 25 册。

（元）陈致虚：《上阳子金丹大要》，《道藏》第 24 册。

（元）陈致虚：《金丹大要》，《藏外道书》第 9 册。

（元）丘处机：《真仙直指语录》，《道藏》第 32 册。

（元）丘处机：《磻溪集》，《道藏》第 25 册。

（元）刘大彬编：《茅山志》，《中华道藏》第 48 册。

（元）陆道和编集：《全真清规·长春真人规榜》，《道藏》第 32 册。

（清）刘一明：《周易阐真》，《藏外道书》第 8 册，巴蜀书社 1994 年版（以下《藏外道书》皆为此版本）。

（清）刘一明：《修真辩难》，《藏外道书》第 8 册。

（清）刘一明：《神室八法》，《藏外道书》第 8 册。

（清）刘一明：《修真九要》，《藏外道书》第 8 册。

（清）刘一明：《参同直指》，《藏外道书》第 8 册。

（清）刘一明：《悟真直指》，《藏外道书》第 8 册。

（清）刘一明：《会心集》，《藏外道书》第 8 册。

（清）刘一明：《无根树解》，《藏外道书》第 8 册。

（清）刘一明：《心经解蕴》，嘉庆八年。

（清）刘一明：《道德经要义》，榆中栖云山藏版，嘉庆八年。

（清）刘一明：《道德经会义》，榆中栖云山藏版，嘉庆八年。

（清）刘一明：《金丹四百字解》，《藏外道书》第 8 册。

（清）刘一明：《象言破疑》，《藏外道书》第 8 册。

（清）刘一明：《悟道录》，《藏外道书》第 8 册。

（清）刘一明：《通关文》，《藏外道书》第 8 册。

（清）刘一明：《金刚经解目》，嘉庆二十一年。

（清）刘一明：《孔易注略》。

（清）刘一明：《孔易阐真》，《藏外道书》第 8 册。

（清）刘一明：《指南针》，《藏外道书》第 8 册。

（清）刘一明：《黄庭经解》，《藏外道书》第 8 册。

（清）刘一明：《指玄访道篇》，《藏外道书》第 8 册。

（清）刘一明：《道书十二种》，据清嘉道间常郡护国庵本并光绪上海异化堂本两本校勘补缺影印，中国中医药出版社 1990 年版。

（清）刘一明：《道书十二种》，羽者、祁威、于志坚校，书目文献出版社 1996 年版。

（清）刘一明：《栖云笔记》，孙永乐评注，社会科学文献出版社 2011

年版。

（清）刘一明：《悟元汇宗：道教龙门派刘一明修道文集之一》，董沛文主编；腾树军、张胜珍点校，宗教文化出版社 2015 年版。

（清）刘一明：《西游原旨：道教龙门派刘一明修道文集之二》，董沛文主编；腾树军、张胜珍点校，宗教文化出版社 2015 年版。

（清）刘一明：《易道阐真：道教龙门派刘一明修道文集之三》，董沛文主编；腾树军、张胜珍点校，宗教文化出版社 2016 年版。

（清）刘一明：《刘一明医学全书》，中医古籍出版社 2016 年版。

（清）闵一得：《金盖心灯》，《藏外道书》第 31 册。

（清）闵一得：《栖云山悟元子修真辩难参证》，《藏外道书》第 10 册。

（清）王常月：《碧苑坛经》，《藏外道书》第 10 册。

（清）王常月：《初真戒律》，《道藏辑要》张集。

《性命圭旨》，《藏外道书》第 9 册。

《道谱源流图》，《藏外道书》第 31 册。

《白云仙表》，《藏外道书》第 31 册。

《大丹直指》，《道藏》第 4 册。

《道统源流志》，道统源流编辑部处印行。

《道法会元》，《道藏》第 28 册。

《灵宝无量度人上经大法》，《道藏》第 3 册。

《伏魔经坛谢恩醮仪》，《道藏》第 34 册。

《道门经法相承次序》，《道藏》第 24 册。

《洞真上清太微帝君步天纲飞地纪金简玉字上经》，《道藏》第 33 册。

《道法会元》，《道藏》第 28 册。

《太上灵宝老子化胡妙经》，《中华道藏》第 8 册。

二　史志文集

（东汉）班固撰，（唐）颜师古注：《汉书》，中华书局 1962 年版。

（汉）孔安国传；（唐）孔颖达正义；黄怀信整理：《尚书正义·汤诰篇》，上海古籍出版社 2007 年版。

（晋）陈寿，（宋）裴松之注：《三国志》，中华书局 1959 年版。

（南朝）范晔撰，（唐）李贤等注：《后汉书》，中华书局 1965 年版。

（梁）萧子显：《南齐书》，中华书局 1972 年版。

（北齐）魏收：《魏书》，中华书局 1974 年版。

（宋）朱熹：《四书集注》，岳麓书社 1985 年版。

（宋）林駉：《古今源流至论》，《文渊阁四库全书》，台湾商务印书馆 1986 年版。

（宋）王溥：《唐会要》，《文渊阁四库全书》，台湾商务印书馆 1986 年版。

（元）脱脱：《宋史》，中华书局 1977 年版。

（明）王守仁：《王阳明全集》，红旗出版社 1997 年版。

（乾隆朝）《钦定大清会典则例》，景印文渊阁四库全书。

（清）王夫子：《张子正蒙注》，中华书局 1975 年版。

（清）王夫子：《读四书大全说》，中华书局 1975 年版。

（清）唐绍祖等修：《大清律例》，清刻本。

（清）完颜崇实辑：《白云仙表》，清道光二十八年刻本。

（清）张国常纂修：《重修皋兰县志》，清光绪十八年（1892）甘肃政报局石印本。

（清）薛允升：《读例存疑》，光绪三十一年京师刊本。

（清）刘墉等：《清朝通典》万有文库本，商务印书馆 1935 年版。

（清）刘墉等：《清朝通志》万有文库本，商务印书馆 1935 年版。

（清）刘锦藻：《清朝续文献通考》，商务印书馆 1936 年版。

（清）李祖陶：《国朝文续录·迈堂文略》，清同治七年（1868）敖阳李氏刊本。

（清）清高宗敕撰：《清朝文献通考》万有文库本，商务印书馆。

（清）焦循：《雕菰集》，王云五主编：《丛书集成初编》，商务印书馆 1937 年版。

（清）颜元：《四存编》，古籍出版社 1957 年版。

（清）《清实录九——高宗纯皇帝实录》，中华书局 1985 年版。

（明）杨士奇等：《历代名臣奏议》，《钦定四库全书》。

（清）《清仁宗实录》，中华书局 1986 年影印本。

（清）《清高宗实录》，中华书局 1986 年影印本。

（清）嵇璜：《钦定续文献通考》，《文渊阁四库全书》，台湾商务印书馆 1986 年版。

（清）顾嗣立：《元诗选》，《文渊阁四库全书》，台湾商务印书馆 1986年版。

（清）昆冈、李鸿章：《钦定大清会典事例》，光绪二十五年重修本。

（清）盛康辑：《皇朝经世文续编》，武进盛氏思补楼，清光绪二十三年（1897）刻本。

（清）黄正元注：《太上宝筏图说》，鸿文书局石印本，光绪壬辰仲春。

（清）石成金纂辑：《家宝全集》，清体仁堂木刻本。

（清）惠栋笺注，姚学塽注，陈廷经合刊：《太上感应篇合钞》，清咸丰五年苏城古市巷汤淑芳斋刻本。

（民国）赵尔巽等：《清史稿》，中华书局 1977 年版。

中国第一历史档案馆编：《乾隆朝上谕档》，中国档案出版社 1991 年版。

中国第一历史档案馆编：《雍正朝汉文谕旨汇编》，广西师范大学出版社 1999 年版。

《中国地方志集成·山西府县志辑①·乾隆太原府志（一）》，凤凰出版社 2005 年版。

三　近现代著作

白寿彝总编，周远廉，孙文良编：《中国通史》，上海人民出版社 1995年版。

常建华：《清代的国家与社会研究》，人民出版社 2006 年版。

陈兵：《道教之道》，今日中国出版社 1995 年版。

陈来：《宋明理学》，华东师范大学出版社 2004 年版。

丁常春：《伍守阳内丹思想研究》，博士论文，四川大学，2006 年。

樊光春：《古都西安：长安道教与道观》，西安出版社 2002 年版。

冯友兰：《中国哲学史新编》，人民出版社 2004 年版。

傅勤家：《中国道教史》，上海书店影印本 1984 年版。

葛兆光：《中国思想史》，复旦大学出版社 2001 年版。

龚书铎等：《中国社会通史》（清前期卷），山西教育出版社 2000 年版。

郭庆藩撰，王孝鱼点校：《庄子集释》，中华书局 2004 年版。

洪建林编：《仙学解密：道家养生秘库》，大连出版社 1991 年版。

胡孚琛：《丹道法诀十二讲》，社会科学文献出版社 2009 年版。

胡孚深、吕锡深：《道学通论》，社会科学文献出版社 2004 年版。

黄慧珍：《信仰与觉醒》，人民出版社 2007 年版。

黄书光：《中国社会教化的传统与变革》，山东教育出版社 2005 年版。

荆学民：《社会转型与信仰重建》，山西教育出版社 1999 年版。

荆学民：《当代中国社会信仰论》，人民出版社 2008 年版。

刘宁：《刘一明修道思想研究》，巴蜀书社 2001 年版。

黎靖德编：《朱子语类》，中华书局 1986 年版。

刘庆宇：《清乾隆朝佛教政策研究》，博士论文，东北师范大学，2008 年。

李申：《宗教论》，中国社会科学出版社 2006 年版。

刘应存，王桂兰：《刘一明医书释要》，甘肃文化出版社 2001 年版。

刘建生、刘鹏生、燕红忠：《明清晋商制度变迁》，山西人民出版社 2005 年版。

刘泽民主编：《山西通史》卷五，山西人民出版社出版 2001 年版。

刘仲宇：《刘一明学案》，齐鲁书社 2010 年版。

罗东玉：《中国厘金史》（上册），商务印书馆"中华民国"二十五年版。

孟森：《明清史讲义》，中华书局 1981 年版。

南怀瑾：《禅海蠡测》，复旦大学出版社 2002 年版。

卿希泰主编：《中国道教史》，四川人民出版社 1996 年版。

任继愈主编：《中国道教史》，上海人民出版社 1990 年版。

石峻等：《中国佛教资料选编》，中华书局 1989 年版。

孙永乐主编：《〈悟元老师刘先生本末〉校注》（也称《〈素朴师云游记〉校注》），榆中道协道经研究中心 1999 年版。

孙中山：《建国方略》，上海民智书局 1922 年版。

唐大潮：《明清之际道教"三教合一"思想论》，宗教文化出版社 2000 年版。

檀传宝：《信仰教育与道德教育》，教育科学出版社 1999 年版。

王彬主编：《清代禁书总述》，中国书店出版社 1999 年版。

王德昭：《清代科举制度研究》，中华书局 1984 年版。

王尔敏：《明清时代庶民文化生活》，岳麓书社 2002 年版。

王光德，杨立志：《武当道教史略》，华文出版社 1993 年版。

王国良:《明清时期儒家核心价值的转换》,安徽大学出版社 2002 年版。

王怀中、魏填平:《上党史话》,山西人民出版社 1981 年版。

王欢:《〈西游原旨〉研究》,硕士论文,华东师范大学 2009 年版。

王沐:《内丹养生功法指要》,中华书局 2008 年版。

王沐:《悟真篇浅解》,中华书局 1990 年版。

王云五主编,陈鼓应注译:《老子今译今注及评介》,台湾商务印书馆发行,"中华民国"五十九年。

王云五主编,林尹注译:《周礼今译今注》,台湾商务印书馆发行,"中华民国"六十一年。

王永平:《清代刘一明的道学思想》,博士论文,中国社会科学院研究生院 2002 年版。

王志忠:《明清全真教论稿》,巴蜀书社 2000 年版。

萧萐父、许苏民:《明清启蒙学术流变》,辽宁教育出版社 1995 年版。

萧一山:《清代通史》,中华书局 1986 年版。

尹伟先主编:《西北通史》,兰州大学出版社 2005 年版。

吴敬梓:《儒林外史》,光明日报出版社 2007 年版。

吴亚魁:《生命的追求:陈撄宁与近现代中国道教》,上海辞书出版社 2005 年版。

吴亚魁:《江南全真道教》,中华书局(香港)有限公司 2006 年版。

吴毓江撰,孙启治点校:《墨子校注》,中华书局 1993 年版。

杨伯峻译注:《孟子译注》,中华书局 1962 年版。

杨伯峻译注:《论语译注》,中华书局 1980 年版。

杨健:《清王朝佛教事务管理》,社会科学文献出版社 2008 年版。

尹志华:《清代全真道历史新探》,中文大学出版社 2014 年版。

游子安:《劝化金箴——清代善书研究》,人民出版社 1999 年版。

于本源:《清王朝的宗教政策》,中国社会科学出版社 1999 年版。

张广保:《尹志平学案》,齐鲁书社 2010 年版。

赵相彬:《刘一明内丹思想研究》,硕士论文,华东师范大学,2008 年。

章炳麟:《菿汉昌言》,《章氏丛书类编》,癸未秋成都薛崇礼堂 1933 年版。

张伯端等:《道教五派丹法精选》,中医古籍出版社 1989 年版。

张岱年:《中国哲学大纲》,中国社会科学出版社 1994 年版。

张君房辑,李永晟点校本:《云笈七签》,中华书局 2003 年版。

张立文主编:《道》,中国人民大学出版社 1987 年版。

张文修编著:《礼记》,燕山出版社 1995 年版。

张文玲:《道学家刘一明》,甘肃人民出版社 1997 年版。

张祎琛:《清代善书的刊刻与传播》,博士论文,复旦大学,2010 年。

赵卫东:《丘处机与全真道》,山东文艺出版社 2004 年版。

赵卫东辑校:《丘处机集》,齐鲁书社 2005 年版。

庄吉发:《清史论集》,文史哲出版社 2000 年版。

〔日〕沟口雄三、伊东贵之、村田雄二郎:《中国的视座》(今后的世界史 4),平凡社 1995 年版。

〔加〕威尔弗雷德·坎特韦尔·史密斯:《宗教的意义与总结》,董江阳译,中国人民大学出版社 2005 年版。

〔日〕小柳司气太:《白云观志》,日本东方文化学院东京研究所发行,昭和九年(1934)。

〔日〕伊东贵之:《从"气质变化论"到"礼教"——中国近世儒教社会"秩序"形成的视点》,载〔日〕沟口雄三、小岛主编:《中国的思维世界》,孙歌等译,江苏人民出版社 2006 年版。

四 期刊论文

陈兵:《道教之"道"》,《哲学研究》1988 年第 1 期。

陈虹娓:《乾嘉时期的吏治腐败与清王朝的衰亡》,《长春师范学院学报》1999 年第 7 期。

陈熙远:《"宗教"——一个中国近代文化史上的关键词》,《新史学》2002 年第 13 卷第 4 期。

盖建民:《明清道教医学论析》,《宗教学研究》1999 年第 1 期。

戈国龙:《论内丹学中的阴阳交媾》,《世界宗教研究》2002 年第 1 期。

郭继汾:《天主教在山西之创始及其发展》,《山西文史资料》第 2 辑,山西省文史资料研究委员会 1998 年版。

郭德君:《阳明心学"良知"说与禅宗和现象学的对话》,《东疆学刊》2009 年第 1 期。

何建民：《刘一明道教养生哲学方法论和境界说》，《中国道教》1992年第2期。

韩伟：《"教"字中的远古教育文化》，《信阳师范学院学报》（哲学社会科学版）2007年第2期。

寂慧：《见贤思齐，培植信心，养育僧才——从虚云和尚说到现代佛教僧源及教育》，《法音》2009年第7期。

贾来生：《刘一明丹道养生思想的贡献和现代价值》，《宗教学研究》2009年第3期。

江净帆：《"教化"之概念辨析与界定》，《社科纵横》2009年第1期。

刘炳涛：《试论清代调整佛教和道教的法律制度及其特点》，《西安石油大学学报》（社会科学版）2016年第5期。

林巧薇：《清乾嘉时期北京白云观事考论》，《世界宗教研究》2016年第4期。

李应存：《清代甘肃名医刘一明》，《中医文献杂志》2004年第2期。

李为香：《明末清初善书风行现象解析》，《东北师大学报》（哲学社会科学版）2008年第2期。

李远国：《刘一明"九要八法"概述》，《中国道教》1993年第2期。

刘仲宇：《攻克人生的关卡——刘一明〈通关文〉的现代价值》，《中国宗教》2004年第9期。

马序、盛国仓：《刘一明道教哲学思想初探》，《世界宗教研究》1984年第3期。

梅莉：《清初武当山全真龙门派中兴初探》，《湖北大学学报》（哲学社会科学版）2009年第6期。

米靖：《经、经学与中国传统教育》，《教育研究》2008年第8期。

秦川：《试论〈西游原旨读法〉的地位及其影响》，《明清小说研究》2007年第1期。

宋金兰：《从"教"字看古代传统教育的源起及其基本特征》，《首都师范大学学报》（社会科学版）2003年第3期。

宋守鹏、孙石月：《刘一明道教教育思想初探》，《中国道教》1996年第4期。

唐晓军：《甘肃省图书馆藏〈西游原旨〉及其相关问题》，《丝绸之路》

2001 年第 S1 期。

王书献：《道教教育方式及其影响》，《中国道教》1999 年第 4 期。

王涛：《孔子"礼"的思想内涵及其当代价值》，《理论学刊》2007 年第 4 期。

谢清果：《〈神室八法〉与青年自我培养》，《中国青年研究》2005 年第 12 期。

谢清果：《〈神室八法〉与自我修养》，《中国道教》2006 年第 6 期。

徐恩栓：《略说刘一明〈易理阐真〉的丹易合一思想》，《中国道教》2007 年第 2 期。

杨光文：《刘一明的修心养性思想及其现代思考——以〈神室八法〉为例》，《宗教学研究》2004 年第 4 期。

杨健：《乾隆朝废除度牒的原因新论》，《世界宗教研究》2008 年第 2 期。

张薇薇：《晋东南地区二仙文化的历史渊源及庙宇分布》，《文物世界》2008 年第 3 期。

张文玲：《浅议刘一明"道德同一"观》，《中国道教》1998 年第 3 期。

郑永华：《清代乾隆初年道教史事两则考订》，《宗教学研究》2009 年第 3 期。

［日］福永光司著，石衍丰译：《何谓"道教"——"道教"一词考和道教神学同儒、墨、佛之关系》，《宗教学研究》1983 年第 3 期。

Vincent Goossaert（GSRL & CUHK）: Quanzhen, what Quanzhen?Late Imperial Taoist Clerical Identities in Lay Perspective, Paper for the International Symposium, Quanzhen Daoism in Modern Chinese Society and Culture（全真道与近现代中国社会文化：国际学术研讨会，2007 年）.

Monica Esposito, "The Longmen School and Its Controversial History during the Qing Dynasty," in John Lagerwey（ed.）, Religion and Chinese Society, vol.1（Hong Kong: Chinese University Press and Ecole francaise d'Extreme-Orient, 2004）.

Monica Esposito, "Longmen Taoism in Qing China: Doctrinal Ideal and Local Reality," Journal of Chinese Religions 29（2001）.

五 网络文献

陈连营:《清朝嘉庆朝文化专制政策的调整》，中华文史网（http://www.historychina.net）。

郭武:《道教基本信仰》，赤松黄大仙网（http://www.huangdaxian.com）。

附　录

一　刘一明年谱[①]

刘一明，原名万周，字一之，号秀峰。道名一明，为道教全真龙门派第十一代传人，号悟元子，又号被褐散人、素朴子、素朴老人等。

清世宗（爱新觉罗·胤禛）雍正十二年甲寅（1734年）九月十九日寅时，诞生于山西平阳府曲沃县一巨商家。

清高宗（爱新觉罗·弘历）乾隆十五年庚午（1750年），十七岁读吕祖黄粱故事，生"物外之思"。

乾隆十七年壬申（1752年），年未二十，大病三次。十九岁时，赴陇西省亲，并觅良医治病。于泾阳关帝庙得"灵应膏"良方。

乾隆十八年癸酉（1753年），二十岁，因梦悟而出走，于甘肃会宁铁木山换道服，埋名访道。三月，第一次至甘肃靖远开龙山。六月至金城（兰州），九月访渝中龛谷老人，并皈依门下。

乾隆十九年甲戌（1754年），二十一岁，辞师云游，二至开龙山，于宁夏海原遇父，同至陇西月余。

乾隆二十年乙亥（1755年），二十二岁，二造龛谷，得引路之诀，遵师训，回家尽孝道。

乾隆二十一年丙子（1756年）至乾隆二十六年辛巳（1761年），二十三岁，三造龛谷，再遵师命回乡尽人事。奉父命，捐国学、务举业，游京都，托辞访道，来往二次，五年有余。二十八岁，母病始归。

乾隆二十七年壬午（1762年）至乾隆三十年乙酉（1765年），二十九岁，母病愈。游河南，明行医道，暗访高明。三十二岁返晋。

---

①　孙永乐主编：《〈悟元老师刘先生本末〉校注》（也称《〈素朴师云游记〉校注》），榆中道协道经研究中心。

乾隆三十一年丙戌（1766 年）至乾隆三十三年戊子（1768 年），三十三岁，遍游家乡附近名山胜境，访道，回里后赴陇西奔丧，四至渝中，旋至汉阴，访徐丈人未遇，走陕西勉县仙留镇拜齐丈人为师，悟丹道，时年三十五岁，撰现存诗词首篇《汉上遇师》。

乾隆三十四年乙丑（1769 年），三十六岁，自汉南返巩，搬父枢回晋，路过凤翔太乙村谒樊老，知其羽化，凄然回乡葬父后，暗自离家，至灵武，化名金寓吉，隐居、行医、修道。

乾隆三十五年庚寅（1770 年）至乾隆三十七年壬辰（1772 年），三十七岁，至宁夏（今银川市）三清台炼魔下苦，次年复游固原、平凉、彬州（今陕西彬县）、凤翔，留心灵地。一至凤县南台山秦岭麻峪河住庙修炼。时年三十九岁。

乾隆三十八年癸巳（1773 年），四十岁，西行，过陇南至岷县二郎山菩萨洞，急病遇救。复西行三足洞遇怪除灭。

乾隆三十九年甲午（1774 年），四十一岁，离泯过狄道（今临洮），访兰州异人赵贵，失望。二至银川。

乾隆四十年乙未（1775 年），四十二岁，春月南行，三上开龙，欲完解注《西游》夙愿，历时五月，出草稿。曾移居靖远红山寺、西闇门寺。

乾隆四十二年丁酉（1777 年），四十四岁，于兰州白塔山罗汉殿削改《西游原旨》。

乾隆四十三年戊戌（1778 年），四十五岁，初秋三日，为《西游原旨》撰《自序》于金城白道楼，为兰州西关礼拜寺（清真）撰写疏文。四月，曾西游平番（今永登）、凉州（今武威）、肃州（今酒泉），赴西宁拜张真人冥塔、作传、作散曲。继至河州（临夏）、狄道。

乾隆四十四年己亥（1779 年），四十六岁，初至榆中栖云山，访宋代秦李二真仙迹，誉此山为仙境，惜庙观残破，仅存一字，遂留驻、修路、结识善士，筹备复兴栖云山。

乾隆四十五年庚子（1780 年）至乾隆四十七年壬寅（1782 年），四十七岁，有葛某援助监理，一年完成灵官殿重修工程。又应众善信所求，复兴古迹，起建三清殿瓦殿、七真殿、山顶道房四楹、山根洗心亭一院。道房五间，续建五图亭、均利桥、朝阳洞、牌坊二、玄楼一及道房等。辛丑三月至七月，撒拉族苏四十三起事，西宁至兰州不安，工程暂停。至壬寅五月完工，时年四十九岁。

乾隆四十七年壬寅（1782年）至乾隆四十九年甲辰（1784年），六月，东游秦川，二登南台，留住二年有余，已年五十有一。

乾隆五十年乙巳（1785年）至乾隆五十五年庚戌（1790年），五十二岁，返回栖云。是年岁稔，布施广济。遂先修路，继开南峰，重建磁瓦大顶混元阁、两廊山门楼、厨房、静房、卫虚台、经柱亭、后山门马灵宫楼、东峰雷祖殿、西岭王母宫、半山寿星庵、中峰斗母殿、北峰二仙洞、东崖白云窝，再修山底山门楼、吕祖阁、丘祖堂、福缘楼、自恪楼、澹然亭、碑亭、客房、厨房等，山上山下，大小六十二间。时年五十七岁。同众商定，买水地六十六亩，浇灌水地三沟一昼夜。又峡内旱地一十六亩，作主持焚修养膳之用。撰《创建栖云山三清天（七）真元（玄）坛诸殿记》刻碑。

乾隆五十六年辛亥（1791年）至乾隆五十八年癸丑（1793年），五十八岁至六十岁，添建北门台、朝阳洞、三圣洞碑亭、牌坊、各殿道房，重建兴隆山灵官殿、道房。置购香火地二十六亩，招道人焚修。重建三大士殿，金妆神像。

清仁宗（爱新觉罗·颙琰）嘉庆元年丙辰（1796年），六十三岁，下汉南、游湖北、朝武当。冬月，三至南台山。

嘉庆二年丁巳（1797年），六十四岁，春离南台，赴凤翔太乙村拜樊老人仙墓，并刻碑以垂后。继还，四登南台，住数月，出栈道，至陇州景福山龙门洞访丘祖仙迹，并留题词曲多首。再至平凉崆峒山，瞻黄帝、广成圣像。又临固原击壤村，留数月，三至宁夏，避暑月余，返兰州。又赴平番（永登）、西宁。冬月欲游河州，因腿疾返兰。是年，三易（《羲易》《周易》《孔易注略》）写成并撰自序，梁溪（无锡）杨芳灿作序刊刻，《羲易阐真》十二卷亦成，有自在窝刻本。以上两种，《道书十二种》未收。

嘉庆三年戊午（1798年），六十五岁，腿疾治愈。是年春正月，为《周易阐真》（五卷）作序于自在窝，刊刻单行本，后收入《道书十二种》为第一集；同时解释《易大传》的《孔易阐真》亦成，后收入《道书十二种》，为第二集。为《西游原旨》作新序付梓，三月三日为《百字碑（吕洞宾撰）注》和《修真辩难》作序；中秋节为《神室八法》作序；重阳节为《修真九要》作序；菊月为《阴符经（黄帝撰）注》作序，以备出书。以上六种，后收入《指南针》总集。入《道书十二种》，为第七集。

　　嘉庆四年己未（1799 年），六十六岁，正月初一日为《参同契经文直指》（三篇）作序于自在窝，后增《参同契直指笺注解》（三篇）和《参同契直指三相类解》（两篇），收入《道书》为第五集；中秋节为《悟真篇直指解》作序于自在窝，后入《道书》为第六集。是年，重建兴隆山圣母殿厢房、山门、围墙，并彩绘大殿，金妆神像。在新庄沟口开庄基一处，住房八间，五年间开地五十余垧。出租生利以为补修庙观之费。撰《栖云山朝元观新开新庄沟山坡地记》刻碑。

　　嘉庆五年庚申（1800 年），六十七岁，招刻工于自在窝藏书洞刻印道书、医药书等。是年夏，杨芳灿为《周易阐真》作序刊印，《三易注略》等书付梓。

　　嘉庆六年辛酉（1801 年），六十八岁，重阳节为吟咏之作《会心集》（内、外二集，四卷）作序刊刻，《修真后辩》与《黄庭经（传为东华帝君秘文）解》完成，《敲爻歌（吕洞宾丹经）直解》撰成，冬至日作序，此三种亦收入《指南针》，冬至日为总集作序刊刻。

　　嘉庆七年壬戌（1802 年），六十九岁，《无根树（张三丰撰韵）解》完成，桂月作序、刊刻，后收入《指南针》。是年，补修三教洞，重修鱼篮菩萨殿，改塑神像。

　　嘉庆十年乙丑（1805 年），七十二岁，募化善信，置买禅寺沟山坡地作贫民义冢。是年冬月，清水驿缙绅梁、刘二公和西宁张某助银，准备重修东山玉皇殿。

　　嘉庆十一年丙寅（1806 年），七十三岁，二月起工，重修兴隆山玉皇行宫、大殿三楹、金妆神像，重建山门楼三楹，重塑灵官圣像。

　　嘉庆十二年丁卯（1807 年），七十四岁，续建玉皇行宫，建成东西两廊六楹、耳楼四楹，道房、厨房各二楹。秋雨受阻，赴固原募化完工，又铸神钟一口，为兴隆第一壮观之所壮色。复建禅寺沟孤魂殿一楹、厢房三间、厨房一间，守义冢者住之。撰成《重修兴隆山玉皇行宫记》，刻碑。是年冬月朔三日为《金丹四百字解》，后收入《指南针》，为末篇。

　　嘉庆十三年戊辰（1808 年），七十五岁，查得（？）唐公桥初建于乾隆二十八年，十余年后，为暴水冲崩。五十年间，有总圣殿会众复建，八九年间又为水毁。嘉庆八年，县令李公（醇和）命乡约魏某、郝某募资建桥，起名"迎善"，并建迎善会，捐资生利，以为补修之用。是年，重修三官殿，二年完工。

　　嘉庆十五年庚午（1810 年），七十七岁，夏，《悟道录》二卷八十条并《叹道歌》七十二段完成，撰序于自在窝，刊刻。后收入《道书十二种》为第八集。是年六月，迎善桥水冲无迹。七月会众公议大修，迁移码头，破石斩崖，帮修道路，大梁在上，扶梁在下，栏杆防险，护板围梁。西建牌坊三楹，东建桥亭一楹，路旁建东西厢房四阁，招人居住，打扫道路，防止牛羊损伤。

嘉庆十六年辛未（1811年），七十八岁，春正月《象言破疑》二卷完成，自序于洗心亭，门人魏阳诚刊梓，后入《道书十二种》，为第三集。三月三日，又将此篇与《悟道录》合为一集，名曰：《悟道破疑集》，并撰序刊刻。是年五月，迎善桥完工，撰《重修迎善桥记》立碑。

嘉庆十七年壬申（1812年），七十九岁，是年冬至，《通关文》二卷四万余字撰成，并序刻。后收入《道书十二种》为第四集。因山根道旁旧泉不洁，重开净水泉，上建亭子一楹。

嘉庆十八年癸酉（1813年），八十岁，重建兴隆山关帝阁，易殿为楼，前建看河亭，侧立两廊，山门外起小楼，供水火二神，接连石菩萨殿。山顶官修杨四将军庙，拆移鱼篮菩萨殿于岭右，又修成西山东岳台诸庙与东山大佛殿。次年，撰《重建兴隆山关帝阁水火楼记》，立碑。

嘉庆二十年乙亥（1815年），八十二岁，辑《会心集》未收之吟咏、传记、序言、书信、杂记及部分楹联作品，为《栖云笔记》四卷，元宵节撰序于自在窝，刊刻，补于《会心集》修订版，《道书十二种》未收。撰成《绝言歌》九十八句，附《通关文》后再版，表示愿心已了。

嘉庆二十一年丙子（1816年），八十三岁，是年仲冬月，长至日，门人夏复恒作序。重刊《悟道破疑集》。按昔日自卜新庄沟山顶吉地，有善人箍墓洞，建冥塔，立祭台，修围墙。后人称为"刘爷坟"。

清宣宗（爱新觉罗·旻宁）道光元年辛巳（1821年），八十八岁，是年正月初六日亥时，入墓洞而坐，遗嘱毕，脱然羽化。

二 关于刘一明几则道教仙话传说①

（一）三遇纯阳吕洞宾

刘一明擅长医学技艺，卜卦星相，地理书画，在当地很有影响。许多达官显宦、富豪人家都愿结识他。有一天，徒弟禀告说，门外有一老道求见，

---

① 袁宗善整理：《关于刘一明几则道教仙话传说》，《中国道教》1995年第2期。

刘一明问："老道何等模样？"徒弟说："年过花甲，穿得破破烂烂，乱发垢面。"刘一明听后说："你去告诉老道，就说我不在家，让他自找方便吧。"徒弟告诉老道，老道听罢轻轻笑道："我几天跋涉，腰痛腿酸，又渴又饥，今夜我就住在你这里，看你如何？"徒弟见老道很可怜，就领到自己禅房住下。老道坐定后，说他要喝茶，但一定要用刘一明的茶杯。徒弟无奈，只好要来师父的杯子，给老道沏茶。老道接过茶杯，也不喝茶，只将茶杯翻扣在一块石头之上。

晚上，老道同刘一明的徒弟同住一室。东方发白时，刘一明洗漱完毕来到徒弟禅房，不见老道，只有徒弟。徒弟见师父来了，便迎上前说："老道刚走，茶杯扣到石头上取不下来。"刘一明走过去一搬茶杯，茶杯里冻成满满的一杯冰块。刘一明见状很惊讶，心中暗想："炎阳六月，怎么会冻冰呢？"他犹豫片刻，立即醒悟过来："唉呀！洞宾爷仙体驾临，我求神仙，盼神仙，今天却把神仙错过了。"当时他又急又悔，叫徒弟牵过马来，匆匆朝老道去的方向追赶。他见人就打问，都说前面刚刚走过去一位老道，可他就是追赶不上。一气追了八九里，看不见老道的踪影。便勒转马头，失望地回到山上。徒弟见师父回来，上前接过马缰。刘一明又问徒弟："道长走时说了些什么没有？"徒弟回答："没有说，只在门前墙壁上留下了一句词。"刘一明一看是"吾来汝不在"五个字，长叹一口气说："我在您不来"，就回去了。

刘一明的徒弟叫唐阳琏，[①] 因为有点呆傻，人们都叫他"唐瓜子"。他在

---

① 唐阳琏，字汝器，号介亭，别号栖云山人，又称松石老人，皋兰县（今兰州市）人，生于乾隆二十年（1755 年），卒于道光十六年（1836 年），享年 81 岁。他一生坎坷，因家庭贫苦，少年时就已辍学，不幸于 20 岁丧偶，终生不复娶妻。24 岁起拜栖云山道长刘一明为师学道，成为道家的俗门弟子，并向刘一明学习书画、医学，开始了对诗、书画的刻苦钻研和创作活动。唐阳琏三位书画老师中，对他影响最大的就是刘一明。刘一明在兴隆山"自在窝"中写下了数十万言的著作，兴隆山新修殿宇、匾额、对联、碑记，都是他亲自撰写，书法功底极深。在他的耳提口授下，唐阳琏深得个中三昧，书画一时得到好评，名声大振，索字画者络绎不绝。唐阳琏的绘画以山水为主，兼及花鸟、人物，他博采众长，自成一体，点染雄浑豪放的陇原山水。他在《作画管论》中提出五要，一要从名师，二要避俗，三要读古人论，四要会悟，五要师造化。他的人物画集中见于《栖云山人绘云记古迹图册》。唐阳琏学书非常用功，常效法古人"坐则画地，卧则画被，万物画象，务使铁砚磨穿"的精神，每日必写，谓之"书课"。刘一明于道光元年端坐而化后，被安放于兴隆山灵塔中，唐阳琏写了一幅小楷《恩师刘老夫子赞并塔铭》以示纪念，他以道家的语言，盛赞刘一明一生对道教理论的阐扬与实践，"同华岳""并衡岳"，"道气常存于宇宙，慈云普覆于大千"。参见金耀东:《刘一明与金城兰州》。

栖云山每天赶着一匹骡子从山下往山上驮水，数年如一日，不知辛苦。

自从他和那个老道同住一晚之后，变得懒惰起来。每天在山下把驮的水给骡子装好后，就躺在石头上睡觉，让骡子自己来回去驮，这骡子像懂人事似的，将水驮到山上，山上的人倒掉水，骡子又从山上下来再将水驮上山去，天天如此。这样过了数年，师兄弟们看见唐阳琏越来越懒，驮水又很舒服，就在刘一明面前进谗言。刘一明叫来唐阳琏说："你驮水已经几年了，现在你不要再驮水，搬到西山顶窑洞里去住吧！把那里打扫干净看守好。"唐阳琏遵师傅之命，就去山顶破石洞住下，整天掩门不出，从此人们又叫他"懒道"。师父见他实在可怜，隔些日子叫别的徒弟送点豆面给他，就这样月复一月，年复一年，转眼度过了许多春秋。

一天，唐阳琏从山顶下来，想和师父在一块吃顿饭。师兄弟听见唐阳琏来了，就将碗藏了起来，告诉他用斋没有碗，你到山顶去取碗吧。唐阳琏听后微微一笑，说："我吃饭的碗我知道放在哪里。"于是，就从藏碗的地方取出了碗。师兄弟见一计未成，便又想出一个办法，说："唐师兄，师父想吃浆水，你到峡口去要吧。"唐阳琏听说师父想吃浆水，就提上罐儿去峡口要浆水。师兄弟都乐了，这下叫他吃不上饭。西山到峡口走一趟，起码要一个多时辰，回来其他人早把饭吃过了。大家一边谈笑一边做饭，饭刚做好，唐的浆水也要回来了。师兄弟们不相信唐那么快能到峡口一趟，就派了两个人跑到峡口打问情况。峡口人说，是唐阳琏来要浆水的。师兄弟们把这事告诉了刘一明，刘一明听后也不说话，只是点头。

这年秋天，其他徒弟都去化缘了，刘一明把唐阳琏留在山上看守。一天用过晚斋，刘一明到"潮元观"门前散步，抬头望去，晚霞映红了山头，草木在霞光的照射下，更增添了几分黄色，只有松柏郁郁葱葱，仍像往常那么青翠。年上古稀的刘一明陶醉于如此美景，思绪万千，感叹曰："夕阳景色好，只是近黄昏。人生容易老，修道性难明。"正在这时，前面走过来一个人，打断了他的思绪。

来人走到刘一明面前，口称道长，求借一宿。刘一明打量此人，衣破不遮体，手脸足有一年没见水点，鼻涕眼泪，口唇干裂成痂，胸前生出拳大一块疮，疮口破裂，脓血外流，疮口能放进一个鸡蛋，不住地呻吟。刘一明瞧他脏烂不堪，身患疮疾，是个叫花子，无心留住，他对叫花子说："我的徒弟都去化缘，禅房上锁，这里没有地方住。"叫花子恳求道："给我点吃喝，随便住下就成。"刘一明见他一再缠扰，很不耐烦地说："你去山顶上找我的徒弟，到那里住上一宿吧。"叫花子见刘一明不肯留他，便转身走去。脚步踉踉跄跄，嘴里唠唠叨叨："叫花子，口饥渴，疮口痛，上下两个口，要了自己命。"不住地念叨，爬山而去。

　　这时候，唐阳琏也在外面转悠，他瞧见从山下走来一人，走到他面前要求住宿。唐阳琏看来人的形象二话没说，便领进窑洞坐下，来人请唐阳琏给他治疮。唐阳琏对来人说："我师父善医学，他会治病。"这人说："你会治，你只用舌头舔我的疮口，疮就能好。"唐阳琏想，若舔一下疮真好了，解除这人的痛苦折磨，也是出家人的一件功德，舔一下何妨？但看见流着脓血的疮口，心上一阵恶心。他又有点犹豫，后来又心想："不管别的，救人要紧。"他眼睛一闭，舔起来，将脓血吐在地上。真奇怪！脓血从地上飞起又沾到疮口上。叫花子说："唐阳琏，你边舔边咽到肚里疮才可愈。"唐阳琏一听要他将脓血咽掉，不由心中有气。可思来想去，为了救这人生命，他心一横把脓血舔了咽下。接连舔了几口，不但不恶心，只觉得清香爽口，浑身轻松舒畅。再看此人的疮，全然消失了。唐阳琏感到十分惊奇。此刻，叫花子说肚子饥饿难忍，要唐阳琏做饭吃，唐阳琏只有师父给他的一点豆面，除此之外一无所有，做什么给他吃呢？他只好把豆面搅拌成糊，滴成疙瘩疤。做好了，二人一同用餐。叫花子吃得很香，正在吃饭间，忽然身边响起动听醉人的仙乐，忽而在山谷回荡，忽而在空中飘扬。唐阳琏此刻只觉得自己如像随同旋律腾空而翔，快乐极了！这时来人起身对唐阳琏言道："尔修道功成，吾乃吕纯阳是也，明日你我再会。"说话间，不见了影踪。这天二更时分，刘一明也听见从外面传来一阵阵美妙的乐声。他侧耳听了一会，走出房门一瞧，音乐声再也听不见了。只听得见山谷秋风飒飒。仰望天空，只有弯弯月儿与朵朵白云。他来到唐阳琏的住处，见其盘膝打坐在莲台上，身子动也未动，眼睛半睁，嘴里说："明日一定要去化缘。"刘一明听了心中很不乐意。就在这时，他身后跟着的小狗，爬上供桌舔油灯。刘一明正在生气，便转身踢了小狗一脚，谁知小狗断气死了。

　　一个月时间过去了。有一个到四川化缘的徒弟回来了，他告诉刘一明，在四川遇见了唐阳琏领着小狗。唐阳琏让其把小狗带回来，可是小狗怎么也不肯回来。刘一明听后，半晌才说道，阳琏已经功成得道，小狗也随他去了！这时，他联想起那天晚上来的叫花子和出现的一切奇事，想起叫花子嘴里唠叨的话，他解悟出了其中的妙意。原来叫花子是吕祖爷化的，专来点化刘一明的，点化的话解开了是说："叫花子，口饥渴，疮口痛。上下两个口，要了！自己明。"吕祖两次点化刘一明，他误识别相，心中一时难宁。但知道唐阳琏已得道成真，便搬到唐阳琏住过的地方去住，重新塑造了神像。从此，他长年累月就在这里参悟修炼，也感到很自在；后来就把这个地方叫作"自在窝"。

有天夜里，刘一明做了个梦，梦中有位老翁说："混元阁殿堂供台上有一双草鞋让他去穿。"刘一明在梦中瞧见果然有双草鞋放在供桌上。他非常高兴，伸手去取草鞋，这时，草鞋变成蝴蝶飞出了殿门。他紧跟着追捉蝴蝶，一脚踩空掉下万丈悬崖，落地时面前站立一人，崖下面一具尸体，面前的这人问："你认得我吗？"刘一明回答："不认识"。这人又说："尸体是你的肉身，这里是'舍身崖'，你舍肉身道成。假壳脱化，就不认识原有的肉体了。"这人又说："我就是唐阳琏，奉吕祖之命来度你的，你跟我去吧。"刘一明惊醒，原来做了个梦，回忆梦中情景一清二楚。

第二天一大早，刘一明梳洗好了，衣冠整齐，到混元阁焚香供茶。就在这时，两只白鸽落到殿门坎上，他扭头一瞧，白鸽非常可爱，他情不自禁地伸手去抓，白鸽缓慢地飞起，刘一明急步紧追，快到崖边，放慢了脚步，心想自己年已八旬，脚下不稳，这么高的石崖，会有危险．这时白鸽飞到崖畔落下，好像等待刘一明前来捉它。刘一明慢慢地凑过去刚伸手一抓白鸽，白鸽就飞下石崖不见了，他没有捉到白鸽，这才松了一口气。刚起身要回，又发现在白鸽落了的地方有张表纸，他捡起一看，纸上有隐隐约约的字迹，上面写着："三度刘一明，修道图虚荣。今日身不舍，何年正果成。何足修哉！自了乎？"再念，眼前一恍惚，手里的表纸不见了，心里纳闷，他无精打采地坐在那里，一会儿神情平定了些，他联想起昨夜的梦和两只白鸽的情节，这才恍然大悟，追悔莫及。

原来，这一天刘一明知道有朋友来访，这些朋友都是当地的达官富豪。他头脑中想的都是准备接待贵客的事，就把梦的事丢在了脑后，忘记了，因此又错过了与神仙相会的良机。这时他忏悔道："神仙点化三次，自己三次皆错过，仙缘太浅了。"

从此，他与世俗断绝往来，住在自在窝静养精神，参悟妙道，清静修持。又过八载，终于坐化升天。

（二）替徒弟还前世欠债

离栖云山不远的地方，住着姓郑的一家人。他家的一匹老马产下个骡驹，四银蹄，白缠腰，长得十分膘壮。人们议论骡驹是"陆旋"转世。陆旋是郑家的舅子，以前欠他家的债。后来去栖云山出了家，这笔债再没要回来。因此，大家都说骡子是舅子转世来还债的。

这件事很快传到刘一明道长耳朵里，刘一明想弄个究竟。

这天，刘一明来到郑家。郑家夫妻看见刘一明来了，就招呼到客房里坐下，一边倒茶一边问："刘道爷这么远来，是否有事？"刘一明说："听人说你家生产个骡驹，人们都在议论。到底怎么回事？"郑家夫妻就谈起事情的经过。

原来一年前的一天，郑家十二岁的儿子在屋檐下玩耍，看见大门外走进一个人来，儿子认识是他舅陆旋。陆旋没到房子里来，就进马圈去了，儿子以为舅去解手，可是等了很长时间不见其出来，就跑来告诉老郑和妻子。老郑一听认为儿子胡扯，就训了他一顿。儿子却肯定地说，是我舅，我认识。老郑说："你舅出家死了，他还能到这里来吗？"老郑和儿子一同到马圈一看：老马产下个骡驹，确是白缠腰，四银蹄，活蹦乱跳。老郑想起他舅子在世的时候，常腰缠白带、白袜子。当时经儿子这么一说，也就产生了疑惑，觉得也可能是陆旋转世来还债的。奇怪的是，老郑的儿子很懂事，听说骡子是他舅转世，就很爱惜，从不打不骑，出进牵拉。别人问："这么好的骡子不骑上干啥？"孩子就说："不能骑，骡子是我舅转世。"后来就这样把话传了出去。

刘一明听了他夫妻的一番谈话，心里想，难道真是徒弟陆旋转世？他要去看一下骡子。郑家领着刘一明进到马圈，骡子听有人打开圈门，抬头一看，就从圈里跑到刘一明身边，用嘴吻了吻，就不住地用头顶，嘴舔，眼睛里不住地流泪，好像是故人相逢。刘一明用手摸了摸骡子脊背，便对骡子说："你若是我的徒弟陆旋转世，现在我走出圈门，你随后跟我出来，然后我可带你回栖云山去，欠的债我替你还。"说罢，刘一明从马圈里走出，骡子也随后跟了出去，并且紧靠在刘一明身边一步不离。

刘一明问郑家："我给你们还债，骡子让我拉回山去，你们看如何？"郑家夫妻说："若是这样，债我们也不要了，骡子你老人家牵去好了。"刘一明说："债不还不行，因为他是还债转世到你们家的。我替他还了债，你们之间的账债一笔勾销。"说着，刘一明付了钱，拉着骡子回栖云山去了。

原来，刘一明在栖云山道法高深，学识渊博，善于结交，朋友众多，而且前来拜他为师做徒弟的也不少。其中，确有一个叫陆旋的。其人嘴甜舌快，脑瓜聪敏，殷勤活泼，刘一明认为其很有心机，便收作徒弟。从此，教他学道规经典，教演练法器韵律。陆旋学得很认真，很快成为徒弟之中的佼佼者。几年过去，陆旋觉得已学到了很多东西，无人能与自己相比，认为师傅已经上了年纪，师兄弟都不如自己的能耐大，将来山上的大权归于自己。可他心急发躁，等不到那一天，便厚颜无耻地在师父面前公开要权。

他对师父说："您老年寿已高，精力衰退，需要清静调养，山上的事可以交给别的人办理。"刘一明说："庙观事务杂乱繁琐，有哪个能替我担负这些责任呢？"陆旋说："我比其他师兄弟学得精，道法深厚能干，师父您老人家还不信任弟子的才干吗？"师父说："当然信，不过你还年轻，出了差误怎么办？"陆旋听刘一明不给自己交权，暗暗气愤，却在表面上装出一副听话的样子。

刘一明看弟子很懂事，心里高兴，对他更加宠爱。陆旋知道师父很信任自己，从此，变得狂妄起来，背着师父不断干些不道德的勾当。师兄弟们知道师父也宠爱着他，大家都不敢说他的不对。

有天晚上，陆旋换上俗装，到附近的一家小饭店和同伙吃喝，乱砸乱打，损坏了不少东西。店主人找上山去，要求刘一明赔偿他的损失。

师兄弟们得知陆旋干的坏事已暴露。以前大家敢怒不敢言，这下一齐涌到师父刘一明那里，说明陆旋这几年在山上的胡作非为，要师父将陆旋驱逐出山门，挽回道门声誉。刘一明本无心赶走陆旋，一见徒弟一齐愤恨，只好把陆旋打发下山参访，暂避风头。

陆旋下山后，在外边云游了一段时间，走了很多地方，捞不到好处，前思后想，感到还是栖云山好，念头一动，再回去吧。他请刘一明的朋友周旋，重新回到栖云山住下。

陆旋回到山上，恶习再次复发，仍然整天吃肉醉酒，狂妄逞能，见利妄为，不几年他在山上又弄了许多银钱。一天夜里三更左右，他从禅房轻步而出，来到祖师殿后的崖坎下拨起土来，拨了很大一会儿，从土里露出个大包裹，他将包提出打开，里面全是银钱，陆旋当时兴奋得两眼冒光，又将此包包了起来，正在此刻，他身旁突然出现两个凶神，一位浑身赤色，血盆大口，眼睛放射出两道火光；一位遍体青黑，青面獠牙，嘴里喷出一股黑烟。陆旋立刻吓成了一摊泥，耳闻凶神声似洪钟般地骂道："尔在家奸刁鬼诈，明骗暗盗；出家本应改邪归正，反而不守道规，干起伤天害理之事，死后要变畜牲的。"他脑袋轰的一声如同爆炸，昏厥过去，屎遗尿流。道友发现他出去很长时间不见回来，就出来找寻，见其躺在崖坎下面，过去呼唤，没有声音，就拖到房里，去禀报刘一明，刘一明见其昏迷不省，就给禳灾祈祷，书符灌药，陆旋慢慢地又清醒过来，向大家一五一十说明了事情的经过。从此，他卧床不起，不久便一命呜呼了。

陆旋死后投胎转世成骡子，刘一明领它回山后，在栖云山驮水不用人赶，经常从山下往山上驮水。栖云山几十座殿堂，都是这个骡子驮水建造的，建造刚一完工，骡子也就死掉了。道友们把骡子埋葬在山下。当地的人又将骡子挖出，剥了骡子的皮，右腿的皮没有剥下仍连在骨架上。后来骡子转世成人，这人的右胳膊长满了毛，右手是驴蹄子。传说又在栖云山附近出了家，他出家在庙上，敲钟打鼓不用鼓棰，就用右手的驴蹄子。

（三）师徒分吃仙桃

某年夏天的一天，晴空万里，天气炎热，混元阁上清风爽快，满院馨香。刘一明聚精会神地在这里下棋，徒弟们看师父下棋情趣正浓。这时候从山下走来一位老婆婆来到混元阁，粗布衣着，斑花头发蓬乱，满脸皱纹，汗流如洗，手提竹篮。"卖桃，谁吃桃？"一声吆喝，围观下棋之人的视线都投向了卖桃的老婆婆。她又叫："桃甜新鲜，谁要买桃？"这时刘一明抬头瞥了一眼，又继续下棋。旁边的徒弟围上来，看了看篮子里的桃子，垢泥疤痕，没有好桃，都摇头不买。她把竹篮提到刘一明面前，口称："道爷口渴了，买几个桃子润润口吧。"刘一明举目观瞧，又看了看桃子，摆摆手说："我不买，你提走吧。"老婆婆说："您老人家买几个桃，我给您便宜点。"嘴里不住地嚷嚷，搅得刘一明下不成棋，他生气地叫徒弟将她撵走。

卖桃的老婆婆被刘一明的徒弟撵出了混元阁门外，她顺道下山而去。就在围观下棋的徒弟中，有个名叫唐阳琏的，发现老婆婆行如云飘，走路不留足迹，他心念一动，这可能是位神仙！随后追下山去。眼看就要赶上，可总是相距这么远，一直追了很远的路程，老婆婆见后边有人追赶不舍，方才停住脚步。唐阳琏到她跟前时已上气不接下气。老婆婆问唐阳琏："你买桃子吗？"唐阳琏回答："是，我要买桃。"老婆婆说："山上桃便宜没有人买，现在我这桃子贵了，一个桃一块钱，你还要吗？"唐阳琏说："一块钱我也要。"老婆婆放下竹篮，数数桃子共七个。她问："桃子七个你能要完么？"唐阳琏将衣兜里的钱全掏出点数，刚好有七块钱，够买七个桃子。老婆婆收了钱，把桃放在唐阳琏的衣襟里。唐阳琏抓起桃子就吃，又脆又嫩，香甜味纯，当想起给师父留时，七个桃只剩下了两个。再看老婆婆，已无影无踪了。

唐阳琏回到山上，拿出两个桃子请师父吃，刘一明问："你追那个老婆婆买桃去了？"唐阳琏回答："是。"刘一明看了一眼桃子，说："你自己拿去吃，我不吃。"徒弟说："这桃子不好看，可好吃了，师父吃一个尝尝吧。"刘一明见徒弟诚心诚意地孝敬自己，便说："那好，你就放在那里。"唐阳琏放下桃子转身走了。刘一明拿个桃子，见其长满疤痕，可又心想，徒弟追到山下买来桃子，如果不好吃，他不会拿来给我，便尝了一口，"噢！味道非常好，的确味美醇厚，清香可口"，嘴里念叨着，就把两个桃子全吃了。桃子下肚，顿时浑身舒松，大脑清醒，心内觉得非常愉快。他自言自语地忏悔道："早知这么好吃的桃子，我全买下有何不好呢！"

唐阳琏吃了五个仙桃，腹不饥口不渴，回到自己的窑洞，上禅盘膝一坐，天到二更，朦胧之中进入梦乡，卖桃的老婆婆提着破竹篮，又出现在他的面前，言道："吾是观音，尔吃了桃子，与仙有缘矣。善哉！善哉！"唐阳琏急忙喊老婆婆再买几个桃子，声音出口，自己从梦中惊醒，揉揉眼睛，仍盘膝打坐，他这才意识到是菩萨点化。此刻，他精神舒松宁静，道性开悟，终日盘膝静坐，炼养性命，逍遥安乐，什么身外之物都不贪、不争、不图。别人不识真情，骂他是瓜子、懒道，可师父刘一明却从此对他刮目相看。

后　记

正如建构主义所言，一个人的知识的获得与个人自身的经验、社会环境分不开，就像刘一明的道教信仰与其自身的经历与社会环境有关，我的思考大抵也是如此。我的学术之路始于教育学，后有缘而走进宗教信仰之域的道教领域，此后，我的学术视野、理性思考便更多驻足于教育与道教、教育与宗教相交融之处，有时思维又会延伸至信仰与教育相关领域。立足教育、教化，思考道教的教育、教化功能，这是道教甫一产生便承担的社会责任，道教发展至今，仍应具有这样的社会担当；立足于道教，思考其通过教育来传承与创新，通过社会教化来构建组织、进行传播，从而促进道教发展与传播，这也应是现代道教发展的重要途径。我敏感于此，驻足于此，思考于此，但还未能系统而深入地完成道教信仰与教化之间宏大的理论建构，这是我的志忐，也是我的纠结。这份志忐时不时提醒我，此处仍处于未完成状态，我需要竭尽思虑；这份纠结使我徘徊其间尽力而为，但这需要再久一点的驻足。

这份书稿是在博士论文的基础上修改而成，我接受自己博士阶段研究的稚嫩，自我宽慰地将这种稚嫩当成一份留存，一份纪念，更当作一份激励，我如斯而愿，如此以行！这份留存是我对走进宗教学神圣领域以及三年四川大学生活回忆的凭证。

在进入四川大学读博前一年，我还从未想过自己要"真正"走进宗教学这方领域，但是人生中会不经意间出现一些始料未及的人与事，这人与事常常让人绝处逢生，我视之为"缘"，这"缘"使我终生难忘！

在四川大学，投师于郭武老师门下，我深感幸运！我领略他的严肃与认真，忘不了他的信任与宽容、关心与照顾、提携与指导！

宗教学相关课程的学习上，忘不了诸位老师带给我别开生面的教学风格。

忘不了，李刚老师带领同学们访道教名山、宫观与博物馆，既开阔了眼界，又做了实地考察；忘不了，那份学习与讨论的乐趣！

忘不了，钦伟刚老师对学生的关心与热情；忘不了，他家镶嵌梧桐叶的墙壁、日本的茶道与可口的糕点！

忘不了，陈兵老师谦和的面容、深邃的授课；忘不了，他那份从容与淡定！

忘不了，田海华老师的西方宗教哲学与《圣经》诠释课，忘不了与她朋友般的师生情！

忘不了，那三位允许我旁听日语、德语、法语课的老师，满足了我多年想学二外的心愿；忘不了，她们风趣的教学让同样身为教师的我深受启发！

忘不了，唐大潮老师先让我感到严肃，而后感到的是不可思议的随和！

忘不了，闵丽老师的宗教与政策课；忘不了，与陈建明老师在课堂上关于基督教与儒道关系的讨论！

忘不了，张钦老师、李平老师、周冶老师等人给予我的帮助；忘不了，抽时间评阅我论文的诸位老师，给我提出论文修改的宝贵意见！忘不了，朱越利老师、李大华老师、盖建民老师等人对我论文的修改所给予的宝贵意见与指导！这也是我进一步努力的方向。

忘不了，师兄赵敏给予的关心与照顾；刘莉与胡小柳给予的"闲情"与"逸致"；忘不了，杨秋梅、阳淼、陈睿、曹群勇、刘志、刘康乐、颜冲、余森林、谢海欣、张苏、陈伟涛、王东与旺多同学给予的帮助、快乐与回忆！忘不了，同寝室的孟杨，她的直爽给我增添了许多快乐，可以让我足不出户地"构思"在舒心的"家"中！

忘不了，校园之外慷慨而无私地提供给我资料的蒋门马老师，那份"道"情让我感慨！忘不了，甘肃七十多岁的孙永乐老师经受我数次打扰，他那发颤的声音让我感到打扰得于心不忍！

忘不了，我工作单位的领导、老师与朋友给予的关心、照顾与帮助；忘不了硕士导师陈德安老师与师母给予我父母般的关怀！

忘不了，家里年迈的母亲给予我的牵挂与宽容，那份牵挂能使疲惫的我绽出舒心的微笑；那份宽容让我无拘无束地放纵自己！忘不了，姐、哥嫂们给予我的关心与照顾，使我在休养身体时心宽无忧！忘不了我的朋友给予我的无微不至的关爱，让我感到爱的无私与温馨！

忘不了，那位解除我后顾之忧的"白衣"，让我能够从容面对难以避免的遭遇!

　　忘不了,四川大学三年中经历的点点滴滴;忘不了,2008年5月12日那场突如其来的地震⋯⋯

　　忘不了,或感激,或回忆!

　　此外,还要感谢我工作的山西师范大学卫建国校长的支持与提携,感谢教育科学学院张潮院长的支持!感谢中国社会科学出版社的侯苗苗老师为我书稿提出宝贵的意见,使我的书稿趋于完善!

2017年10月28日